해커스 한국사능력검정시험
기선제압 막판 3일 합격 심화(1·2·3급)

기출문제로 실력을 업그레이드하고 합격을 확신하세요!

3

시대 누적 기출 테스트로
암기 점검과 실력 향상이
한 번에 가능!

4

시험지와 똑같이 생긴
FINAL 최빈출 모의고사로
실전 감각 끌어올리고
합격 확신!

합격을 앞당기는

해커스 한국사능력검정시험 **기선제압 막판 3일 합격** 심화 1·2·3급

추가자료

폰 안에 쏙! 막판 필수 암기 최빈출 선택지 100(PDF)

DMCL37SJ31E872C

이용방법 해커스한국사 사이트(history.Hackers.com) 접속 후 로그인 ▶ 사이트 메인 상단의 [교재/자료] 클릭
▶ [교재 자료 다운로드] 페이지에서 본 교재 우측의 해당자료 [다운로드] 클릭
▶ 위 쿠폰번호 입력 후 이용

한국사 기선제압퀴즈

이용방법 해커스한국사 사이트(history.Hackers.com) 접속 후 로그인 ▶ 사이트 메인 상단의 [무료컨텐츠] 클릭
▶ [한국사 기출선지퀴즈] 페이지에서 풀고 싶은 시대/주제 클릭하여 이용

데일리 한국사 퀴즈

이용방법 해커스한국사 사이트(history.Hackers.com) 접속 후 로그인 ▶ 사이트 메인 상단의 [무료컨텐츠] 클릭
▶ [데일리 한국사 퀴즈] 페이지에서 매일 제공되는 한국사 퀴즈 풀어보기

* 이 외 쿠폰 관련 문의는 해커스 고객센터(02-537-5000)로 연락 바랍니다.

최빈출 · 전근대사 문화재 TOP 20

시험에 자주 나오는 전근대사 문화재를 지도와 함께 꼼꼼히 학습하세요.

15위

42·41·31회

개성 | 경천사지 십층 석탑

고려 시대 원의 영향을 받아 건립된 석탑

16위

44·41회

서울 | 종묘

조선의 왕과 왕비의 신주를 모시는 사당으로, 유네스코 세계 문화유산에 등재됨

10위

44·42·40·33회

서울 | 원각사지 십층 석탑

조선 세조 때 건립된 석탑으로, 고려 경천사지 십층 석탑의 영향을 받음

3위

51·44·38·37·35·31회

공주 | 무령왕릉

백제 무령왕의 벽돌 무덤으로, 중국 남조의 영향을 받음

5위

51·36·35·33·32회

청주 | 직지심체요절

고려 우왕 때 청주 흥덕사에서 간행된 금속 활자본

11위

48·47·39회

서산 | 용현리 마애 여래 삼존상

'백제의 미소'라는 별칭을 가진 백제의 불상

4위

47·45·38·33·32·31회

부여 | 백제 금동대향로

백제의 대표적인 도교 문화유산

9위

47·42·39·31회

논산 | 관촉사 석조 미륵보살 입상

고려 시대 최대 규모의 석불로, 은진 미륵이라고도 불림

2위

51·46·44·42·40·37·31회

부여 | 정림사지 오층 석탑

백제의 대표적인 석탑으로, 평제탑이라고 불리기도 함

7위

45·39·33·31·30회

보은 | 법주사 팔상전

조선 후기의 건축물로, 우리나라에 남아있는 유일한 오층 목탑

8위

헤이그

이준
41회

고종의 명으로 이상설, 이위종 등과 특사로 파견

블라디보스토크

최재형
50·44회

권업회 조직, 권업 신문 발행

이동휘
45·42회

대한 광복군 정부의 부통령으로 활동

러시아

블라디보스토크

만주

도쿄

우한 상하이

중국

일본

도쿄

이봉창
50·47·35·30회

한인 애국단의 단원으로, 일왕이 탄 마차에 폭탄을 던짐

우한 | 상하이 | | 만주 |

김원봉
45·38·32·30회

조선 의용대 창설

김구
46·44·33회

한인 애국단 조직

윤봉길
41·32회

한인 애국단의 단원으로, 훙커우 공원에서 폭탄을 투척해 일본군 장성 등을 살상

지청천
49·45·41·38회

한국 독립군의 총사령관으로, 쌍성보·대전자령 전투 승리

홍범도
49·43·42·36·30회

대한 독립군의 사령관으로, 봉오동 전투에서 승리

만주

이상설
49·44·41·36회

용정에 서전서숙 건립

김좌진
41·37회

북로 군정서를 이끌고 청산리 전투에서 승리

이회영
26회

삼원보에 경학사 결성

이동녕
50회

삼원보에 경학사 결성

양세봉
32회

조선 혁명군의 총사령관으로, 영릉가·흥경성 전투에서 승리

세계적으로 활약한 독립운동가 20인

꼭 알아 두어야 할 근현대사의 독립운동가를 지도와 함께 꼼꼼히 학습하세요.

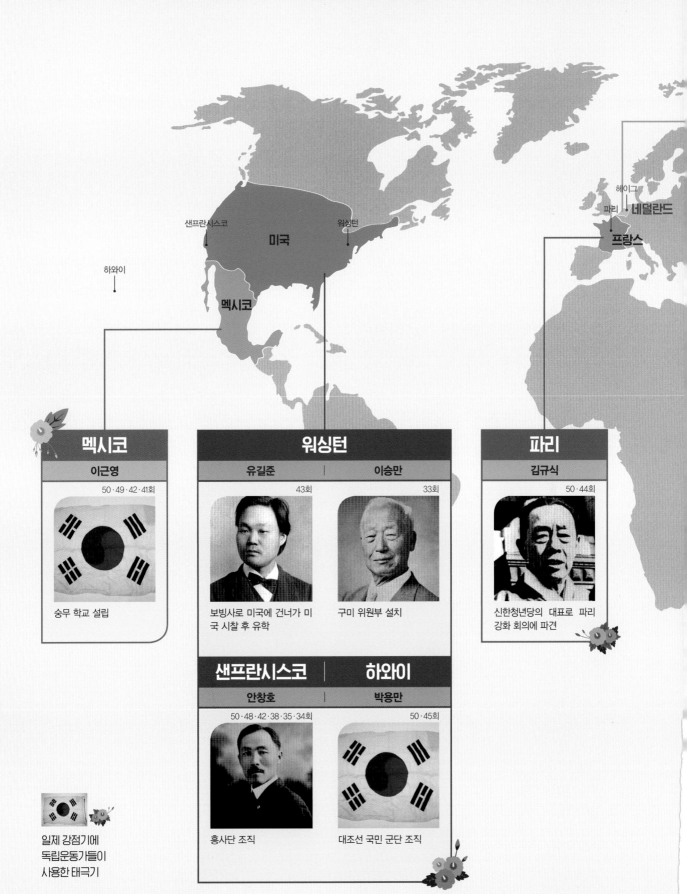

헤이그

파리 · 네덜란드

프랑스

샌프란시스코 · 워싱턴

미국

하와이

멕시코

멕시코
이근영

50 · 49 · 42 · 41회

숭무 학교 설립

워싱턴
유길준	이승만
43회	33회
보빙사로 미국에 건너가 미국 시찰 후 유학	구미 위원부 설치

파리
김규식

50 · 44회

신한청년당의 대표로 파리 강화 회의에 파견

샌프란시스코 | 하와이
안창호	박용만
50 · 48 · 42 · 38 · 35 · 34회	50 · 45회
흥사단 조직	대조선 국민 군단 조직

일제 강점기에
독립운동가들이
사용한 태극기

※ 본 저작물은 '문화재청'에서 공공누리 제1유형으로 개방한 '대한민국 임시의정원 태극기'를 이용하였음

황해도

개성

서울

강원도

평창

충청도

청주

서산 공주 보은

부여 논산

익산

김제

화순

전라도

경상도

고령 경주

김해

14위

43·40·36회

평창 | 월정사 팔각 구층 석탑

고려 전기의 대표적인 다각 다층탑으로, 송나라의 영향을 받음

19위

34회

고령 | 판갑옷과 투구

고령 지산동 고분군에서 발견된 대가야의 문화유산

18위

42회

경주 | 첨성대

신라 선덕 여왕 때 축조된 천문 관측 기구

20위

31회

경주 | 불국사 삼층 석탑

통일 신라의 대표적인 석탑으로, 『무구정광대다라니경』이 출토됨

12위

46·43·37회

경주 | 분황사 모전 석탑

신라의 가장 오래된 석탑으로, 벽돌탑의 모양으로 쌓음

1위

43·38·36회

6위

김해 | 철제 갑옷

김해 대성동 고분군에서 발견된 금관가야의 문화유산

51·46·44·43·42·40·37·36회

경주 | 불국사 다보탑

통일 신라의 대표적인 탑

51·44·43회

익산 | 미륵사지 석탑

백제의 가장 오래된 석탑으로, 사리 봉안기와 사리 장엄구가 출토됨

13위

45·41·30회

김제 | 금산사 미륵전

조선 후기의 대표적인 건축물

17위

36·31회

화순 | 쌍봉사 철감선사 승탑

통일 신라 때 철감선사 도윤의 사리를 모신 팔각 원당형 승탑

해커스 한국사

능력검정시험 | 심화 1·2·3급

기선제압 막판 3일 합격

해커스한국사

단 3일이면 합격을 확신하게 되는

이 책의 차례

1일 [D-3 ___월 ___일]

선사 시대 ~ 고려 시대

2일 [D-2 ___월 ___일]

조선 시대 ~ 근대

3일 [D-1 ___월 ___일]

일제 강점기 ~ 현대&통합

 부록
· 최빈출 전근대사 문화재 TOP 20 &
　세계적으로 활약한 독립운동가 20인

· FINAL 최빈출 모의고사

기출 선택지로 **합격**을 **제압**하기 위한
이 책의 활용법

1 쉽게 풀어 쓴 이야기로
헷갈리는 시대 **흐름**을 3분만에 제대로 잡는다!

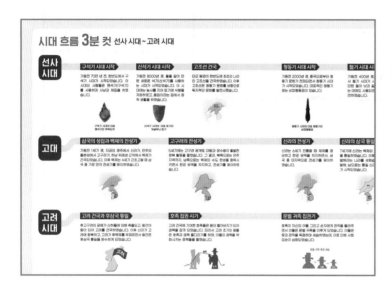

시대 흐름 3분 컷

오늘 배울 시대에서 반드시 알아둬야 할 주요 흐름을 술술 읽어보면서, 시대의 큰 흐름을 빠르게 잡아보세요.

2 최빈출 절대 선택지/빈출 핵심 선택지와 초성 퀴즈로
빈출 키워드를 집중 암기한다!

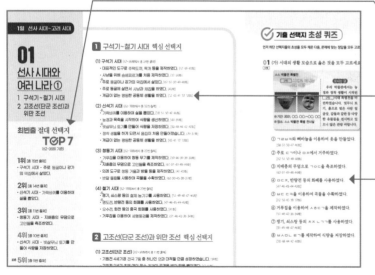

① 최빈출 절대 선택지 TOP7

시험에 꼭! 나오는 최빈출 선택지를 시험 직전, 한 번 더 꼭 암기하세요.

② 빈출 핵심 선택지로 빈출 키워드 집중 암기

핵심 선택지로 빈출 키워드를 학습하면서, 이미 공부했던 개념을 한 번 더 정리하고 암기하세요.

③ 기출 선택지 초성 퀴즈

초성 퀴즈로 빈출 키워드 암기를 강화하고, 기출문제를 활용한 다지선다 문제로 시험에 나올 기출 선택지를 모두 학습하세요!

3 기출문제로 빈출 키워드 암기 점검과 실력 향상을 한 번에 끝낸다!

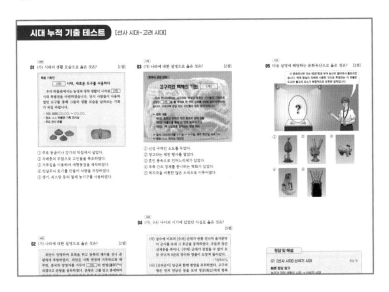

시대 누적 기출 테스트

선사 시대부터 앞서 학습한 시대의 문제까지 누적된 기출문제를 풀면서, 합격 실력으로 업그레이드 하고 실전 감각을 높여보세요.

4 전근대사 문화재 지도 및 독립운동가의 전세계 활동 지역 지도, 그리고 실제와 똑같은 형태의 시험지로 합격을 예측한다!

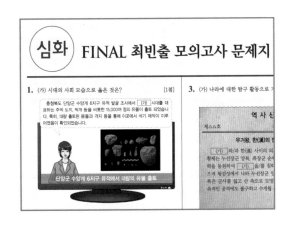

지도로 전근대사 문화재와 독립운동가 암기하기

시험에 가장 자주 나오는 전근대사 문화재 20개와, 세계적으로 활약한 독립운동가 20인을 지도에 표시된 지역과 함께 꼼꼼히 학습하세요!

FINAL 최빈출 모의고사로 합격 실력 점검하기

실제 시험지와 똑같이 생긴 모의고사를 풀어보면서, 실전 감각을 끌어올리고 합격을 확신하세요.

해커스가 알려주는

한국사능력검정시험 A to Z

☑ 한국사능력검정시험이란?

한국사능력검정시험은 한국사와 관련된 유일한 국가 자격 시험으로 국사편찬위원회에서 주관합니다. 한국사에 대한 전국민적 공감대를 형성하고 역사에 대한 관심을 확산·심화시키기 위한 목적으로 시행되는 시험이며, 선발 시험(상대 평가)이 아닌 일정 수준의 점수를 취득하면 인증서가 주어지는 인증 시험입니다.

☑ 한국사능력검정시험의 종류 및 인증 등급

시험 종류	인증 등급	합격 점수	문항 수 (객관식)	시험 시간
심화	1급	80점 이상	50문항 (5지 택1)	80분
	2급	79~70점		
	3급	69~60점		
기본	4급	80점 이상	50문항 (4지 택1)	70분
	5급	79~70점		
	6급	69~60점		

☑ 2023년 한국사능력검정시험 심화 일정

구분		제63회	제64회	제65회	제66회	제67회	제68회
시행일		2월 11일(토)	4월 15일(토)	6월 17일(토)	8월 13일(일)	10월 21일(토)	12월 2일(토)
원서 접수 기간	접수 *시도별 해당 접수 일에만 접수 가능 하므로, 홈페이지 를 참고하세요.	1월 10일(화) 10:00~ 1월 17일(화) 18:00	3월 20일(월) 10:00~ 3월 27일(월) 18:00	5월 22일(월) 10:00~ 5월 29일(월) 18:00	7월 17일(월) 10:00~ 7월 24일(월) 18:00	9월 18일(월) 10:00~ 9월 25일(월) 18:00	11월 6일(월) 10:00~ 11월 13일(월) 18:00
	추가	1월 27일(금) 10:00~ 1월 30일(월) 18:00	3월 31일(금) 10:00~ 4월 3일(월) 18:00	6월 2일(금) 10:00~ 6월 5일(월) 18:00	7월 28일(금) 10:00~ 7월 31일(월) 18:00	10월 2일(월) 10:00~ 10월 6일(금) 18:00	11월 17일(금) 10:00~ 11월 20일(월) 18:00
합격자 발표		2월 24일(금) 10:00	4월 28일(금) 10:00	6월 30일(금) 10:00	8월 25일(금) 10:00	11월 3일(금) 10:00	12월 15일(금) 10:00

※ 한국사능력검정시험은 시험장이 한정되어 있으므로, 특별히 원하는 지역이나 시험장이 있는 응시자는 서둘러 접수하는 것을 추천합니다.
※ 위 일정은 사정에 따라 일부 변경하여 운영할 수 있습니다.

☑ 한국사능력검정시험의 활용 및 특전(2023년 2월 기준)

1. 각종 공무원 시험의 응시자격 부여

- 국가·지방공무원 7급 공개경쟁채용시험(2급 이상)
- 5급 국가공무원 공개경쟁채용시험(2급 이상)
- 외교관 후보자 선발시험(2급 이상)
- 교원임용시험(3급 이상)
- 지역인재 7급 수습직원 선발시험 추천자격 요건

2. 한국사 시험 대체

- 군무원 공개경쟁채용시험의 한국사 시험
- 국비 유학생, 해외파견 공무원 선발시험의 한국사 시험
- 이공계 전문연구요원(병역) 선발 시 한국사 시험
- 경찰청 및 해양경찰청 순경 공개경쟁채용시험의 한국사 시험

3. 일부 공기업 및 민간 기업 채용·승진

- 한국공항공사 5급(1급)
- 인천국제공항공사(2급 이상)
- 한국전력공사(3급 이상)
- 한국무역보험공사(2급 이상)
- 국민체육진흥공단(1~3급)
- 한국 콜마(2급 이상)외 다수

4. 가산점 부여

- 공무원 경력경쟁채용시험
- 4대 사관학교(공군·육군·해군·국군간호사관학교) 입시
  ※ 학교별 가산점 부여 방식이 상이함

※ 한국사능력검정시험은 자체적인 유효 기간이 없습니다. 그러나 인증서를 요구하는 기관·기업마다 인정 기간·가산점 부여 방법 등이 다르므로, 반드시 지원하는 시험·기관·기업을 통해 인정 기간 및 가산점 부여 방법을 확인하시기 바랍니다.

☑ 한국사능력검정시험 To Do 리스트

시험 D-DAY

ⓥ 시험장 준비물 챙기기

① 수험표

② 신분증

③ 컴퓨터용 수성사인펜, 수정 테이프

시험 응시 후

ⓥ 바로 채점하기

- 해커스 한국사능력검정시험 실시간 풀서비스! 해커스한국사 홈페이지(history.Hackers.com)에서 오늘 본 시험의 정답을 확인하고 합격 여부를 예측해보세요.

◀ 풀서비스 페이지

- 보다 자세한 해설이 필요하시다면 해커스한국사 홈페이지에서 무료 동영상 해설 서비스를 만나보실 수 있습니다.

합격자 발표일

ⓥ 합격 여부 확인하기

- 한국사능력검정시험 홈페이지(http://www.historyexam.go.kr/)에서 성적 통지서와 인증서를 출력할 수 있어요.

- 별도로 성적 통지서와 인증서를 발급해주지 않으니 필요할 때마다 직접 출력해야 합니다.

1일

선사 시대~고려 시대

구석기 시대 시작
약 70만 년 전

삼국 건국
기원전 1세기경

고려 건국
918년

선사 시대

고대

고려 시대

■ 최근 5개년 시험(62~38회) 출제 비율

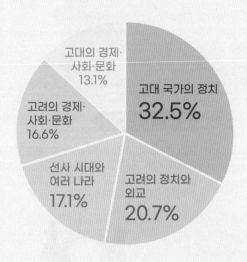

1위 **고대 국가의 정치** **32.5%**
고대 국가를 이끈 왕들의 업적과 삼국 통일 과정을 묻는 문제가 주로 출제됩니다.

2위 **고려의 정치와 외교** **20.7%**
초기 왕들의 업적과 외적의 침입에 대한 고려의 대응을 구분하는 문제가 반드시 출제됩니다.

3위 **선사 시대와 여러 나라** **17.1%**
구석기~철기 시대의 생활 모습과 각 나라의 정치 형태, 풍습을 구분하는 문제가 출제됩니다.

조선 건국	흥선 대원군 집권	국권 피탈	광복
1392년	1863년	1910년	1945년
조선 시대	**근대**	**일제 강점기**	**현대**

2일   3일

시대 흐름 3분 컷 선사 시대~고려 시대

선사 시대

구석기 시대 시작

기원전 70만 년 전, 한반도에서 구석기 시대가 시작되었습니다. 이 시대의 사람들은 뗀석기(구석기)를 사용하며 사냥과 채집을 하였습니다.

구석기 시대의 대표
뗀석기인 주먹도끼

신석기 시대 시작

기원전 8000년 경, 돌을 갈아 만든 새로운 석기(신석기)를 사용하는 시대가 시작되었습니다. 이 시대에는 농사를 지어 토기에 식량을 저장하였고, 움집이라는 집에서 정착 생활을 하였습니다.

신석기 시대의 대표 토기인
빗살무늬 토기

고조선 건국

단군 왕검이 한반도에 최초의 나라인 고조선을 건국하였습니다. 이후 고조선은 청동기 문화를 바탕으로 독자적인 문화를 발전시켰습니다.

고대

삼국의 성립과 백제의 전성기

기원전 1세기 경, 지금의 경주에서 신라가, 만주의 졸본성에서 고구려가, 하남 위례성 근처에서 백제가 건국되었습니다. 이후 백제는 4세기 근초고왕 때 삼국 중 가장 먼저 전성기를 맞이하였습니다.

고구려의 전성기

5세기에는 고구려 광개토 대왕과 장수왕이 활발한 정복 활동을 펼쳤습니다. 그 결과, 북쪽으로는 만주 지역까지, 남쪽으로는 백제의 수도 한성을 함락시키면서 한강 유역을 차지하고, 전성기를 맞이하였습니다.

고려 시대

고려 건국과 후삼국 통일

후고구려의 궁예가 신하들에 의해 축출되고, 왕건이 왕이 되어 고려를 건국하였습니다. 이후 신라가 고려에 항복하고, 고려가 후백제를 무찌르면서 왕건은 후삼국 통일을 완수하게 되었습니다.

호족 집권 시기

고려 건국에 기여한 호족들은 왕의 장아버지가 되어 권력을 잡게 되었습니다. 따라서 고려 초기의 왕들은 호족과 권력 줄다리기를 하며, 이들의 권력을 약화시키는 정책들을 펼쳤습니다.

몽골의 침입과 원 간섭기의 시작

무신 집권기에 고려에 왔던 몽골 사신이 피살되었던 것을 구실로 삼아, 몽골이 고려를 침략하였습니다. 고려는 몽골(원나라)에 결국 항복하였고, 원나라의 간섭을 받게 되었습니다.

공민왕의 반원 자주 개혁

공민왕은 원나라의 세력이 약해진 틈을 타 원을 몰아내는 반원 개혁 정책들을 추진하였습니다. 이 시기에 새로운 세력인 신진 사대부도 성장하였습니다.

청동기 시대 시작

기원전 2000년 경, 중국으로부터 청동기 문화가 전파되면서 청동기 시대가 시작되었습니다. 대표적인 청동기로는 비파형동검이 있습니다.

청동기 시대의 대표 청동기인
비파형동검

철기 시대 시작

기원전 400년 경, 철기가 보급되면서 철기 시대가 시작되었습니다. 단단한 철이 낫과 같은 농기구를 만드는 데에도 사용되면서 농경이 크게 발전하였습니다.

여러 나라의 등장

기원전 200년 경, 만주와 한반도 북부에는 부여와 고구려, 동해안 지역에는 옥저와 동예, 한반도 남부에는 마한·진한·변한의 삼한이 등장하였습니다.

신라의 전성기

신라는 6세기 진흥왕 때 체제를 정비하고 한강 유역을 차지하면서, 삼국 중 마지막으로 전성기를 맞이하였습니다.

신라의 삼국 통일과 남북국 시대

7세기에 신라는 백제와 고구려를 멸망시켜 삼국을 통일하였습니다. 이후, 옛 고구려의 백성들은 발해라는 나라를 세웠습니다. 이렇게 북으로는 발해, 남으로는 통일 신라가 위치한 남북국 시대가 시작되었습니다.

후삼국 시대 시작

10세기, 신라의 왕권이 약해진 틈을 타 지방 세력인 견훤은 전라도에서 후백제를, 궁예는 강원도를 중심으로 후고구려를 건국하며 후삼국 시대가 시작되었습니다.

문벌 귀족 집권기

호족이 자신의 아들 그리고 손자에게 관직을 물려주면서 이들은 문벌 귀족을 이루게 되었습니다. 이들은 땅과 관직을 독점하며 세습하였는데, 이로 인해 사회 모순이 심화되었습니다.

문벌 귀족 특권 세습

무신 정변, 무신 집권기의 시작

문벌 귀족이 집권하는 상황에서 무신은 큰 차별을 받았습니다. 결국 정중부 등의 무신들은 문신들을 죽이는 무신 정변을 일으키며, 권력을 차지하게 되었습니다.

신진 사대부의 집권과 분열

원과 부패한 세력을 몰아낸 신진 사대부는 고려의 개혁 방향을 두고 고려를 유지하자는 온건파와 새로운 나라를 세우자는 혁명파로 나뉘게 되었습니다.

온건파   혁명파

고려 멸망과 조선 건국

혁명파 신진 사대부와 손을 잡은 이성계는 위화도 회군으로 정권을 장악하였습니다. 이후 고려의 공양왕으로부터 양위를 받았고, 조선이라는 새 나라를 건국하였습니다.

01

선사 시대와
여러 나라 ①

1 구석기~철기 시대
2 고조선(단군 조선)과
   위만 조선

최빈출 절대 선택지
TOP 7
(62~38회 기준)

1위 [총 15번 출제]
• 구석기 시대 - 주로 동굴이나 강가
  의 막집에서 살았다.

2위 [총 14번 출제]
• 신석기 시대 - 가락바퀴를 이용하여
  실을 뽑았다.

3위 [총 11번 출제]
• 청동기 시대 - 지배층의 무덤으로
  고인돌을 축조하였다.

4위 [총 10번 출제]
• 신석기 시대 - 빗살무늬 토기를 만
  들어 식량을 저장하였다.

공동 5위 [총 9번 출제]
• 철기 시대 - 쟁기, 쇠스랑 등의 철제
  농기구를 사용하였다.
• 고조선 - 사회 질서를 유지하기 위
  해 범금 8조를 두었다.

7위 [총 8번 출제]
• 철기 시대 - 명도전, 반량전 등의 화
  폐를 사용하였다.

1 구석기~철기 시대 핵심 선택지

(1) 구석기 시대 [62~38회에서 총 24번 출제]
• 대표적인 도구로 주먹도끼, 찍개 등을 제작하였다. [57·49·40회]
• 사냥을 위해 슴베찌르개를 처음 제작하였다. [37·30회]
• 주로 동굴이나 강가의 막집에서 살았다. [62·51·50·49·48회]
• 주로 동굴에 살면서 사냥과 채집을 하였다. [42회]
• 계급이 없는 평등한 공동체 생활을 하였다. [52·45·41·37·33회]

(2) 신석기 시대 [62~38회에서 총 32번 출제]
• 가락바퀴를 이용하여 실을 뽑았다. [58·51·50·47·46회]
• 농경과 목축을 시작하여 식량을 생산하였다. [49·39회]
• 빗살무늬 토기를 만들어 식량을 저장하였다. [50·48·44·42·40회]
• 정착 생활을 하게 되면서 움집이 처음 만들어졌습니다. [39·37회]
• 계급이 없는 평등한 공동체 생활을 하였다. [45·41·37·33회]

(3) 청동기 시대 [62~38회에서 총 25번 출제]
• 거푸집을 이용하여 청동 무기를 제작하였다. [50·46·39·38·30회]
• 지배층의 무덤으로 고인돌을 축조하였다. [61·51·49·48·44회]
• 의례 도구로 청동 거울과 방울 등을 제작하였다. [47·43회]
• 반달 돌칼을 사용하여 곡물을 수확하였다. [62·50·45·38·37회]

(4) 철기 시대 [62~38회에서 총 23번 출제]
• 쟁기, 쇠스랑 등의 철제 농기구를 사용하였다. [51·49·48·47·46회]
• 명도전, 반량전 등의 화폐를 사용하였다. [47·46·45·44·43회]
• 오수전, 화천 등의 중국 화폐를 사용하였다. [41회]
• 거푸집을 이용하여 세형동검을 제작하였다. [51·48·42·36·34회]

2 고조선(단군 조선)과 위만 조선 핵심 선택지

(1) 고조선(단군 조선) [62~38회에서 총 15번 출제]
• 기원전 4세기경 전국 7웅 중 하나인 연과 대적할 만큼 성장하였습니다. [59회]
• 기원전 3세기 초에 연의 장수 진개의 공격을 받아 땅을 빼앗겼다. [57·41회]
• 기원전 3세기경에 부왕(否王) 등 강력한 왕이 등장하여 왕위를 세습하였다. [42·30회]
• 왕 아래 상, 대부, 장군 등의 관직을 두었다. [58회]
• 사회 질서를 유지하기 위해 범금 8조를 두었다. [50·49·44·40·37회]

(2) 위만 조선 [62~38회에서 총 7번 출제]
• 위만이 준왕을 몰아내고 왕이 되었다. [42회]
• 진번과 임둔을 복속시켜 세력을 확장하였다. [50·41회]
• 한(漢)과 진국(辰國) 사이에서 중계 무역을 하였습니다. [42회]
• 한나라 무제가 군대를 보내 왕검성을 공격하였다. [41·30회]
• 한의 침략을 받아 멸망하였다. [55회]

✓ 기출 선택지 초성 퀴즈

먼저 하단 선택지들의 초성을 모두 채운 다음, 문제에 맞는 정답을 모두 고르세요.

01 (가) 시대의 생활 모습으로 옳은 것을 모두 고르세요.
[51회]

△△ 박물관 특별전

(가) 시대로 떠나는 시간 여행

⊙ 기간: 2021. ○○. ○○.~○○. ○○.
⊙ 장소: △△ 박물관 특별 전시실

모시는 글

우리 박물관에서는 농경과 정착 생활이 시작된 **(가)** 시대 특별전을 마련하였습니다. 덧무늬 토기, 흙으로 빚은 사람 얼굴상, 갈돌과 갈판 등 다양한 유물들을 전시하고 있으니 많은 관람 바랍니다.

① ㄱㄹㅂㅋ와 뼈바늘을 이용하여 옷을 만들었다.
[58·51·50·47·46회]

② 주로 ㄷㄱ이나 ㅁㅈ에서 거주하였다.
[62·51·50·49·48회]

③ 지배층의 무덤으로 ㄱㅇㄷ을 축조하였다.
[62·51·49·48·44회]

④ ㅁㄷㅈ, 반량전 등의 화폐를 사용하였다.
[47·46·45·44·43회]

⑤ ㅂㄷ ㄷㅋ을 이용하여 곡물을 수확하였다.
[62·50·45·38·37회]

⑥ 거푸집을 이용하여 ㅅㅎㄷㄱ을 제작하였다.
[51·48·42·36·34회]

⑦ 쟁기, 쇠스랑 등의 ㅊㅈ ㄴㄱㄱ를 사용하였다.
[51·49·48·47·46회]

⑧ ㅂㅅㅁㄴ ㅌㄱ를 제작하여 식량을 저장하였다.
[50·48·44·42·40회]

02 (가)에 들어갈 내용으로 옳은 것을 모두 고르세요.
[42회]

기원전 2세기경에 위만이 준왕을 몰아내고 왕이 된 이후 고조선의 상황에 대해 이야기해 볼까요?

(가)

우거왕이 왕검성을 침략한 한 무제의 군대에 맞서 저항했습니다.

① ㅈㄱ 7ㅇ 중 하나인 ㅇ과 대적할 만큼 성장하였습니다. [59회]

② 한(漢)과 진국(辰國) 사이에서 ㅈㄱ ㅁㅇ을 하였습니다. [42회]

③ 연의 장수 ㅈㄱ의 공격을 받아 땅을 빼앗겼습니다. [57회]

④ ㅂㅇ(否王) 등 강력한 왕이 등장하여 왕위를 세습하였습니다. [42·30회]

⑤ ㅈㅂ과 ㅇㄷ을 복속시켜 세력을 확장하였습니다. [50·41회]

⑥ ㅎ의 침략을 받아 멸망하였습니다. [55회]

키워드 해설

농경과 정착 생활이 시작됨 → **신석기 시대**

정답 ①, ⑧

① 가락바퀴 [신석기 시대] ② 동굴, 막집 [구석기 시대] ③ 고인돌 [청동기 시대] ④ 명도전 [철기 시대] ⑤ 반달 돌칼 [청동기 시대] ⑥ 세형동검 [철기 시대] ⑦ 철제 농기구 [철기 시대] ⑧ 빗살무늬 토기 [신석기 시대]

키워드 해설

위만이 준왕을 몰아내고 왕이 됨 → **위만 조선**

정답 ②, ⑤, ⑥

① 전국 7웅, 연 [고조선] ② 중계 무역 [위만 조선] ③ 진개 [고조선] ④ 부왕 [고조선] ⑤ 진번, 임둔 [위만 조선] ⑥ 한 [위만 조선]

01

선사 시대와
여러 나라 ②

1 부여, 고구려
2 옥저, 동예, 삼한

최빈출 절대 선택지
TOP 7
(62~38회 기준)

1위 [총 19번 출제]
· 삼한 - 제사장인 천군과 신성 지역인 소도가 존재하였다.

2위 [총 15번 출제]
· 동예 - 읍락 간의 경계를 중시하는 책화가 있었다.

3위 [총 14번 출제]
· 부여 - 여러 가(加)들이 별도로 사출도를 주관하였다.

4위 [총 11번 출제]
· 삼한 중 변한은 철이 많이 생산되어 낙랑과 왜에 수출하였다.

5위 [총 9번 출제]
· 부여 - 12월에 영고라는 제천 행사를 열었다.

6위 [총 8번 출제]
· 옥저 - 혼인 풍속으로 민며느리제가 있었다.

7위 [총 7번 출제]
· 고구려 - 대가들이 사자, 조의, 선인 등의 관리를 거느렸다.

1 부여, 고구려 핵심 선택지

(1) 부여 [62~38회에서 총 29번 출제]
· 여러 가(加)들이 별도로 사출도를 주관하였다. [62·50·49·46·45회]
· 12월에 영고라는 제천 행사를 열었다. [56·51·50·48·47회]
· 도둑질한 자에게 12배로 배상하게 하였다. [50·49·42·41·39회]

(2) 고구려 [62~38회에서 총 21번 출제]
· 왕 아래 상가, 고추가 등의 대가들이 있었다. [33회]
· 대가들이 사자, 조의, 선인 등의 관리를 거느렸다. [51·49·45·44·41회]
· 집집마다 부경이라는 창고가 있었다. [49·48·43·42·31회]
· 10월에 동맹이라는 제천 행사를 열었다. [44·30회]
· 도둑질한 자에게 12배로 배상하게 하였다. [50·49·42·41·39회]

2 옥저, 동예, 삼한 핵심 선택지

(1) 옥저 [62~38회에서 총 12번 출제]
· 읍군이나 삼로라는 지배자가 있었다. [50·43·31회]
· 혼인 풍속으로 민며느리제가 있었다. [61·49·48·47·45회]
· 가족의 유골을 한 목곽에 안치하는 풍습이 있었다. [46회]

(2) 동예 [62~38회에서 총 28번 출제]
· 읍군이나 삼로라는 지배자가 있었다. [50·43·31회]
· 단궁, 과하마, 반어피 등의 특산물이 유명하였다. [61·49·44·40·34회]
· 읍락 간의 경계를 중시하는 책화가 있었다. [62·48·47·46·44회]
· 책화 - 다른 부족의 영역을 침범하면 소나 말로 변상하였다. [51회]
· 10월에 무천이라는 제천 행사를 열었다. [45·38·36회]

(3) 삼한 [62~38회에서 총 37번 출제]
· 목지국을 비롯한 많은 소국으로 이루어졌다. [47회]
· 신지, 읍차 등의 지배자가 있었다. [51·39·37·36·32회]
· 제사장인 천군과 신성 지역인 소도가 존재하였다. [60·51·50·49·48회]
· 삼한 중 변한은 철이 많이 생산되어 낙랑과 왜에 수출하였다. [50·46·45·44·42회]
· 진한, 변한 - 남녀가 몸에 문신을 새기는 풍습이 있었다. [39회]

✓ 기출 선택지 초성 퀴즈

먼저 하단 선택지들의 초성을 모두 채운 다음, 문제에 맞는 정답을 모두 고르세요.

01 (가) 나라에 대한 설명으로 옳은 것을 모두 고르세요.
[51회]

이 유물은 중국 지린성 쑹화강 유역의 둥퇀산 유적에서 출토된 [(가)]의 금동제 가면이다. 『삼국지』「동이전」에 따르면 [(가)]에는 여러 가(加)들이 별도로 관할하는 사출도가 있었으며, 사람을 죽여 순장하는 풍습이 행해졌다고 한다.

① 12월에 ㅇㄱ라는 제천 행사를 거행하였다.
[56·51·50·48·47회]

② ㅅㅈ, ㅇㅊ라고 불린 지배자가 있었다.
[51·39·37·36·32회]

③ 제사장인 ㅊㄱ과 신성 지역인 ㅅㄷ가 있었다.
[60·51·50·49·48회]

④ 대가들이 ㅅㅈ, 조의, 선인 등을 거느렸다.
[51·49·45·44·41회]

⑤ 읍락 간의 경계를 중시하는 ㅊㅎ라는 풍습이 있었다. [62·48·47·46·44회]

⑥ 집집마다 ㅂㄱ이라는 창고가 있었다.
[49·48·43·42·31회]

⑦ 남의 물건을 훔쳤을 때에는 12ㅂ로 갚게 하였다.
[50·49·42·41·39회]

⑧ 특산물로 ㄷㄱ, ㄱㅎㅁ, ㅂㅇㅍ 등이 있었다.
[61·49·44·40·34회]

02 (가) 나라에 대한 설명으로 옳은 것을 모두 고르세요.
[50회]

[(가)]의 사회와 경제

풍습

산천을 중시하며, 산과 내마다 읍락의 경계가 있어 함부로 들어가지 않는다. 다른 읍락을 침범하면 소, 말 등으로 변상하게 하는 책화가 있다.

특산물

낙랑의 단궁이 그 땅에서 나고, 바다에서는 반어피가 산출된다. 무늬 있는 표범과 과하마 등이 유명하다.

① 제사장인 ㅊㄱ과 신성 지역인 ㅅㄷ가 존재하였다.
[51·50·49·48·47회]

② ㅁㅊ이라는 제천 행사를 열었다. [45·38·36회]

③ 여러 ㄱ(加)들이 별도로 ㅅㅊㄷ를 주관하였다.
[62·50·49·46·45회]

④ ㅁㅈㄱ을 비롯한 많은 소국으로 이루어졌다. [47회]

⑤ ㅇㄱ, ㅅㄹ라고 불리는 군장이 있었다. [50·43·31회]

⑥ 철이 많이 생산되어 ㄴㄹ과 ㅇ에 수출하였다.
[50·46·45·44·42회]

⑦ 혼인 풍속으로 ㅁㅁㄴㄹㅈ가 있었다.
[61·49·48·47·45회]

⑧ 남녀가 몸에 ㅁㅅ을 새기는 풍습이 있었다. [39회]

⑨ 10월에 ㄷㅁ이라는 제천 행사를 열었다. [44·30회]

키워드 해설

여러 가(加) + 사출도 + 순장 → **부여**

정답 ①, ⑦

① 영고 [부여] ② 신지, 읍차 [삼한] ③ 천군, 소도 [삼한] ④ 사자 [고구려] ⑤ 책화 [동예] ⑥ 부경 [고구려] ⑦ 12배 [부여, 고구려] ⑧ 단궁, 과하마, 반어피 [동예]

키워드 해설

책화 + 단궁 + 반어피 + 과하마 → **동예**

정답 ②, ⑤

① 천군, 소도 [삼한] ② 무천 [동예] ③ 가, 사출도 [부여] ④ 목지국 [삼한] ⑤ 읍군, 삼로 [옥저, 동예] ⑥ 낙랑, 왜 [변한] ⑦ 민며느리제 [옥저] ⑧ 문신 [진한, 변한] ⑨ 동맹 [고구려]

02

고대의 정치 ①

1 고구려의 발전과 전성기
2 고구려 말의 대외 항쟁과 정치 상황

최빈출 절대 선택지
TOP 7
(62~38회 기준)

1위 [총 11번 출제]
· 고국천왕 - 빈민을 구제하기 위해 진대법을 실시하였다.

2위 [총 7번 출제]
· 연개소문이 정변을 일으켜 권력을 장악하였다.

공동 3위 [총 6번 출제]
· 미천왕 - 고구려가 낙랑군을 축출하였다.
· 장수왕이 평양으로 천도하고 남진 정책을 본격화하였다.

공동 5위 [총 5번 출제]
· 미천왕이 서안평을 공격하여 영토를 확장하였다.
· 광개토 대왕이 신라에 침입한 왜를 물리쳤다.
· 태조왕 - 고구려가 동옥저를 정복하여 영토를 확장하였다.

---

1 **고구려의 발전과 전성기** 핵심 선택지

(1) 고구려의 발전(1~4세기) [62~38회에서 총 41번 출제]
· 태조왕 - 고구려가 동옥저를 정복하여 영토를 확장하였다. [48·45·44·40·39회]
· 고국천왕 - 빈민을 구제하기 위해 진대법을 실시하였다. [62·50·49·45·44회]
· 고국천왕 - 을파소의 건의로 진대법이 실시되었다. [46회]
· 동천왕 때 관구검이 이끄는 위의 군대가 고구려를 침략하였다. [50·44·41·37회]
· 미천왕이 서안평을 공격하여 영토를 확장하였다. [50·49·44·40·36회]
· 미천왕 - 고구려가 낙랑군을 축출하였다. [48·44·43·41·34회]
· 미천왕 - 고구려가 대방군을 축출하고 영토를 확장하였다. [39·31회]
· 고국원왕이 백제의 평양성 공격으로 전사하였다. [50·36회]
· 소수림왕 - 전진의 순도를 통해 불교를 수용하였다. [60회]
· 소수림왕이 태학을 설립하고 율령을 반포하였다. [38회]

(2) 고구려의 전성기(4세기 말~5세기) [62~38회에서 총 22번 출제]
· 광개토 대왕 - 고구려가 영락이라는 연호를 사용하였다. [61회]
· 고구려의 광개토 대왕이 백제를 공격하였다. [45회]
· 광개토 대왕이 신라에 침입한 왜를 물리쳤다. [50·49·38·34·31회]
· 광개토 대왕 - 고구려가 후연을 공격하고 요동 땅을 차지하였다. [41회]
· 광개토 대왕 - [38·36·34·32회]

◀ 호우명 그릇으로, 그릇 밑바닥에 고구려 광개토 대왕의 이름이 새겨져 있어 당시 신라에 대한 고구려의 영향력을 확인할 수 있음

· 장수왕이 평양으로 천도하고 남진 정책을 본격화하였다. [44·40·37·34·32회]
· 장수왕이 백제를 공격하여 한성을 함락시켰다. [49·36·35·30회]

---

2 **고구려 말의 대외 항쟁과 정치 상황** 핵심 선택지

(1) 수·당과의 대외 항쟁(7세기 초~7세기 중반) [62~38회에서 총 8번 출제]
· 을지문덕이 살수에서 수의 군대를 물리쳤다. [50·47·36·33회]
· 당의 침략에 대비하여 천리장성을 축조하였다. [43회]
· 연개소문을 보내어 천리장성을 축조하였다. [51·36·34회]

(2) 정치 상황(7세기 중반) [62~38회에서 총 8번 출제]
· 연개소문이 정변을 일으켜 권력을 장악하였다. [61·49·44·41·37회]
· 고구려가 당의 침입에 대비하여 천리장성을 완성하였다. [42회]

✓ 기출 선택지 초성 퀴즈

먼저 하단 선택지들의 초성을 모두 채운 다음, 문제에 맞는 정답을 모두 고르세요.

01 [40회] (가), (나) 사이의 시기에 있었던 사실로 옳은 것을 모두 고르세요.

> (가) 영락 6년 병신(丙申)에 왕이 친히 군사를 이끌고 백제[百殘]를 토벌하였다. …… 백제가 의(義)에 복종치 않고 감히 나와 싸우니 왕이 크게 노하여 아리수를 건너 정병(精兵)을 보내 그 도성에 육박하였다. …… 이에 백제왕[殘主]이 …… 이제부터 영구히 고구려왕의 노객(奴客)이 되겠다고 맹세하였다.
>
> (나) 고구려의 대로 제우, 재증걸루, 고이만년 등이 북쪽 성을 공격한지 7일 만에 함락시키고 남쪽 성으로 옮겨 공격하자, 성 안이 위험에 빠지고 개로왕이 도망하여 나갔다. 고구려 장수 재증걸루 등이 왕을 보고 …… 그 죄를 책망하며 포박하여 아차성 아래로 보내 죽였다.

① 태조왕이 ㅇㅈ를 정복하고 동해안으로 진출하였다.
[48·45·44·40·39회]

② 빈민 구제를 위한 ㅈㄷㅂ이 실시되었다.
[62·50·49·45·44회]

③ 미천왕이 ㅅㅇㅍ을 공격하여 영토를 넓혔다.
[50·49·44·40·36회]

④ 고국원왕이 ㅍㅇㅅ에서 전사하였다. [50·36회]

⑤ 광개토 대왕이 군대를 보내 ㅅㄹ에 침입한 ㅇ를 격퇴하였다. [50·49·38·34·31회]

⑥ 장수왕이 국내성에서 ㅍㅇ으로 천도하였다.
[44·40·37·34·32회]

⑦ 미천왕이 ㄴㄹㄱ을 몰아내었다. [48·44·43·41·34회]

⑧ 고구려가 당의 침입에 대비하여 ㅊㄹㅈㅅ을 완성하였다. [42회]

02 [50회] (가), (나) 사이의 시기에 있었던 사실로 옳은 것을 모두 고르세요.

> (가) 고구려 왕 거련(巨璉)이 군사 3만 명을 이끌고 와서 왕도인 한성을 포위하였다. 왕이 성문을 닫고서 나가 싸우지 못하였다. 고구려 군사가 네 길로 나누어 협공하고, 바람을 타고 불을 놓아 성문을 불태웠다. 사람들이 매우 두려워하여 나가서 항복하려는 자들도 있었다. 왕이 어찌할 바를 몰라 수십 명의 기병을 거느리고 성문을 나가 서쪽으로 달아나니, 고구려 군사가 추격하여 왕을 해쳤다.
>
> (나) 여러 장수가 안시성을 공격하였다. …… 60일 동안 50만 명의 인력을 동원하여 밤낮으로 쉬지 않고 토산을 쌓았다. 토산의 정상은 성에서 몇 길 떨어져 있고 성 안을 내려다 볼 수 있었다. 도중에 토산이 허물어지면서 성을 덮치는 바람에 성벽의 일부가 무너졌다. …… 황제가 여러 장수에게 명하여 안시성을 공격하였으나, 3일이 지나도록 이길 수 없었다.

① ㄱㄱㄱ의 공격으로 환도성이 함락되었다.
[50·44·41·37회]

② 전진의 순도가 고구려에 ㅂㄱ를 전파하였다. [60회]

③ ㅇㅍㅅ의 건의로 진대법이 실시되었다.
[50·49·46·45·44회]

④ 을지문덕이 ㅅㅅ에서 대승을 거두었다.
[50·47·36·33회]

⑤ 장수왕이 수도를 국내성에서 ㅍㅇ으로 옮겼다.
[44·40·37·34·32회]

⑥ 고구려가 ㄷㅂㄱ을 축출하고 영토를 확장하였다.
[39·31회]

⑦ ㅇㄱㅅㅁ이 정권을 장악하고 신라를 압박하였다.
[61·49·44·41·37회]

키워드 해설

(가) 영락 + 백제를 토벌 → **광개토 대왕의 백제 공격(396)**
(나) 개로왕이 도망 → **장수왕의 한성 공격(475)**

정답 ⑤, ⑥

① 옥저 [1세기, 태조왕] ② 진대법 [2세기, 고국천왕] ③ 서안평 [311년, 미천왕] ④ 평양성 [371년, 고국원왕] ⑤ 신라, 왜 [400년, 광개토 대왕] ⑥ 평양 [427년, 장수왕] ⑦ 낙랑군 [313년, 미천왕] ⑧ 천리장성 [7세기 중반, 보장왕]

키워드 해설

(가) 고구려 왕 거련 + 한성을 포위함 → **장수왕의 한성 공격(5세기 후반)**
(나) 안시성을 공격함 → **안시성 전투(7세기 중반)**

정답 ④, ⑦

① 관구검 [3세기, 동천왕] ② 불교 [4세기, 소수림왕] ③ 을파소, [2세기, 고국천왕] ④ 살수 [7세기 초, 영양왕] ⑤ 평양 [5세기 초, 장수왕] ⑥ 대방군 [4세기, 미천왕] ⑦ 연개소문 [안시성 전투 이전인 7세기 중반, 보장왕]

02
고대의 정치 ②

1 백제
2 가야 연맹

최빈출 절대 선택지
TOP 7
(62~38회 기준)

1위 [총 15번 출제]
· 무령왕이 22담로에 왕족을 파견하였다.

2위 [총 12번 출제]
· 금관가야 - 철이 많이 생산되어 낙랑과 왜에 수출하였다.

3위 [총 8번 출제]
· 의자왕 - 윤충을 보내 대야성을 함락하였다.

4위 [총 7번 출제]
· 침류왕 - 동진으로부터 불교를 수용하였다.

공동 5위 [총 6번 출제]
· 무왕 - 익산에 미륵사를 창건하였다.
· 성왕 - 사비로 천도하고 국호를 남부여로 고쳤다.

7위 [총 5번 출제]
· 근초고왕 - 고흥으로 하여금 『서기』를 편찬하게 하였다.

1 백제 핵심 선택지

(1) 백제의 성장(1~3세기) [62~38회에서 총 4번 출제]
· 고이왕 - 내신좌평, 위사좌평 등 6좌평의 관제를 마련하였다. [51·40·39회]
· 고이왕 - 마한의 목지국을 압도하고 지역의 맹주로 발돋움하였다. [35회]

(2) 백제의 전성기(4세기 후반) [62~38회에서 총 18번 출제]
· 근초고왕이 마한을 정벌하였다. [36회]
· 근초고왕 - 평양성을 공격하여 고국원왕을 전사시켰다. [59·42·39·38·35회]
· 근초고왕 - 고흥으로 하여금 『서기』를 편찬하게 하였다. [50·46·45·33·32회]
· 침류왕 - 동진으로부터 불교를 수용하였다. [50·48·46·45·39회]

(3) 백제의 위기와 중흥(5~7세기) [62~38회에서 총 42번 출제]
· 개로왕이 고구려를 견제하고자 북위에 국서를 보냈다. [38회]
· 백제의 문주왕이 웅진으로 천도하였다. [45회]
· 무령왕이 22담로에 왕족을 파견하였다. [62·50·49·47·46회]
· 성왕 - 사비로 천도하고 국호를 남부여로 고쳤다. [45·44·43·42·32회]
· 성왕 - 진흥왕과 연합하여 한강 하류 지역을 되찾았다. [50·48·40·39회]
· 성왕 - 백제가 관산성 전투에서 패배하였다. [31회]
· 무왕 - 익산에 미륵사를 창건하였다. [50·46·45·42·33회]
· 의자왕 - 윤충을 보내 대야성을 함락하였다. [50·46·45·44·40회]

2 가야 연맹 핵심 선택지

(1) 금관가야 [62~38회에서 총 19번 출제]
· 시조 김수로왕의 설화가 『삼국유사』에 전해진다. [44회]
· 일부 왕족이 멸망 후 신라의 진골로 편입되었다. [33회]
· 철이 많이 생산되어 낙랑과 왜에 수출하였다. [50·46·45·44·42회]
· 철제 갑옷 [48·45·43·38·36회]

(2) 대가야 [62~38회에서 총 7번 출제]
· 후기 가야 연맹을 주도하였다. [43·39·30회]
· 진흥왕 때 신라에 복속되었다. [45회]
· 고령 지산동 32호분 출토 금동관 [41·40·32회]

기출 선택지 초성 퀴즈

먼저 하단 선택지들의 초성을 모두 채운 다음, 문제에 맞는 정답을 모두 고르세요.

01 밑줄 그은 '이 왕'의 업적으로 옳은 것을 모두 고르세요. [50회]

> 이것은 능산리 절터에서 발견된 석조 사리감입니다. 이 사리감에 새겨진 글을 통해 능산리 절터가 관산성에서 전사한 이 왕의 명복을 빌기 위하여 조성된 것임을 알 수 있습니다.

① 금마저에 ㅁㄹㅅ를 창건하였다. [50·46·45·42·33회]

② 신라를 공격하여 ㄷㅇㅅ을 점령하였다. [50·46·45·44·40회]

③ 국호를 ㄴㅂㅇ로 바꾸었다. [45·43·42·32·30회]

④ 지방을 통제하기 위해 22ㄷㄹ를 설치하였다. [62·50·49·47·46회]

⑤ ㅍㅇㅅ을 공격하여 고국원왕을 전사시켰다. [59·42·39·38·35회]

⑥ 동진에서 온 마라난타를 통해 ㅂㄱ를 수용하였다. [50·48·46·45·39회]

⑦ 백제가 신라와 연합하여 ㅎㄱ 유역을 수복하였다. [50·48·40·39회]

⑧ ㄱㅎ에게 『ㅅㄱ』를 편찬하게 하였다. [50·46·45·33·32회]

⑨ 백제가 ㅅㅂ로 천도하였다. [45·44·42·32·30회]

02 (가) 나라에 대한 사실로 옳은 것을 모두 고르세요. [50회]

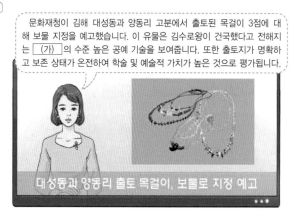

> 문화재청이 김해 대성동과 양동리 고분에서 출토된 목걸이 3점에 대해 보물 지정을 예고했습니다. 이 유물은 김수로왕이 건국했다고 전해지는 (가) 의 수준 높은 공예 기술을 보여줍니다. 또한 출토지가 명확하고 보존 상태가 온전하여 학술 및 예술적 가치가 높은 것으로 평가됩니다.

대성동과 양동리 출토 목걸이, 보물로 지정 예고

① ㄴㄹ과 ㅇ에 철을 수출하였다. [50·46·45·44·42회]

② 혼인 풍습으로 ㅁㅁㄹㅈ가 있었다. [49·48·47·45·44회]

③ 내신좌평, 위사좌평 등 6ㅈㅍ의 관제를 마련하였다. [51·40·39회]

④ ㅎㄱ ㄱㅇ ㅇㅁ을 주도하였다. [43·39·30회]

⑤ 대가들이 ㅅㅈ, 조의, 선인을 거느렸다. [51·49·45·44·41회]

⑥ ㅁㅊ이라는 제천 행사를 열었다. [45·38·36회]

⑦ 전진의 순도를 통해 ㅂㄱ를 수용하였다. [37·36·34·33회]

⑧ 일부 왕족이 멸망 후 신라의 ㅈㄱ로 편입되었다. [33회]

키워드 해설

관산성에서 전사 → **백제 성왕**

정답 ③, ⑦, ⑨

① 미륵사 [무왕] ② 대야성 [의자왕] ③ **남부여 [성왕]** ④ 22담로 [무령왕] ⑤ 평양성 [근초고왕] ⑥ 불교 [침류왕] ⑦ **한강 [성왕]** ⑧ 고흥, 서기 [근초고왕] ⑨ **사비 [성왕]**

키워드 해설

김해 대성동 + 김수로왕이 건국 → **금관가야**

정답 ①, ⑧

① **낙랑, 왜 [금관가야, 변한]** ② 민며느리제 [옥저] ③ 6좌평 [백제] ④ 후기 가야 연맹 [대가야] ⑤ 사자 [고구려] ⑥ 무천 [동예] ⑦ 불교 [고구려] ⑧ **진골 [금관가야]**

02
고대의 정치 ③

1 신라의 발전과 전성기
2 신라의 삼국 통일

최빈출 절대 선택지
TOP 7
(62~38회 기준)

공동 **1위** [총 10번 출제]
- 지증왕 - 이사부를 보내 우산국을 복속시켰다.
- 법흥왕 - 병부와 상대등을 설치하였다.
- 지증왕 - 시장을 관리하는 관청인 동시전을 설치하였다.

4위 [총 9번 출제]
- 선덕 여왕 - 자장의 건의로 황룡사 구층 목탑을 건립하였다.

5위 [총 8번 출제]
- 진흥왕 - 거칠부가 왕명을 받들어 『국사』를 편찬하였다.

공동 **6위** [총 7번 출제]
- 내물 마립간 - 최고 지배자의 칭호가 마립간으로 바뀌었다.
- 진흥왕 - 대가야를 정복하여 영토를 확장하였다.

1 신라의 발전과 전성기 핵심 선택지

(1) 신라의 발전(3~6세기) [62~38회에서 총 59번 출제]
- 내물 마립간 이전 - 박, 석, 김의 3성이 교대로 왕위를 계승하였다. [50·45·44·42·38회]
- 내물 마립간 - 최고 지배자의 칭호가 마립간으로 바뀌었다. [51·50·49·48·47회]
- 지증왕 - 국호를 신라로 확정하고 왕이라는 칭호를 사용하였다. [37·31회]
- 지증왕 - 이사부를 보내 우산국을 복속시켰다. [51·50·48·46·43회]
- 지증왕 - 시장을 관리하는 관청인 동시전을 설치하였다. [62·48·46·45·42회]
- 법흥왕 - 병부와 상대등을 설치하였다. [51·50·46·42·41회]
- 법흥왕 - 이차돈의 순교를 계기로 불교를 공인하였다. [51·48·47·45·44회]
- 법흥왕 - 신라가 금관가야를 병합하였다. [31회]
- 법흥왕 - 건원이라는 독자적인 연호를 사용하였다. [49·48·46·42·39회]

(2) 신라의 전성기(6~7세기) [62~38회에서 총 29번 출제]
- 진흥왕 - 대가야를 정복하여 영토를 확장하였다. [51·42·40·37·35회]
- 진흥왕 - 화랑도를 국가 조직으로 개편하였다. [48·46·44·39·38회]
- 진흥왕 - 거칠부가 왕명을 받들어 『국사』를 편찬하였다. [51·49·47·43·42회]
- 선덕 여왕 - 자장의 건의로 황룡사 구층 목탑을 건립하였다. [51·49·47·44·43회]

2 신라의 삼국 통일 핵심 선택지

(1) 신라의 삼국 통일 준비 [62~38회에서 총 3번 출제]
- 진덕 여왕 때 신라가 당과 군사 동맹을 체결하였다. [61·47·41회]

(2) 백제의 멸망 [62~38회에서 총 5번 출제]
- 황산벌 전투 - 계백의 결사대를 보내 신라군에 맞서 싸웠다. [42·41·35·32회]
- 나·당 연합군에 의해 멸망하였다. [45회]

(3) 백제 부흥 운동 [62~38회에서 총 11번 출제]
- 복신과 도침 등이 부여풍을 왕으로 추대하였다. [49·48·47·39·33회]
- 임존성에서 소정방이 지휘하는 당군을 격퇴하였다. [41·35회]
- 신라와 당의 연합군이 백강에서 왜군을 물리쳤다. [42·40·32회]

(4) 고구려의 멸망 [62~38회에서 총 2번 출제]
- 보장왕 - 평양성에서 나·당 연합군에 항전하였다. [33회]
- 나·당 연합군에 의해 멸망하였다. [45회]

(5) 고구려 부흥 운동 [62~38회에서 총 5번 출제]
- 안승을 왕으로 받들어 나라를 다시 세우고자 하였다. [35회]
- 안승이 신라에 의해 보덕국왕에 책봉되었다. [49·47·44·42회]

(6) 나·당 전쟁 [62~38회에서 총 8번 출제]
- 신라군이 당의 군대에 맞서 매소성에서 승리하였다. [50·44·42·41·40회]
- 신라군이 기벌포에서 적군을 격파하였다. [58·47회]

기출 선택지 초성 퀴즈

먼저 하단 선택지들의 초성을 모두 채운 다음, 문제에 맞는 정답을 모두 고르세요.

01 밑줄 그은 '왕'의 업적으로 옳은 것을 모두 고르세요.
[49회]

> 금관국의 김구해가 세 아들과 함께 나라의 보물을 가지고 와서 항복하였다고 하네.

> 나도 들었네. 우리 왕께서 그들을 예로써 대접하여 높은 벼슬을 주고, 그가 다스리던 금관국을 식읍으로 삼게 하였다는군.

① 최고 지배자의 칭호를 ㅁㄹㄱ이라 하였다.
[51·50·49·48·47회]

② 국호를 ㅅㄹ로 정하고 ㅇ의 칭호를 사용하였다.
[37·31회]

③ ㅂㅂ와 ㅅㄷㄷ을 설치하고 관등을 정비하였다.
[51·50·46·42·41회]

④ ㄱㅇ이라는 독자적인 연호를 제정하였다.
[49·48·46·42·39회]

⑤ 국가적인 조직으로 ㅎㄹㄷ를 개편하였다.
[48·46·44·39·38회]

⑥ 이사부를 보내 ㅇㅅㄱ을 복속하였다.
[51·50·48·46·43회]

⑦ ㄱㅊㅂ로 하여금 『ㄱㅅ』를 편찬하게 하였다.
[51·49·47·43·42회]

⑧ ㄷㄱㅇ를 병합하여 영토를 확장하였다.
[51·42·40·37·35회]

⑨ ㅇㅊㄷ의 순교를 계기로 ㅂㄱ를 공인하였다.
[51·48·47·45·44회]

⑩ 호국의 염원을 담아 ㅎㄹㅅ ㄱㅊ ㅁㅌ을 건립하였다. [51·49·47·44·43회]

02 다음 사건 이후에 일어난 사실로 옳은 것을 모두 고르세요.
[32회]

> 고구려의 대장 겸모잠(鉗牟岑: 검모잠)이 무리를 거느리고 반란을 일으켜 보장왕의 외손 안순(安舜: 안승)을 세워 왕으로 삼았다. 고간을 동주도행군총관으로, 이근행을 연산도행군총관으로 삼아 토벌케 하였다. 사평태상백 양방을 보내어 도망치고 남은 무리를 불러들이게 하였다. 안순이 겸모잠을 죽이고 신라로 달아났다.
> – 「신당서」

① 신라가 ㄱㄱㄱㅇ를 병합하였다. [31회]

② 신라가 ㅁㅅㅅ에서 당군을 물리쳤다.
[50·44·42·41·40회]

③ ㅂㅅ과 ㄷㅊ 등이 주류성에서 군사를 일으켰다.
[49·48·47·39·33회]

④ 신라군이 ㄱㅂㅍ에서 적군을 격파하였다.
[58·47회]

⑤ 나·당 연합군이 ㅂㄱ에서 왜군을 물리쳤다.
[42·40·32회]

⑥ 김춘추가 중국으로 건너가 ㄱㅅ ㄷㅁ을 성사시켰다. [61·47·41·32회]

⑦ ㄱㅂ이 이끄는 결사대가 신라군에 맞서 싸웠다.
[42·41·35·32회]

키워드 해설

금관국의 김구해 + 항복 → **신라 법흥왕**

정답 ③, ④, ⑨

① 마립간 [내물 마립간] ② 신라, 왕 [지증왕] ③ **병부, 상대등 [법흥왕]** ④ **건원 [법흥왕]** ⑤ 화랑도 [진흥왕] ⑥ 우산국 [지증왕] ⑦ 거칠부, 국사 [진흥왕] ⑧ 대가야 [진흥왕] ⑨ **이차돈, 불교 [법흥왕]** ⑩ 황룡사 구층 목탑 [선덕 여왕]

키워드 해설

겸모잠 + 안순이 신라로 달아남 → **고구려 부흥 운동 실패**

정답 ②, ④

① 금관가야 [신라 법흥왕] ② **매소성 [나·당 전쟁]** ③ 복신, 도침 [백제 부흥 운동] ④ **기벌포 [나·당 전쟁]** ⑤ 백강 [백제 부흥 운동] ⑥ 군사 동맹 [진덕 여왕, 신라의 삼국 통일 준비] ⑦ 계백 [황산벌 전투, 백제의 멸망]

02

고대의 정치 ④

1 통일 신라
2 발해

최빈출 절대 선택지
TOP 7
(62~38회 기준)

1위 [총 11번 출제]
· 신문왕 - 왕의 장인인 김흠돌이 반란을 도모하였다.

공동 **2위** [총 10번 출제]
· 신문왕 - 관료전을 지급하고 녹읍을 폐지하였다.
· 통일 신라 - 상수리 제도를 실시하여 지방 세력을 견제하였다.
· 문무왕 - 지방관을 감찰하기 위해 외사정을 파견하였다.

공동 **5위** [총 8번 출제]
· 통일 신라 - 9서당 10정의 군사 조직을 갖추었다.
· 발해 - 5경 15부 62주의 지방 행정 제도를 갖추었다.

7위 [총 6번 출제]
· 신문왕 - 국학을 설립하여 유학을 교육하였다.

1 통일 신라 핵심 선택지

(1) 통일 신라의 발전 [62~38회에서 총 46번 출제]
· 문무왕 - 지방관을 감찰하기 위해 외사정을 파견하였다. [50·49·46·45·44회]
· 신문왕 - 왕의 장인인 김흠돌이 반란을 도모하였다. [56·51·50·49·45회]
· 신문왕 - 김흠돌을 비롯한 진골 귀족 세력을 숙청하였다. [50회]
· 신문왕 - 설총이 「화왕계」를 지어 국왕에게 바쳤다. [51·31회]
· 신문왕 - 관료전을 지급하고 녹읍을 폐지하였다. [51·49·48·45·43회]
· 신문왕 - 국학을 설립하여 유학을 교육하였다. [51·44·40·37·33회]
· 성덕왕 - 백성에게 정전을 지급하였다. [46·44·43·40·31회]
· 경덕왕 - 불국사 삼층 석탑이 건립되었다. [46회]

(2) 통일 신라의 통치 체제 [62~38회에서 총 30번 출제]
· 집사부 외 13부를 두고 행정 업무를 분담하였다. [45·37회]
· 위화부 등 13부를 두고 행정 업무를 분담하였습니다. [50·30회]
· 9주 5소경의 지방 제도를 운영하였다. [51·49·46·43·33회]
· 수도의 위치가 치우친 것을 보완하기 위해 5소경을 설치하였다. [55회]
· 상수리 제도를 실시하여 지방 세력을 견제하였다. [51·48·45·40·39회]
· 9서당 10정의 군사 조직을 갖추었다. [51·50·48·46·40회]
· 9서당 - 옷깃 색을 기준으로 9개의 부대로 편성되었다. [48회]

2 발해 핵심 선택지

(1) 발해의 건국과 발전 [62~38회에서 총 21번 출제]
· 고왕(대조영) - 고구려 유민을 이끌고 동모산에서 나라를 세웠다. [38·37·32·30회]
· 무왕 - 인안(仁安)이라는 독자적인 연호를 사용하였다. [47·38·37·30회]
· 무왕 - 대문예로 하여금 흑수 말갈을 정벌하게 하였다. [38·37회]
· 무왕 - 장문휴를 보내 당의 등주를 공격하였다. [61·43·41·38·32회]
· 문왕 - 수도를 중경 현덕부에서 상경 용천부로 옮겼다. [38·37회]
· 인안, 대흥 등의 연호를 사용하였다. [46·34회]
· 전성기에 해동성국이라고도 불렸다. [46·34·32회]

(2) 발해의 통치 체제 [62~38회에서 총 19번 출제]
· 3성 6부의 중앙 관제를 정비하였다. [47·43·32회]
· 정당성의 대내상이 국정을 총괄하였다. [50회]
· 중정대를 두어 관리를 감찰하였다. [51·48·46회]
· 주자감을 설치하여 인재를 양성하였다. [62·49·47·35·33회]
· 5경 15부 62주의 지방 행정 제도를 갖추었다. [51·46·45·43·40회]

✓ 기출 선택지 초성 퀴즈

먼저 하단 선택지들의 초성을 모두 채운 다음, 문제에 맞는 정답을 모두 고르세요.

01 밑줄 그은 '왕'에 대한 설명으로 옳은 것을 모두 고르세요. [50회]

> 용이 검은 옥대를 바쳤다. …… 왕이 놀라고 기뻐하여 오색 비단·금·옥으로 보답하고, 사람을 시켜 대나무를 베어서 바다로 나오자, 산과 용은 홀연히 사라져 보이지 않았다. 왕이 감은사에서 유숙하고 …… 행차에서 돌아와 그 대나무로 피리를 만들어 월성의 천존고에 보관하였다. 이 피리를 불면 적병이 물러가고 병이 나으며, 가물 때 비가 오고 비올 때 개며, 바람이 잦아들고 파도가 평온해졌다. 이를 만파식적(萬波息笛)이라 부르고 국보로 삼았다.
> – 「삼국유사」

① ㅇㅅㅈ을 파견하여 지방관을 감찰하였다.
[50·49·46·45·44회]

② ㄱㅎㄷ을 비롯한 진골 귀족 세력을 숙청하였다.
[51·50·49·45·44회]

③ ㅇㅇ이라는 독자적 연호를 사용하였다.
[47·38·37·30회]

④ ㄷㅁㅁ로 하여금 ㅎㅅ ㅁㄱ을 정벌하게 하였다.
[38·37회]

⑤ 관리에게 ㄱㄹㅈ을 지급하고 ㄴㅇ을 폐지하였다.
[51·49·48·45·43회]

⑥ 유학 교육을 위하여 ㄱㅎ을 설립하였다.
[51·44·40·37·33회]

⑦ ㅂㅂ 등을 설치하여 지배 체제를 정비하였다.
[51·50·46·42·41회]

⑧ 백성에게 ㅈㅈ을 지급하였다. [46·44·43·40·31회]

02 (가) 나라에 대한 사실로 옳은 것을 모두 고르세요. [51회]

> **해외 소재 우리 문화유산** ──────── 일본 편
>
> 사진은 해동성국이라 불렸던 [(가)] 의 함화 4년명 불비상(佛碑像)이다. 아미타불을 중심으로 좌우에 보살상 등이 새겨져 있고 그 아래에는 비문이 있다. 비문은 함화 4년에 허왕부(許王府) 관리인 조문휴의 어머니가 불비상을 조성했다는 내용을 담고 있다. 이를 통해 독자적인 연호를 사용했던 [(가)] 의 국왕이 '허왕' 등의 제후를 거느린 황제와 같은 위상을 가졌음을 알 수 있다.
>
> 함화 4년명 불비상

① ㅈㅈㄱ을 설치하여 유교 경전을 교육하였다.
[62·49·47·35·33회]

② 지방 세력을 견제하기 위해 ㅅㅅㄹ 제도를 실시하였다. [51·48·45·40·39회]

③ 인안, ㄷㅎ 등의 독자적 연호를 사용하였다. [46·34회]

④ ㅈㅅㅂ를 비롯한 14부를 두어 행정 업무를 분담하였다. [45·37회]

⑤ 5ㄱ 15ㅂ 62ㅈ의 지방 행정 제도를 갖추었다.
[51·46·45·43·40회]

⑥ ㅂ, ㅅ, ㄱ의 3성이 교대로 왕위를 계승하였다.
[50·45·44·42·38회]

⑦ 9ㅅㄷ 10ㅈ의 군사 조직을 운영하였다.
[51·50·48·46·40회]

⑧ 중앙 관제를 3ㅅ 6ㅂ로 정비하였다. [47·43·32회]

키워드 해설

감은사 + 만파식적 → **통일 신라 신문왕**

정답 ②, ⑤, ⑥

① 외사정 [통일 신라 문무왕] ② 김흠돌 [통일 신라 신문왕] ③ 인안 [발해 무왕] ④ 대문예, 흑수 말갈 [발해 무왕] ⑤ 관료전, 녹읍 [통일 신라 신문왕] ⑥ 국학 [통일 신라 신문왕] ⑦ 병부 [신라 법흥왕] ⑧ 정전 [통일 신라 성덕왕]

키워드 해설

해동성국 → **발해**

정답 ①, ③, ⑤, ⑧

① 주자감 [발해] ② 상수리 [통일 신라] ③ 대흥 [발해] ④ 집사부 [통일 신라] ⑤ 5경 15부 62주 [발해] ⑥ 박, 석, 김 [신라] ⑦ 9서당 10정 [통일 신라] ⑧ 3성 6부 [발해]

02
고대의 정치 ⑤

1 통일 신라의 혼란
2 후삼국 시대

최빈출 절대 선택지
T♥P 7
(62~38회 기준)

1위 [총 13번 출제]
· 원성왕 - 독서삼품과를 실시하여 인재를 등용하였다.

^{공동} **2위** [총 7번 출제]
· 후백제 - 후당, 오월에 사신을 파견하였다.
· 후고구려 - 궁예가 국호를 마진으로 바꾸고 철원으로 천도하였다.

4위 [총 6번 출제]
· 후백제 - 신라의 금성을 습격하여 경애왕을 죽게 하였다.

^{공동} **5위** [총 5번 출제]
· 진성 여왕 - 원종과 애노가 사벌주에서 봉기하였다.
· 후고구려 - 광평성 등 각종 정치 기구를 마련하였다.
· 헌덕왕 - 웅천주 도독 김헌창이 반란을 일으켰다.

1 통일 신라의 혼란 핵심 선택지

(1) 통일 신라 말의 상황 [62~38회에서 총 30번 출제]
· 혜공왕 - 대공이 난을 일으키자 귀족들이 동참하였다. [48회]
· 원성왕 - 독서삼품과를 실시하여 인재를 등용하였다. [51·50·49·47·46회]
· 헌덕왕 - 웅천주 도독 김헌창이 반란을 일으켰다. [49·47·43·36·32회]
· 흥덕왕 - 장보고가 청해진을 설치하였다. [51회]
· 문성왕 - 장보고가 청해진을 거점으로 반란을 도모하였다. [41회]
· 진성 여왕 - 향가 모음집인 『삼대목』을 편찬하였다. [51·42회]
· 진성 여왕 - 원종과 애노가 사벌주에서 봉기하였다. [61·51·48·43·36회]
· 진성 여왕 - 최치원이 왕에게 시무 10여 조를 건의하였다. [49·44회]

(2) 새로운 세력과 사상의 등장 [62~38회에서 총 7번 출제]
· 지방에서 호족들이 반독립적인 세력으로 성장하였다. [39·31회]
· 빈공과를 준비하는 6두품 출신 유학생 [46회]
· 선종 - 참선과 수행을 통해 깨달음을 얻고자 하였다. [45·30회]
· 선종 - 9산 선문 중 하나인 실상산문이 개창되었다. [33회]
· 도선이 풍수지리설을 들여오다. [40회]

2 후삼국 시대 핵심 선택지

(1) 후백제 [62~38회에서 총 17번 출제]
· 견훤이 완산주를 도읍으로 후백제를 건국하였다. [51·36·35·32회]
· 후당, 오월에 사신을 파견하였다. [50·49·43·42·40회]
· 신라의 금성을 습격하여 경애왕을 죽게 하였다. [50·45·44·43·33회]

(2) 후고구려 [62~38회에서 총 18번 출제]
· 궁예가 양길의 휘하에서 세력을 키웠다. [42·34회]
· 궁예가 송악을 도읍으로 정하고 후고구려를 건국하였다. [36회]
· 광평성 등 각종 정치 기구를 마련하였다. [50·47·43·42·40회]
· 궁예가 국호를 마진으로 바꾸고 철원으로 천도하였다. [47·45·42·38·36회]
· 마진이라는 국호와 무태라는 연호를 사용하였다. [50·49회]
· 궁예가 국호를 마진에서 태봉으로 바꾸었다. [58·48회]

✅ 기출 선택지 초성 퀴즈

먼저 하단 선택지들의 초성을 모두 채운 다음, 문제에 맞는 정답을 모두 고르세요.

01 (가) 시기에 있었던 사실을 모두 고르세요.
[51회]

김헌창의 난을 진압한 녹진에게 대아찬의 관등을 내리노라.

→ (가) →

시무 10조를 바친 최치원을 아찬으로 삼겠노라.

① 인재를 등용하기 위하여 ㄷㅅㅅㅍㄱ를 실시하였다.
[51·50·49·47·46회]

② 위홍과 대구 화상에게 『ㅅㄷㅁ』을 편찬하도록 하였다. [51·42회]

③ ㅇㅈ과 ㅇㄴ의 난 등 농민 봉기가 일어났다.
[61·51·48·43·36회]

④ ㅈㅁㅎ가 ㄷㅈ를 공격하였다. [61·43·41·38·32회]

⑤ 왕의 장인인 ㄱㅎㄷ이 반란을 일으켰다.
[51·50·49·45·44회]

⑥ 장보고가 ㅊㅎㅈ을 거점으로 반란을 도모하였다.
[41회]

⑦ 견훤이 금성을 습격해 ㄱㅇㅇ을 살해하였다.
[50·45·44·43·33회]

⑧ ㄷㄱ이 난을 일으키자 귀족들이 동참하였다. [48회]

02 (가) 인물에 대한 설명으로 옳은 것을 모두 고르세요.
[50회]

> ⁅(가)⁆은/는 상주 가은현 사람이다. …… [왕의] 총애를 받던 측근들이 정권을 마음대로 휘둘러 기강이 문란해졌다. 기근까지 겹쳐 백성들이 떠돌아다니고, 여러 도적들이 봉기하였다. 이에 ⁅(가)⁆이/가 몰래 [왕위를] 넘겨다보는 마음을 갖고 …… 드디어 무진주를 습격하여 스스로 왕이 되었으나, 아직 감히 공공연하게 왕을 칭하지는 못하였다. …… 서쪽으로 순행하여 완산주에 이르니 그 백성들이 환영하였다.
> – 「삼국사기」

① ㅇㄱ의 휘하에서 세력을 키웠다. [42·34회]

② ㅎㄷ, ㅇㅇ에 사신을 보냈다. [50·49·43·42·40회]

③ 국호를 ㅁㅈ으로 바꾸고 ㅊㅇ으로 도읍을 옮겼다.
[50·49·47·45·42회]

④ ㄱㅍㅅ을 비롯한 각종 정치 기구를 마련하였다.
[50·47·43·42·40회]

⑤ ㅇㅅㅈ을 파견하여 지방관을 감찰하였다.
[50·49·46·45·44회]

⑥ ㄱㅎ을 설립하여 유학 교육을 실시하였다.
[51·44·40·37·33회]

⑦ 신라의 수도를 습격하여 ㄱㅇㅇ을 죽게 하였다.
[50·45·44·43·33회]

⑧ 익산에 ㅁㄹㅅ를 창건하였다. [50·46·45·42·33회]

키워드 해설

김헌창의 난(헌덕왕, 822) → **(가)** → 최치원의 시무 10조 건의(진성 여왕, 894)

정답 ②, ③, ⑥

① 독서삼품과 [원성왕, 788년] ② 삼대목 [진성 여왕, 888년] ③ 원종, 애노 [진성 여왕, 889년] ④ 장문휴, 등주 [발해 무왕, 732년] ⑤ 김흠돌 [신문왕, 681년] ⑥ 청해진 [문성왕, 846년] ⑦ 경애왕 [후백제 견훤, 927년] ⑧ 대공 [혜공왕, 768년]

키워드 해설

스스로 왕이 됨 + 완산주에 이르름 → **견훤**

정답 ②, ⑦

① 양길 [궁예] ② **후당, 오월 [견훤]** ③ 마진, 철원 [후고구려 궁예] ④ 광평성 [후고구려 궁예] ⑤ 외사정 [통일 신라 문무왕] ⑥ 국학 [통일 신라 신문왕] ⑦ **경애왕 [견훤]** ⑧ 미륵사 [백제 무왕]

03

고대의 경제·
사회·문화 ①

1 통일 신라와 발해의 경제
2 고구려, 백제, 신라의
  사회

최빈출 절대 선택지
TOP 7
(62~38회 기준)

1위 [총 12번 출제]
· 통일 신라 - 청해진을 설치하여 해
  상 무역을 전개하였다.

2위 [총 8번 출제]
· 신라 - 만장일치제로 운영된 화백
  회의가 있었다.

3위 [총 6번 출제]
· 고구려 - 제가 회의에서 나라의 중
  요한 일을 결정하였다.

공동 **4위** [총 5번 출제]
· 백제 - 왕족인 부여씨와 8성의 귀족
  이 지배층을 이루었다.
· 신라 - 골품에 따라 관등 승진에 제
  한이 있었다.
· 발해 - 솔빈부의 말이 특산물로 유
  명하였다.

7위 [총 3번 출제]
· 백제 - 정사암에 모여 재상을 선출
  하였다.

1 통일 신라와 발해의 경제 핵심 선택지

(1) 통일 신라의 경제 [62~38회에서 총 15번 출제]
· 울산항, 당항성이 무역항으로 번성하였다. [49·39회]
· 청해진을 설치하여 해상 무역을 전개하였다. [62·49·48·47·44회]
· 당에 신라방을 형성하여 활발히 교역하였다. [30회]
· 민정 문서(신라 촌락 문서) - 호구를 남녀별·연령별로 구분하여 파악하였다. [26회]

◀ 민정 문서(신라 촌락 문서)

(2) 발해의 경제 [62~38회에서 총 9번 출제]
· 솔빈부의 말이 특산물로 유명하였다. [48·44·39·37·35회]
· 거란도, 영주도 등을 통해 주변 국가와 교류하였다. [47회]
· 신라도라는 교통로를 통해 신라와 교역하였다. [36·30회]
· 담비 가죽과 인삼, 자기 등을 수출하였다. [30회]

2 고구려, 백제, 신라의 사회 핵심 선택지

(1) 고구려의 사회 [62~38회에서 총 10번 출제]
· 계루부 등 5부 출신 귀족이 지배층을 형성하였다. [31회]
· 제가 회의에서 나라의 중요한 일을 결정하였다. [61·54·42·39·37회]
· 지방 장관으로 욕살, 처려근지 등을 두었다. [61·59·42·40·35회]

(2) 백제의 사회 [62~38회에서 총 8번 출제]
· 왕족인 부여씨와 8성의 귀족이 지배층을 이루었다. [51·49·43·37·30회]
· 정사암에 모여 재상을 선출하였다. [50·49·44회]

(3) 신라의 사회 [62~38회에서 총 18번 출제]
· 골품제라는 엄격한 신분제를 마련하였다. [49·39회]
· 골품제 - 집과 수레의 크기 등 일상생활까지 규제하였다. [43회]
· 골품에 따라 관등 승진에 제한이 있었다. [50·48·47·35·30회]
· 만장일치제로 운영된 화백 회의가 있었다. [60·50·47·44·43회]
· 화랑도 - 진흥왕 때 국가적인 조직으로 정비되었다. [34회]
· 세속 5계를 규범으로 삼는 화랑도를 운영하였다. [30회]

✓ 기출 선택지 초성 퀴즈

먼저 하단 선택지들의 초성을 모두 채운 다음, 문제에 맞는 정답을 모두 고르세요.

01 (가) 국가의 경제 상황으로 옳은 것을 모두 고르세요.
[49회]

```
┌─────────────────────────────────────┐
│ 국립 ○○ 박물관 DB              [-][□][×]│
│   유물 소개                            │
├──────────────┬──────────────────────┤
│              │  ┌─────상세 정보─────┐  │
│  [이미지]     │    서원경 부근 4개 촌락의 인구 │
│              │  수, 토지 종류와 면적, 소와 말의 │
│              │  수 등을 기록한 문서로, 일본 도 │
│              │  다이사 쇼소인에서 발견되었다. │
│              │  문서의 내용을 통해 (가)  이/ │
│              │  가 촌락의 경제 상황 등을 세밀하 │
│              │  게 파악하였음을 알 수 있다. │
│ [이미지 다운로드↓][관심 유물에 등록] │                      │
└──────────────┴──────────────────────┘
```

① ㅇㅅㅎ이 국제 무역항으로 번성하였다. [49·39회]

② ㅊㅎㅈ이 국제 무역 거점으로 번성하였다.
[62·49·48·47·44회]

③ ㅅㅂㅂ의 말이 특산물로 거래되었다.
[48·44·39·37·35회]

④ ㄷㄱ, 과하마, 반어피 등의 특산물이 유명하였다.
[49·44·40·34·31회]

⑤ 집집마다 ㅂㄱ이라는 창고가 있었다.
[49·48·43·42·31회]

⑥ 중국 화폐인 ㅁㄷㅈ, 반량전이 널리 사용되었다.
[47·46·45·44·43회]

⑦ ㄴㄹ과 ㅇ를 연결하는 중계 무역으로 번성하였다.
[50·46·45·44·42회]

02 (가) 국가에 대한 설명으로 옳은 것을 고르세요.
[30회]

● 우리 고장의 유적 ●

천정대(天政臺)

이곳 천정대는 (가) 의 귀족들이 모여 국가의 중대사를 논의하였던 정사암(政事岩)으로 추정되는 장소이다. 『삼국유사』에는 '재상(宰相)을 선출할 때 3~4명의 후보자 이름을 적어 상자에 넣어 밀봉한 뒤 정사암에 놓아두었다가 얼마 후에 상자를 열어 이름 위에 표시가 있는 사람을 재상으로 삼았다.' 라고 기록되어 있다.

① 골품에 따라 ㄱㄷ 승진에 제한이 있었다.
[50·48·47·35·30회]

② ㅈㄷㅂ을 실시하여 빈민에게 곡식을 빌려주었다.
[50·49·45·44·42회]

③ 귀족 합의제인 ㅎㅂ ㅎㅇ를 운영하였다.
[60·50·47·44·43회]

④ 왕족인 ㅂㅇ씨와 8성의 귀족이 지배층을 이루었다.
[51·49·43·37·30회]

⑤ ㅅㅅ5ㄱ를 규범으로 삼는 ㅎㄹㄷ를 운영하였다.
[30회]

⑥ 지방의 여러 성에 ㅇㅅ, ㅊㄹㄱㅈ 등을 두었다.
[61·59·42·40·35회]

⑦ ㄱㄹㅂ 등 5부 출신 귀족이 지배층을 형성하였다.
[31회]

키워드 해설

촌락의 인구 수, 토지 종류와 면적, 소와 말의 수 등을 기록한 문서 → 민정 문서(신라 촌락 문서) → **통일 신라**

정답 ①, ②

① 울산항 [통일 신라] ② 청해진 [통일 신라] ③ 솔빈부 [발해] ④ 단궁 [동예] ⑤ 부경 [고구려] ⑥ 명도전 [철기 시대] ⑦ 낙랑, 왜 [금관가야]

키워드 해설

귀족들이 모여 국가의 중대사를 논의하였던 정사암 → **백제**

정답 ④

① 관등 [신라] ② 진대법 [고구려] ③ 화백 회의 [신라] ④ **부여씨 [백제]** ⑤ 세속 5계, 화랑도 [신라] ⑥ 욕살, 처려근지 [고구려] ⑦ 계루부 [고구려]

03

고대의 경제·
사회·문화 ②

1 사상
2 고분

최빈출 절대 선택지
TOP 7
(62~38회 기준)

1위 [총 8번 출제]
· 신라 - 거칠부가 왕명을 받들어 『국사』를 편찬하였다.

2위 [총 7번 출제]
· 혜초 - 인도와 중앙아시아를 다녀와서 『왕오천축국전』을 남겼다.

공동 3위 [총 6번 출제]
· 무령왕릉 - 중국 남조의 영향을 받아 벽돌로 축조하였다.
· 백제 금동대향로

· 고구려 - 경당을 설치하여 청소년에게 글과 활쏘기를 가르쳤다.

6위 [총 5번 출제]
· 백제 - 고흥이 『서기』를 편찬하였다.

7위 [총 4번 출제]
· 원효 - 무애가를 지어 불교 대중화에 힘썼다.

---

1 사상 핵심 선택지

(1) 불교 승려 [62~38회에서 총 31번 출제]
· 원광 - 화랑도의 규범으로 세속 5계를 제시하였다. [51·43·38회]
· 자장 - 황룡사 구층 목탑의 건립을 건의하였다. [41·38·34·31회]
· 원효 - 『금강삼매경론』을 저술하였다. [47·46회]
· 원효 - 『대승기신론소』, 『십문화쟁론』을 저술하였다. [40·38·31회]
· 원효 - 무애가를 지어 불교 대중화에 힘썼다. [51·43·41·34회]
· 의상 - 『화엄일승법계도』를 지어 화엄 사상을 정리하였다. [51·43·38·34회]
· 의상 - 부석사를 창건하였다. [47·40회]
· 의상 - 현세의 고난에서 구제받고자 하는 관음 신앙을 강조하였다. [41·31회]
· 혜초 - 인도와 중앙아시아를 다녀와서 『왕오천축국전』을 남겼다. [61·51·47·43·41회]

(2) 도교 문화유산 [62~38회에서 총 9번 출제]
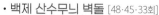

· 백제 금동대향로 [47·45·38·33·32회]   · 백제 산수무늬 벽돌 [48·45·33회]

(3) 유학 교육과 역사서 [62~38회에서 총 21번 출제]
· 고구려 - 경당을 설치하여 청소년에게 글과 활쏘기를 가르쳤다. [47·43·37·34·33회]
· 고구려 - 이문진이 『유기』를 간추린 『신집』을 편찬하였다. [41·37회]
· 백제 - 고흥이 『서기』를 편찬하였다. [50·46·45·33·32회]
· 신라 - 거칠부가 왕명을 받들어 『국사』를 편찬하였다. [51·49·47·43·42회]

---

2 고분 핵심 선택지

(1) 돌무지무덤 [62~38회에서 총 1번 출제]
· 백제 - 서울 석촌동 고분군에 위치하고 있다. [51회]

(2) 벽돌무덤 [62~38회에서 총 6번 출제]
· 무령왕릉(백제) - 중국 남조의 영향을 받아 벽돌로 축조하였다. [51·44·38·37·35회]

(3) 돌무지덧널무덤 [62~38회에서 총 3번 출제]
· 나무로 곽을 짜고 그 위에 돌을 쌓았다. [51회]
· 도굴이 어려워 금관, 유리잔 등 많은 껴묻거리가 출토되었습니다. [31회]
· 신라 - 대표적인 무덤으로 황남대총이 있다. [38회]

(4) 굴식 돌방무덤 [62~38회에서 총 8번 출제]
· 내부의 천장과 벽에 그림을 그리기도 하였다. [38·31회]
· 고구려, 발해 - 모줄임 천장 구조로 되어 있다. [38·35회]
· 무용총(고구려) - 당시 생활상을 담은 수렵도 등의 벽화가 남아 있다. [44회]
· 통일 신라 - 무덤의 둘레돌에 12지 신상을 조각하였다. [51·38·31회]

✓ 기출 선택지 초성 퀴즈

먼저 하단 선택지들의 초성을 모두 채운 다음, 문제에 맞는 정답을 모두 고르세요.

01 밑줄 그은 '대사'의 활동으로 옳은 것을 모두 고르세요. [51회]

> ### 부석사 창건 설화
>
> 당에 유학했던 <u>대사</u>가 공부를 마치고 귀국길에 오르자 그를 사모했던 선묘라는 여인이 용으로 변하여 귀국길을 도왔다. 신라에 돌아온 <u>대사</u>는 불법을 전파하던 중 자신이 원하는 절을 찾았다. 그런데 그곳은 이미 다른 종파의 무리들이 있었다. 이때 선묘룡이 나타나 공중에서 커다란 바위로 변신하여 절의 지붕 위에서 떨어질 듯 말 듯 하자 많은 무리들이 혼비백산하여 달아났다. 이러한 연유로 이 절을 '돌이 공중에 떴다'는 의미의 부석사(浮石寺)로 불렀다.

① 당에서 귀국하여 ㅎㄹㅅ ㄱㅊ ㅁㅌ의 건립을 건의하였다. [41·38·34·31회]

② 종파 간의 사상적 대립을 해소하기 위해 『ㅅㅁㅎㅈㄹ』을 저술하였다. [38·31회]

③ ㅁㅇ를 지어 불교 대중화에 노력하였다. [51·43·41·34회]

④ 『ㅎㅇㅇㅅㅂㄱㄷ』를 지어 화엄종을 정리하였다. [51·43·38·34회]

⑤ 인도와 중앙아시아의 풍물을 기록한 『ㅇㅇㅊㄱㅈ』을 저술하였다. [61·51·47·43·41회]

⑥ 현세에서 고난을 구제받고자 하는 ㄱㅇ ㅅㅇ을 강조하였다. [41·31회]

⑦ 화랑도의 규범으로 ㅅㅅ 5ㄱ를 제시하였다. [51·43·38회]

⑧ 『ㄱㄱㅅㅁㄱㄹ』을 저술하였다. [47·46회]

⑨ 『ㄷㅅㄱㅅㄹㅅ』를 저술하였다. [40·38회]

02 (가), (나) 무덤 양식에 대한 설명으로 옳은 것을 모두 고르세요. [38회]

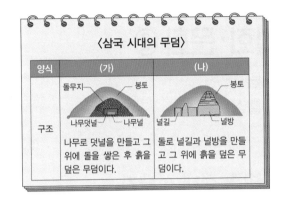

양식	(가)	(나)
구조	나무로 덧널을 만들고 그 위에 돌을 쌓은 후 흙을 덮은 무덤이다.	돌로 널길과 널방을 만들고 그 위에 흙을 덮은 무덤이다.

〈삼국 시대의 무덤〉

① (가) - ㅁㅈㅇ ㅊㅈ 구조로 되어 있다. [38·35회]

② (가) - 서울 ㅅㅊㄷ 고분군에 위치하고 있다. [51회]

③ (가) - 대표적인 무덤으로 ㅎㄴㄷㅊ이 있다. [38회]

④ (나) - 내부의 ㅊㅈ과 ㅂ에 그림을 그리기도 하였다. [38·31회]

⑤ (나) - ㅈㄱ ㄴㅈ 의 영향을 받아 만들어졌다. [51·44·38·37·35회]

⑥ (나) - 도굴이 어려워 금관, 유리잔 등 많은 ㄲㅁㄱㄹ가 출토되었다. [31회]

키워드 해설

당에 유학 + 부석사 → **의상**

정답 ④, ⑥

① 황룡사 구층 목탑 [자장] ② 십문화쟁론 [원효] ③ 무애가 [원효] ④ 화엄일승법계도 [의상] ⑤ 왕오천국전 [혜초] ⑥ 관음 신앙 [의상] ⑦ 세속 5계 [원광] ⑧ 금강삼매경론 [원효] ⑨ 대승기신론소 [원효]

키워드 해설

(가) 나무로 덧널 + 돌을 쌓음 → **돌무지덧널무덤**
(나) 돌로 널길, 널방을 만듦 → **굴식 돌방무덤**

정답 ③, ④

① 모줄임 천장 [굴식 돌방무덤] ② 석촌동 [돌무지무덤] ③ 황남대총 [돌무지덧널무덤] ④ 천장, 벽 [굴식 돌방무덤] ⑤ 중국 남조 [무령왕릉, 벽돌무덤] ⑥ 껴묻거리 [돌무지덧널무덤]

1일 2일 3일

03
고대의 경제·사회·문화 ③

1 탑
2 불상

최빈출 절대 선택지
T✅P 7
(62~38회 기준)

1위 [총 10번 출제]
· 금동 연가 7년명 여래 입상(고구려)

2위 [총 8번 출제]
· 경주 불국사 다보탑 (통일 신라)

3위 [총 7번 출제]
· 부여 정림사지 오층 석탑(백제)

공동 4위 [총 4번 출제]
· 익산 미륵사지 석탑 (백제)

· 영광탑(발해)

공동 6위 [총 3번 출제]
· 서산 용현리 마애 여래 삼존상(백제)
· 경주 분황사 모전 석탑 (신라)

---

1 탑 핵심 선택지

(1) 백제와 신라의 탑 [62~38회에서 총 14번 출제]

✗부여 정림사지 오층 석탑 (백제) [51·46·44·42·40회]	✗익산 미륵사지 석탑 (백제) [62·51·44·43회]	✗경주 분황사 모전 석탑 (신라) [46·43·37회]

(2) 통일 신라와 발해의 탑 [62~38회에서 총 20번 출제]

경주 감은사지 동·서 삼층 석탑(통일 신라) [43·31회]	✗경주 불국사 다보탑 (통일 신라) [51·46·44·43·42회]	안동 법흥사지 칠층 전탑 (통일 신라) [46·40회]
양양 진전사지 삼층 석탑 (통일 신라) [44·31회]	화순 쌍봉사 철감선사 승탑(통일 신라) [36·31회]	✗영광탑(발해) [51·43·42·37회]

2 불상 핵심 선택지

(1) 삼국의 불상 [62~38회에서 총 16번 출제]

✗금동 연가 7년명 여래 입상(고구려) [60·45·43·41·40회]	✗서산 용현리 마애 여래 삼존상(백제) [48·47·39회]	경주 배동 석조 여래 삼존 입상 (신라) [42·39회]	국보 78호 금동 미륵 보살 반가사유상 (삼국) [57회]

(2) 통일 신라와 발해의 불상 [62~38회에서 총 5번 출제]

경주 석굴암 본존불 (통일 신라) [50·41회]	경산 팔공산 관봉 석조 여래 좌상(통일 신라) [47회]	이불 병좌상(발해) [59·57회]

✓ 기출 선택지 초성 퀴즈

먼저 하단 선택지들의 초성을 모두 채운 다음, 문제에 맞는 정답을 모두 고르세요.

01 (가)에 해당하는 문화유산을 고르세요.
[51회]

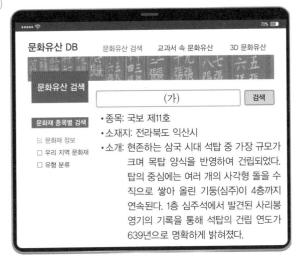

문화유산 DB ㅤ 문화유산 검색ㅤ 교과서 속 문화유산ㅤ 3D 문화유산

문화유산 검색
(가) ㅤ 검색

문화재 종목별 검색
☑ 문화재 정보
☐ 우리 지역 문화재
☐ 유형 분류

- 종목: 국보 제11호
- 소재지: 전라북도 익산시
- 소개: 현존하는 삼국 시대 석탑 중 가장 규모가 크며 목탑 양식을 반영하여 건립되었다. 탑의 중심에는 여러 개의 사각형 돌을 수직으로 쌓아 올린 기둥(심주)이 4층까지 연속된다. 1층 심주석에서 발견된 사리봉영기의 기록을 통해 석탑의 건립 연도가 639년으로 명확하게 밝혀졌다.

① ㅈㄹㅅㅈ 오층 석탑
[51·46·44·42·40회]

② ㅂㄱㅅ 다보탑
[51·46·44·43·42회]

③ ㅁㄹㅅㅈ 석탑
[62·51·44·43·37회]

④ ㅇㄱㅌ [51·43·42·37회]

⑤ ㅂㅎㅅㅈ 칠층 전탑
[46·40회]

⑥ ㄱㅇㅅㅈ 동·서 삼층 석탑
[43·31회]

02 선택지의 초성을 모두 고르고, (가) 국가의 문화유산으로 옳은 것을 고르세요.
[43회]

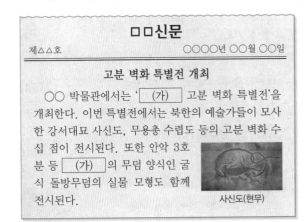

ㅁㅁ신문
제△△호 ㅤ ○○○○년 ○○월 ○○일

고분 벽화 특별전 개최

○○ 박물관에서는 '(가) 고분 벽화 특별전'을 개최한다. 이번 특별전에서는 북한의 예술가들이 모사한 강서대묘 사신도, 무용총 수렵도 등의 고분 벽화 수십 점이 전시된다. 또한 안악 3호분 등 (가) 의 무덤 양식인 굴식 돌방무덤의 실물 모형도 함께 전시된다.

사신도(현무)

① 금동 ㅇㄱ7ㄴㅁ 여래 입상 [60·45·43·41·40회]

② ㅅㅅ ㅇㅎㄹ 마애 여래 삼존상 [48·47·39회]

③ ㄱㅈ ㅂㄷ 석조 여래 삼존 입상 [42·39회]

④ ㄱㅈ ㅅㄱㅇ 본존불 [50·41회]

⑤ ㄱㅅ ㅍㄱㅅ 관봉 석조 여래 좌상 [47회]

⑥ ㅇㅂ ㅂㅈㅅ [59·57회]

키워드 해설

익산 + 목탑 양식을 반영 → **익산 미륵사지 석탑**

정답 ③

① 정림사지 [부여, 백제] ② 불국사 [경주, 통일 신라] ③ 미륵사지 [익산, 백제] ④ 영광탑 [중국 장백현, 발해] ⑤ 법흥사지 [안동, 통일 신라] ⑥ 감은사지 [경주, 통일 신라]

키워드 해설

강서대묘 사신도 + 무용총 수렵도 → **고구려의 문화유산**

정답 ①

① 연가 7년명 [고구려] ② 서산 용현리 [백제] ③ 경주 배동 [신라] ④ 경주 석굴암 [통일 신라] ⑤ 경산 팔공산 [통일 신라] ⑥ 이불 병좌상 [발해]

04
고려 시대의 정치 ①

1 고려의 후삼국 통일과 기틀 마련
2 고려의 통치 체제

최빈출 절대 선택지
TOP 7
(62~38회 기준)

1위 [총 12번 출제]
· 광종 - 쌍기의 건의를 받아들여 과거제를 실시하였다.

2위 [총 11번 출제]
· 성종 - 전국에 12목을 설치하고 지방관을 파견하였다.

3위 [총 10번 출제]
· 특수군 - 외침에 대비하기 위해 광군을 창설하였다.

4위 [총 9번 출제]
· 광종 - 노비안검법을 시행하여 재정을 확충하였다.

공동 **5위** [총 7번 출제]
· 태조 왕건 - 『정계』와 『계백료서』를 지어 관리의 규범을 제시하였다.
· 태조 왕건 - 흑창을 설치하여 빈민을 구제하였다.

7위 [총 6번 출제]
· 태조 왕건 - 경순왕 김부를 경주의 사심관으로 삼았다.

1 고려의 후삼국 통일과 기틀 마련 핵심 선택지

(1) 후삼국 통일 과정 [62~38회에서 총 12번 출제]
· 927년 - 신숭겸이 공산 전투에서 전사하였다. [51·47·44회]
· 930년 - 왕건이 고창 전투에서 후백제군을 상대로 승리하였다. [45·44회]
· 935년 - 견훤이 금산사에 유폐된 후 고려에 귀부하였다. [49·45회]
· 936년 - 신검이 일리천에서 고려군에게 패배하였다. [51·44·43·42·40회]

(2) 태조 왕건 [62~38회에서 총 24번 출제]
· 『정계』와 『계백료서』를 지어 관리의 규범을 제시하였다. [55·50·46·42·41회]
· 기인 제도와 사심관 제도를 시행하였다. [33회]
· 경순왕 김부를 경주의 사심관으로 삼았다. [48·42·38·36·32회]
· 흑창을 설치하여 빈민을 구제하였다. [49·43·42·39·36회]
· 평양을 서경으로 삼아 중시하였다. [42·37·36회]

(3) 광종 [62~38회에서 총 24번 출제]
· 광덕, 준풍 등의 독자적인 연호를 사용하였다. [43·40·39회]
· 노비안검법을 시행하여 재정을 확충하였다. [54·49·47·41·37회]
· 쌍기의 건의를 받아들여 과거제를 실시하였다. [51·49·48·46·43회]

(4) 성종 [62~38회에서 총 15번 출제]
· 최승로의 시무 28조를 받아들여 통치 체제를 정비하였다. [50·41회]
· 전국에 12목을 설치하고 지방관을 파견하였다. [49·43·40·39·38회]
· 지방 세력 통제를 위해 향리제를 정비하였다. [46·33회]

2 고려의 통치 체제 핵심 선택지

(1) 중앙 정치 조직 [62~38회에서 총 10번 출제]
· 고관들의 합좌 기구인 도병마사를 설치하였다. [51·33회]
· 식목도감 - 재신, 추밀 등으로 구성되어 법제를 논의하였다. [37·33회]
· 삼사 - 화폐, 곡식의 출납과 회계를 맡았다. [48·44·42·38회]
· 대간 - 관리 임명에 대한 서경권을 가지고 있었다. [48·44회]

(2) 지방 행정 조직 [62~38회에서 총 4번 출제]
· 현종 때 5도 양계의 지방 제도가 확립되었다. [34회]
· 국경 지대에 병마사를 파견하여 적의 침입에 대비하였다. [36·32회]
· 지방관으로 안찰사를 파견했습니다. [47회]

(3) 군사 조직 [62~38회에서 총 16번 출제]
· 중앙군으로 2군 6위를 설치하였다. [47·43회]
· 주진군 - 국경 지대인 양계에 설치되었다. [43·38·35·34회]
· 특수군 - 외침에 대비하기 위해 광군을 창설하였다. [50·49·48·44·41회]

✅ 기출 선택지 초성 퀴즈

먼저 하단 선택지들의 초성을 모두 채운 다음, 문제에 맞는 정답을 모두 고르세요.

01
[50회] 다음 장면에 등장하는 왕에 대한 설명으로 옳은 것을 모두 고르세요.

내 몸은 비록 궁궐에 있지만 마음은 언제나 백성에게 있노라. 지방 수령들의 눈과 귀를 빌어 백성의 기대에 부합하고자 한다. 이에 『우서(虞書)』의 12목 제도를 본받아 시행할 터이니, 주나라가 8백 년간 지속되었듯이 우리의 국운도 길이 이어질 것이다.

① ㄱㅇ 제도와 ㅅㅅㄱ 제도를 시행하였다. [33회]

② ㄴㅂㅇㄱㅂ을 실시하여 왕권을 강화하였다.
[54·49·47·41·37회]

③ ㅊㅅㄹ의 ㅅㅁ 28ㅈ를 받아들여 통치 체제를 정비하였다. [50·41회]

④ 『ㅈㄱ』와 『ㄱㅂㄹㅅ』를 지어 관리가 지켜야 할 규범을 제시하였다. [55·50·46·42·41회]

⑤ 호장, 부호장을 상층부로 하는 ㅎㄹ 제도를 처음 마련하였다. [46·33회]

⑥ ㅆㄱ의 건의를 받아들여 ㄱㄱ제를 도입하였다.
[51·49·48·46·43회]

⑦ 민생 안정을 위해 ㅎㅊ을 처음 설치하였다.
[49·43·42·39·36회]

02
[51회] 다음의 군사 제도를 운영한 국가에 대한 설명으로 옳은 것을 모두 고르세요.

목종 5년에 6위의 직원을 마련하여 두었는데, 뒤에 응양군(鷹揚軍)과 용호군(龍虎軍)의 2군을 설치하고, 6위의 위에 있게 하였다. 뒤에 또 중방을 설치하고, 2군·6위의 상장군과 대장군이 모두 회합하게 하였다.

① ㄷㅂㅁㅅ를 설치하여 주요 문제를 논의하였다.
[51·33회]

② 외침에 대비하기 위하여 ㄱㄱ을 창설하였다.
[50·49·48·44·41회]

③ 수도의 위치가 치우친 것을 보완하기 위해 5ㅅㄱ을 설치하였다. [51·49·46·43·35회]

④ ㅈㄱ ㅎㅇ에서 국가 중대사를 결정하였다.
[42·39·37·35·34회]

⑤ 국경 지역인 양계에 ㅂㅁㅅ를 파견했어요. [36·32회]

⑥ ㅈㅈㄷ를 두어 관리를 감찰하였다. [51·48·46회]

⑦ 유학 교육 기관으로 ㅈㅈㄱ을 설치하였다.
[49·47·35·33회]

키워드 해설

지방 수령 + 12목 → **고려 성종**

정답 ③, ⑤

① 기인, 사심관 [태조 왕건] ② 노비안검법 [광종] ③ **최승로, 시무 28조 [성종]**
④ 정계, 계백료서 [태조 왕건] ⑤ **향리 [성종]** ⑥ 쌍기, 과거 [광종] ⑦ 흑창 [태조 왕건]

키워드 해설

6위 + 2군 → **고려**

정답 ①, ②, ⑤

① 도병마사 [고려] ② 광군 [고려] ③ 5소경 [통일 신라] ④ 제가 회의 [고구려] ⑤ **병마사 [고려]** ⑥ 중정대 [발해] ⑦ 주자감 [발해]

04

고려 시대의 정치 ②

1 이자겸의 난과 묘청의 난
2 무신 정변과 무신 집권기

최빈출 절대 선택지
TOP 7
(62~38회 기준)

공동 1위 [총 6번 출제]
- 묘청 등이 중심이 되어 서경 천도를 주장하였다.
- 정중부 등이 정변을 일으켜 권력을 장악하였다.
- 최충헌 집권기 - 만적이 개경에서 신분 해방을 도모하였다.

공동 4위 [총 4번 출제]
- 최충헌이 교정별감이 되어 국정 전반을 장악하였다.
- 최우가 정방을 설치하여 인사권을 장악하였다.
- 왕실의 외척인 이자겸이 척준경과 함께 난을 일으켰다.
- 정중부 집권기 - 망이·망소이가 가혹한 수탈에 저항하여 봉기하였다.

1 이자겸의 난과 묘청의 난 핵심 선택지

(1) 이자겸의 난(인종) [62~38회에서 총 5번 출제]
- 이자겸이 왕실의 외척이 되어 권력을 독점하였다. [55·46회]
- 왕실의 외척인 이자겸이 척준경과 함께 난을 일으켰다. [51·49·40회]

(2) 묘청의 난(인종) [62~38회에서 총 12번 출제]
- 묘청 등이 중심이 되어 서경 천도를 주장하였다. [51·48·46·45·39회]
- 묘청이 칭제 건원과 금국 정벌을 주장하였다. [57·39·34·32회]
- 묘청이 서경에서 난을 일으키고 국호를 대위로 하였다. [50회]
- 김부식이 서경의 반란군을 진압하기 위해 출정하였다. [49·40회]

2 무신 정변과 무신 집권기 핵심 선택지

(1) 무신 정변 [62~38회에서 총 7번 출제]
- 정중부 등이 정변을 일으켜 권력을 장악하였다. [51·47·46·45·39회]
- 의종이 왕위에서 쫓겨나 거제도로 추방되었다. [32회]

(2) 정중부 집권기 [62~38회에서 총 9번 출제]
- 조위총이 군사를 일으켜 정중부 등의 제거를 도모하였다. [40·33회]
- 공주 명학소에서 망이·망소이가 봉기하였다. [45·37·35회]
- 망이·망소이가 가혹한 수탈에 저항하여 봉기하였다. [60·43·42·34·31회]

(3) 경대승 집권기 [62~38회에서 총 2번 출제]
- 도방은 경대승이 신변 보호를 위해 만든 사병 조직이다. [38·36회]

(4) 이의민 집권기 [62~38회에서 총 1번 출제]
- 김사미와 효심이 가혹한 수탈에 저항하여 봉기하였다. [46회]

(5) 최충헌 집권기 [62~38회에서 총 17번 출제]
- 최충헌이 봉사 10조를 올려 시정 개혁을 건의하였다. [49·45·39·33회]
- 교정도감이 국정을 총괄하는 기구로 부상하였다. [46·38·36회]
- 최충헌이 교정별감이 되어 국정 전반을 장악하였다. [51·50·36·31회]
- 만적이 개경에서 신분 해방을 도모하였다. [47·46·45·43·39회]

(6) 최우 집권기 [62~38회에서 총 10번 출제]
- 최우가 정방을 설치하여 인사권을 장악하였다. [51·49·47·36회]
- 최우가 좌·우별초와 신의군으로 삼별초를 조직하였다. [44·41·30회]
- 삼별초는 최씨 무신 정권의 군사적 기반이었다. [48·43·34회]

✅ 기출 선택지 초성 퀴즈

먼저 하단 선택지들의 초성을 모두 채운 다음, 문제에 맞는 정답을 모두 고르세요.

01 밑줄 그은 '왕'의 재위 기간에 있었던 사실을 모두 고르세요. [36회]

> 중군(中軍) 김부식이 아뢰기를, "윤언이는 정지상과 결탁하여 생사를 함께하기로 맹세한 당(黨)이 되어 크고 작은 일마다 실제로 함께 의논하였습니다. 또한 임자년에 왕께서 서경으로 행차하실 때, 글을 올려 연호를 세우고 황제로 칭하기를 청하였습니다. …… 이는 모두 금나라를 격노하게 하여 이때를 틈타 방자하게도 자기 당이 아닌 사람을 처치하고 반역을 도모한 것이니 신하의 마음이 아니었습니다."라고 하였다.
>
> – 「고려사」

① 신검이 ㅇㄹㅊ 전투에서 고려군에 패배하였다.
[51·44·43·42·40회]

② ㅇㅈ과 ㅇㄴ가 사벌주에서 봉기하였다.
[51·48·43·36·34회]

③ ㅇㅈㄱ과 척준경이 반란을 일으켜 궁궐을 불태웠다. [51·49·40·37회]

④ ㅁㅊ 일파가 ㄱㅂㅅ이 이끄는 관군에 의해 토벌되었다. [49·40회]

⑤ ㄱㅅㅁ와 ㅎㅅ이 가혹한 수탈에 저항하여 봉기하였다. [46회]

⑥ 최충헌이 ㄱㅈㅂㄱ이 되어 국정을 장악하였다.
[51·50·36·31회]

⑦ 최충헌이 ㅂㅅ10ㅈ를 올렸다. [49·45·39·33회]

02 다음 사건 이후에 일어난 사실로 옳은 것을 모두 고르세요. [37회]

> 정중부 등이 왕을 모시던 신하 20여 명을 살해하였다. 왕은 수문전(修文殿)에 앉아서 술을 마시며 영관(伶官)*들에게 음악을 연주하게 하였으며 밤중에야 잠이 들었다. 이고와 채원이 왕을 시해하려고 했으나 양숙이 막았다. …… 정중부가 왕을 협박하여 군기감으로 옮기고, 태자는 영은관으로 옮겼다.
>
> * 영관(伶官): 음악을 맡아보던 벼슬아치

① ㅁㅊ이 ㅅㄱ ㅊㄷ를 주장하였다. [51·48·46·45·39회]

② ㅁㅈ을 비롯한 노비들이 신분 해방을 도모하였다.
[47·46·45·43·39회]

③ 최우가 인사 행정 담당 기구로 ㅈㅂ을 설치하였다.
[51·49·47·36회]

④ 좌별초, 우별초, 신의군의 ㅅㅂㅊ가 조직되었다.
[44·41·30회]

⑤ 왕실의 외척인 ㅇㅈㄱ이 권력을 독점하였다.
[46·36·32회]

⑥ 공주 명학소에서 ㅁㅇ·ㅁㅅㅇ가 봉기하였다.
[60·45·37·35회]

⑦ 견훤이 ㄱㅅㅅ에 유폐된 후 고려에 귀부하였다.
[49·45회]

키워드 해설

서경 + 연호를 세우고 황제로 칭하기를 청함 + 금나라를 격노하게 함 + 반역을 도모 → 서경 천도 운동 → **인종**

정답 ③, ④

① 일리천 [태조 왕건] ② 원종, 애노 [통일 신라 진성 여왕] ③ **이자겸 [인종]** ④ **묘청, 김부식 [인종]** ⑤ 김사미, 효심 [이의민 집권기] ⑥ 교정별감 [최충헌 집권기] ⑦ 봉사 10조 [최충헌 집권기]

키워드 해설

정중부 등이 왕을 모시던 신하들을 살해함 → **무신 정변**

정답 ②, ③, ④, ⑥

① 묘청, 서경 천도 [인종] ② **만적 [최충헌 집권기]** ③ **정방 [최우 집권기]** ④ **삼별초 [최우 집권기]** ⑤ 이자겸 [인종] ⑥ **망이·망소이 [정중부 집권기]** ⑦ 금산사 [태조 왕건]

04

고려 시대의 정치 ③

1 거란·여진과의 대외 관계
2 몽골·홍건적·왜구와의 대외 관계

최빈출 절대 선택지
TOP 7
(62~38회 기준)

1위 [총 10번 출제]
· 광군을 조직하여 침입에 대비하였다.

2위 [총 8번 출제]
· 윤관이 여진을 정벌하고 동북 9성을 쌓았다.

3위 [총 7번 출제]
· 신기군, 신보군, 항마군 등으로 구성된 별무반을 조직하였다.

공동 **4위** [총 4번 출제]
· 김윤후가 처인성에서 몽골군을 물리쳤다.
· 서희가 외교 담판을 벌여 강동 6주를 획득하였다.
· 몽골의 침입 - 강화도로 도읍을 옮겨 항전하였다.

7위 [총 3번 출제]
· 배중손이 삼별초를 이끌고 진도로 이동하여 대몽 항쟁을 펼쳤다.

1 거란·여진과의 대외 관계 핵심 선택지

(1) 거란의 침입과 격퇴 [62~38회에서 총 25번 출제]
· 태조 왕건이 거란을 배척하여 만부교 사건이 일어났다. [39·30회]
· 광군을 조직하여 침입에 대비하였다. [50·49·48·44·41회]
· 서희가 외교 담판을 벌여 강동 6주를 획득하였다. [61·44·43·39·30회]
· 거란의 침략을 피해 왕(현종)이 나주로 피난하였다. [39회]
· 강감찬이 귀주에서 외적을 격퇴하였다. [43회]
· 거란의 침입에 대비하여 개경에 나성을 축조하였다. [46·36·35회]
· 압록강에서 도련포까지 천리장성을 축조하였다. [39·30회]
· 초조대장경을 만들어 국난 극복을 기원했어요. [47·39회]

(2) 여진 정벌과 금의 사대 요구 수용 [62~38회에서 총 17번 출제]
· 신기군, 신보군, 항마군 등으로 구성된 별무반을 조직하였다. [60·51·48·47·39회]
· 별무반에는 승려 출신으로 구성된 항마군이 있었다. [38회]
· 윤관이 여진을 정벌하고 동북 9성을 쌓았다. [56·49·47·46·41회]
· 이자겸이 금의 사대 요구 수용을 주장하였다. [43회]

2 몽골·홍건적·왜구와의 대외 관계 핵심 선택지

(1) 몽골의 침입과 대몽 항쟁 [62~38회에서 총 19번 출제]
· 강화도로 도읍을 옮겨 항전하였다. [42·39·35·31회]
· 김윤후가 처인성에서 몽골군을 물리쳤다. [51·45·42·37회]
· 김윤후가 처인성에서 몽골 장수 살리타를 사살하였다. [62회]
· 몽골의 침입으로 황룡사 구층 목탑이 소실되었다. [46·35회]
· 부처의 힘을 빌려 외침을 막고자 팔만대장경이 조판되었다. [48회]
· 다인철소 주민들이 충주 지역에서 저항하였다. [42회]
· 배중손이 삼별초를 이끌고 진도로 이동하여 대몽 항쟁을 펼쳤다. [51·50·31회]
· 삼별초가 진도와 제주도로 근거지를 옮기면서 항쟁하였다. [38·36회]

(2) 홍건적의 침입과 격퇴 [62~38회에서 총 1번 출제]
· 개경까지 침입한 홍건적을 몰아냈어요. [37회]

(3) 왜구의 침입과 격퇴 [62~38회에서 총 8번 출제]
· 최영이 홍산 전투에서 큰 승리를 거두었다. [47회]
· 최무선이 진포에서 왜구를 격퇴하였다. [51·44회]
· 화포를 이용하여 진포에서 대승을 거두었다. [42·35회]
· 이성계가 내륙까지 쳐들어와 약탈하던 왜구를 황산에서 무찔렀어요. [37·31회]
· 창왕 때 박위를 파견하여 근거지를 토벌하였다. [51회]

✓ 기출 선택지 초성 퀴즈

먼저 하단 선택지들의 초성을 모두 채운 다음, 문제에 맞는 정답을 모두 고르세요.

01 (가) 국가에 대한 고려의 대응으로 옳은 것을 모두 고르세요. [46회]

> 소손녕이 서희에게 말하기를, "너희 나라는 신라 땅에서 일어났고, 고구려 땅은 우리 소유인데, 너희들이 침범해 왔다. 그리고 우리와 국경을 접하고 있는데도 바다를 넘어 송을 섬기기 때문에, 오늘의 출병이 있게 된 것이다. ……"라고 하였다. 서희가 말하기를, "그렇지 않다. 우리나라가 바로 고구려의 옛 땅이기 때문에, 국호를 고려라 하고 평양에 도읍하였다. 만일 국경 문제를 논한다면, ⃞(가)⃞ 의 동경(東京)도 모조리 우리 땅에 있는데, 어찌 [우리가] 침범해 왔다고 말하는가?"라고 하였다.
> – 『고려사』

① ㄱㄱㅊ이 귀주에서 외적을 격퇴하였다. [43회]

② ㅂㅁㅂ을 창설하여 군사력을 강화하였다. [60·51·48·47·39회]

③ 도읍을 ㄱㅎㄷ로 옮겨 장기 항쟁을 준비하였다. [42·39·35·31회]

④ 개경에 ㄴㅅ을 쌓아 침입에 대비하였다. [46·36·35회]

⑤ 압록강에서 도련포까지 ㅊㄹㅈㅅ을 축조하였다. [39·30회]

⑥ ㅎㅍ를 이용하여 ㅈㅍ에서 대승을 거두었다. [51·44·42·35회]

⑦ 침입에 대비하여 ㄱㄱ을 창설하였다. [50·49·48·44·41회]

02 (가) 국가의 침입에 대한 고려의 대응으로 옳은 것을 모두 고르세요. [49회]

> 이곳 죽주산성은 송문주 장군이 ⃞(가)⃞ 의 침입을 격퇴한 장소입니다. 사신 저고여의 피살을 빌미로 ⃞(가)⃞ 이/가 쳐들어오자, 송문주 장군은 귀주성과 이곳에서 거듭 물리쳤습니다.

① 김윤후가 ㅊㅇㅅ에서 살리타를 사살하였다. [62회]

② 최영이 ㅎㅅ 전투에서 큰 승리를 거두었다. [47회]

③ 부처의 힘을 빌려 외침을 막고자 ㅍㅁㄷㅈㄱ이 조판되었다. [48회]

④ 침략을 피해 현종이 ㄴㅈ로 피난하였다. [39회]

⑤ ㅂㅇ를 파견하여 근거지를 토벌하였다. [51회]

⑥ 배중손이 삼별초를 이끌고 ㅈㄷ에서 항전하였다. [51·50·31회]

⑦ ㄷㅇㅊㅅ 주민들이 충주 지역에서 저항하였다. [42회]

⑧ 윤관이 ㄷㅂ 9ㅅ을 쌓았다. [56·49·47·46·41회]

키워드 해설

서희 + 고려 → **거란에 대한 고려의 대응**

정답 ①, ④, ⑤, ⑦

① 강감찬 [거란에 대한 고려의 대응] ② 별무반 [여진에 대한 고려의 대응] ③ 강화도 [몽골에 대한 고려의 대응] ④ 나성 [거란에 대한 고려의 대응] ⑤ 천리장성 [거란에 대한 고려의 대응] ⑥ 화포, 진포 [왜구에 대한 고려의 대응] ⑦ 광군 [거란에 대한 고려의 대응]

키워드 해설

사신 저고여의 피살이 빌미 → **몽골의 침입**

정답 ①, ③, ⑥, ⑦

① 처인성 [몽골의 침입에 대한 고려의 대응] ② 홍산 [왜구의 침입에 대한 고려의 대응] ③ 팔만대장경 [몽골의 침입에 대한 고려의 대응] ④ 나주 [거란의 침입에 대한 고려의 대응] ⑤ 박위 [왜구의 침입에 대한 고려의 대응] ⑥ 진도 [몽골의 침입에 대한 고려의 대응] ⑦ 다인철소 [몽골의 침입에 대한 고려의 대응] ⑧ 동북 9성 [여진의 침입에 대한 고려의 대응]

04

고려 시대의 정치 ④

1 원 간섭기
2 고려 말의 정치 상황

최빈출 절대 선택지

T☑P 7

(62~38회 기준)

1위 [총 6번 출제]
· 공민왕 - 인사 행정을 담당하던 정방이 폐지되었다.

공동 **2위** [총 5번 출제]
· 신돈이 전민변정도감의 책임자로서 개혁을 이끌었다.
· 공민왕 - 쌍성총관부를 공격하여 철령 이북의 땅을 수복하였다.
· 원 간섭기 - 변발과 호복이 지배층을 중심으로 유행하였다.
· 공민왕 - 권문세족을 견제하기 위해 전민변정도감을 설치하였다.

공동 **6위** [총 4번 출제]
· 공양왕 - 조준 등의 건의로 과전법을 제정하였다.
· 도병마사가 원 간섭기에 도평의사사로 개편되었다.

---

1 원 간섭기 핵심 선택지

(1) 원의 내정 간섭 [62~38회에서 총 9번 출제]
· 중서문하성과 상서성이 첨의부로 개편되었다. [50·38회]
· 도병마사가 원 간섭기에 도평의사사로 개편되었다. [48·44·39·38회]
· 충렬왕 때 일본 원정을 위해 정동행성이 설치되었다. [35회]
· 충렬왕이 원의 요청으로 일본 원정에 참여하였다. [49회]
· 결혼도감을 통해 공녀가 징발되었다. [31회]

(2) 원 간섭기의 사회 모습 [62~38회에서 총 10번 출제]
· 권문세족이 도평의사사를 장악했어요. [47회]
· 충선왕이 학문 교류를 위해 만권당을 설립하였다. [44회]
· 이제현이 만권당에서 원의 학자들과 교유하였다. [42·35·31회]
· 변발과 호복이 지배층을 중심으로 유행하였다. [62·46·43·36·34회]

---

2 고려 말의 정치 상황 핵심 선택지

(1) 공민왕 [62~38회에서 총 29번 출제]
· 기철을 비롯한 친원 세력을 숙청하였다. [45·36·33회]
· 정동행성 이문소가 폐지되었다. [47·33회]
· 중서문하성과 상서성을 복구하였다. [49·33회]
· 쌍성총관부를 공격하여 철령 이북의 땅을 수복하였다. [58·50·46·44·37회]
· 인사 행정을 담당하던 정방이 폐지되었다. [46·40·38·33·32회]
· 국자감을 성균관으로 개칭하고 유학 교육을 강화하였다. [46회]
· 권문세족을 견제하기 위해 전민변정도감을 설치하였다. [43·41·38·35·34회]
· 신돈이 전민변정도감의 책임자로서 개혁을 이끌었다. [51·50·39·36·31회]

(2) 우왕 [62~38회에서 총 6번 출제]
· 이인임 일파를 축출하고 왕권을 회복하였다. [49회]
· 명의 철령위 설치에 반발하여 요동 정벌이 추진되었다. [44회]
· 최영을 중심으로 요동 정벌을 추진하였다. [46회]
· 요동 정벌을 위해 이성계를 파견하였다. [35회]
· 이성계가 위화도에서 회군하여 최영을 제거하였다. [51·40회]

(3) 공양왕 [62~38회에서 총 4번 출제]
· 조준 등의 건의로 과전법을 제정하였다. [49·45·36·34회]

✓ 기출 선택지 초성 퀴즈

먼저 하단 선택지들의 초성을 모두 채운 다음, 문제에 맞는 정답을 모두 고르세요.

01 밑줄 그은 '시기'에 일어난 사실로 옳은 것을 모두 고르세요.
[50회]

> 이곳은 김방경의 묘입니다. 그는 개경 환도 이후 몽골의 간섭이 본격화된 이 시기에 여·몽 연합군의 고려군 도원수로 일본 원정에 참여하였습니다.

① 중서문하성과 상서성이 ㅊㅇㅂ로 개편되었다. [50·38회]

② ㅁㅇ·ㅁㅅㅇ가 가혹한 수탈에 저항하여 봉기하였다. [43·42·34·31회]

③ 도병마사가 ㄷㅍㅇㅅㅅ로 개편되었다. [48·44·39·38회]

④ 이제현이 ㅁㄱㄷ에서 유학자들과 교류하였다. [42·35·31회]

⑤ ㅈㅈㅂ 등이 정변을 일으켜 권력을 장악하였다. [51·47·46·45·39회]

⑥ ㅇㅈㄱ이 왕실의 외척이 되어 권력을 독점하였다. [46·36·32회]

⑦ ㅇㅂ 원정을 위해 ㅈㄷㅎㅅ이 설치되었다. [35회]

⑧ 지배층을 중심으로 ㅂㅂ과 ㅎㅂ이 유행하였다. [62·46·43·36·34회]

⑨ 지방에서 ㅎㅈ들이 반독립적인 세력으로 성장하였다. [39·31회]

02 다음 상황 이후에 일어난 사실로 옳은 것을 모두 고르세요.
[45회]

> 왕이 원의 제도를 따라 변발과 호복을 하고 전상(殿上)에 앉아 있었다. 이연종이 말하기를, "변발과 호복은 선왕의 제도가 아니옵니다. 원컨대 전하께서는 본받지 마소서."라고 하였다. 왕이 기뻐하며 즉시 변발을 풀고, 이연종에게 옷과 이불을 하사하였다.

① 대표적 친원 세력인 ㄱㅊ이 숙청되었다. [45·36·33회]

② 묘청 등이 중심이 되어 ㅅㄱ 천도를 주장하였다. [51·48·46·45·39회]

③ 신돈이 ㅈㅁㅂㅈㄷㄱ의 책임자로 임명되어 권문세족을 견제하였다. [51·50·39·36·31회]

④ 『ㅈㄱ』와 『ㄱㅂㄹㅅ』를 지어 관리의 규범을 제시하였다. [50·46·42·41·40회]

⑤ 유인우, 이자춘 등이 ㅆㅅㅊㄱㅂ를 수복하였다. [58·50·46·44·37회]

⑥ ㄱㄷ, 준풍 등의 독자적인 연호를 사용하였다. [43·40·39회]

⑦ 신검이 ㅇㄹㅊ에서 고려군에게 패배하였다. [51·44·43·42·40회]

⑧ ㄱㅈㄷㄱ이 국정을 총괄하는 기구로 부상하였다. [46·38·36회]

⑨ ㅈㄷㅎㅅ ㅇㅁㅅ가 폐지되었다. [47·33회]

키워드 해설

개경 환도 + 몽골의 간섭 → **원 간섭기**

정답 ①, ③, ④, ⑦, ⑧

① 첨의부 [원 간섭기] ② 망이·망소이 [무신 집권기] ③ 도평의사사 [원 간섭기] ④ 만권당 [원 간섭기] ⑤ 정중부 [무신 정변] ⑥ 이자겸 [인종 때] ⑦ 일본, 정동행성 [원 간섭기] ⑧ 변발, 호복 [원 간섭기] ⑨ 호족 [신라 하대]

키워드 해설

변발과 호복은 선왕의 제도가 아님 + 왕이 변발을 풂 → **공민왕의 몽골풍 폐지**

정답 ①, ③, ⑤, ⑨

① 기철 [공민왕 때] ② 서경 [인종 때] ③ 전민변정도감 [공민왕 때] ④ 정계, 계백료서 [태조 왕건 때] ⑤ 쌍성총관부 [공민왕 때] ⑥ 광덕 [광종 때] ⑦ 일리천 [태조 왕건 때] ⑧ 교정도감 [최충헌 집권기] ⑨ 정동행성 이문소 [공민왕 때]

05
고려 시대의 경제
·사회·문화 ①

1 토지 제도의 변천과 경제
  상황
2 사회 모습과 민생 안정책

최빈출 절대 선택지
TOP 7
(62~38회 기준)

1위 [총 10번 출제]
• 주전도감을 설치하여 해동통보를
  발행하였다.

2위 [총 8번 출제]
• 예성강 하구의 벽란도가 국제 무역
  항으로 번성하였다.

공동 3위 [총 7번 출제]
• 경시서가 수도의 시전을 감독하였
  다.
• 전시과 제도를 마련하여 관리에게
  토지를 지급하였다.
• 경기 지역에 한하여 과전법이 실시
  되었다.

공동 6위 [총 5번 출제]
• 기금을 모아 그 이자로 빈민을 도와
  주는 제위보가 운영되었다.
• 건원중보가 발행되어 금속 화폐의
  통용이 추진되었다.

1 토지 제도의 변천과 경제 상황 핵심 선택지

(1) 토지 제도의 변천 [62~38회에서 총 26번 출제]
• 공신에게 공로와 인품에 따라 역분전을 지급하였다. [50·45·43회]
• 전시과 제도를 마련하여 관리에게 토지를 지급하였다. [49·40·38·36·33회]
• 시정 전시과 - 관리의 인품과 공복을 기준으로 하여 토지를 지급하였다. [40·32회]
• 개정 전시과 - 관등에 따라 관리에게 전지와 시지를 차등 지급하였다. [43·32회]
• 경정 전시과 - 현직 관리에게 전지와 시지를 지급하였다. [39·32회]
• 녹과전을 지급받는 관리 [50회]
• 경기 지역에 한하여 과전법이 실시되었다. [48·46·40·37·35회]
• 과전법 - 수조권이 세습되는 수신전, 휼양전 등이 있었다. [42·40회]

(2) 농업 [62~38회에서 총 8번 출제]
• 소를 이용한 깊이갈이가 일반화되었다. [45·44·40·37·36회]
• 중국 화북 지방의 농법을 정리한 『농상집요』가 소개되었다. [46·35·33회]

(3) 상업 [62~38회에서 총 34번 출제]
• 경시서가 수도의 시전을 감독하였다. [61·49·47·43·41회]
• 서적점, 다점 등의 관영 상점이 운영되었다. [42회]
• 건원중보가 발행되어 금속 화폐의 통용이 추진되었다. [48·44·40·39·34회]
• 주전도감을 설치하여 해동통보를 발행하였다. [59·50·46·45·43회]
• 고액 화폐인 활구가 주조되었다. [51·49·47회]
• 예성강 하구의 벽란도가 국제 무역항으로 번성하였다. [51·50·49·46·37회]

2 사회 모습과 민생 안정책 핵심 선택지

(1) 사회 모습 [62~38회에서 총 2번 출제]
• 향도가 매향 활동 등 각종 불교 행사를 주관하였다. [39·35회]

(2) 민생 안정책 [62~38회에서 총 22번 출제]
• 기금을 모아 그 이자로 빈민을 도와주는 제위보가 운영되었다. [58·48·46·40·35회]
• 빈민 구제를 위해 의창이 설치되었다. [48·37·35·32회]
• 상평창을 설치하여 물가를 조절하였다. [48·40·39회]
• 병자에게 의약품을 제공하는 혜민국이 있었어요. [48·40·39·33·32회]
• 환자 치료와 빈민 구제를 위해 동·서 대비원을 두었어요. [48·40·32회]
• 구제도감을 설립하여 백성을 구호하였다. [39·32회]

✓ 기출 선택지 초성 퀴즈

먼저 하단 선택지들의 초성을 모두 채운 다음, 문제에 맞는 정답을 모두 고르세요.

01 다음 상황이 나타난 시기에 볼 수 있는 경제 모습으로 [51회] 적절한 것을 모두 고르세요.

일전에 왕께서 화폐를 주조하여 재추와 문무 관료 및 군인에게 지급하라는 명을 내리셨습니다. 이에 따라 주전도감에서 해동통보를 발행하였습니다.

주전도감에서 해동통보 발행

① ㅅㅂㅂ의 특산물인 말을 판매하는 상인 [48·44·39·37·35회]

② ㅈㅅㄱ에 따라 토지를 지급받는 관리 [49·40·38·36·33회]

③ ㅊㅎㅈ에서 교역 물품을 점검하는 군졸 [49·48·47·44·43회]

④ 시전의 상행위를 감독하는 ㄱㅅㅅ의 관리 [61·49·47·43·41회]

⑤ ㅂㄹㄷ에서 물품을 거래하는 송의 상인 [51·50·49·46·37회]

⑥ 『ㄴㅅㅈㅇ』를 소개하는 관리 [46·35·33회]

02 (가)에 들어갈 내용으로 옳지 <u>않은</u> 것을 고르세요. [48회]

고려 시대 민생 안정을 위해 시행한 정책에 대해 이야기해 보자.

감염병 확산 등에 대처하기 위해 구제도감을 설치하였어.

(가)

① 기금을 모아 그 이자로 빈민을 구제하는 ㅈㅇㅂ를 운영하였어. [58·48·46·40·35회]

② 물가 조절을 위해 ㅅㅍㅊ을 설치하였어. [48·40·39회]

③ 빈민을 구제하기 위해 ㅈㄷㅂ을 시행하였어. [50·49·45·44·42회]

④ 병자에게 의약품을 제공하는 ㅎㅁㄱ이 있었어. [48·40·39·33·32회]

⑤ 봄에 곡식을 빌려주고 가을에 갚도록 하는 ㅇㅊ을 설치하였어. [48·37·35·32회]

⑥ 환자 치료와 빈민 구제를 위해 ㄷㅅ ㄷㅂㅇ을 두었어. [48·40·32회]

⑦ 민생 안정을 위해 ㅎㅊ을 설치하였어. [49·43·42·39·36회]

키워드 해설

주전도감 + 해동통보 → **고려 시대의 경제 모습**

정답 ②, ④, ⑤, ⑥

① 솔빈부 [고대, 발해] ② **전시과 [고려 시대]** ③ 청해진 [고대, 통일 신라] ④ **경시서 [고려 시대]** ⑤ **벽란도 [고려 시대]** ⑥ **농상집요 [고려 시대]**

키워드 해설

고려 시대 민생 안정을 위해 시행한 정책

정답 ③

① 제위보 [고려 시대] ② 상평창 [고려 시대] ③ **진대법 [고대, 고구려 고국천왕]** ④ 혜민국 [고려 시대] ⑤ 의창 [고려 시대] ⑥ 동·서 대비원 [고려 시대] ⑦ 흑창 [고려 시대]

05
고려 시대의 경제·사회·문화 ②

1 유학 교육과 역사서
2 승려의 활동

최빈출 절대 선택지
TOP 7
(62~38회 기준)

1위 [총 9번 출제]
· 예종이 국자감에 7재라는 전문 강좌를 개설하였다.

공동 **2위** [총 8번 출제]
· 예종이 관학 진흥을 위해 양현고를 설치하였다.
· 요세가 법화 신앙을 바탕으로 백련 결사를 주도하였습니다.

공동 **4위** [총 7번 출제]
· 『삼국유사』, 『제왕운기』 - 단군의 고조선 건국 이야기를 수록하였다.
· 일연이 불교 관련 설화를 중심으로 『삼국유사』를 저술하였다.

공동 **6위** [총 6번 출제]
· 의천 - 천태종을 개창하여 불교 통합에 힘썼다.
· 각훈이 승려들의 전기를 정리하여 『해동고승전』을 편찬하였다.

1 유학 교육과 역사서 핵심 선택지

(1) 유학 교육 [62~38회에서 총 8번 출제]
· 국자감 - 유학을 비롯하여 율학, 서학, 산학을 교육하였다. [46·39·30회]
· 최충이 9재 학당을 세워 유학 교육을 실시하였다. [45·42·37·36·35회]

(2) 관학 진흥책 [62~38회에서 총 19번 출제]
· 예종이 국자감에 7재라는 전문 강좌를 개설하였다. [56·50·43·42·40회]
· 예종이 관학 진흥을 위해 양현고를 설치하였다. [50·49·41·39·37회]
· 예종 때 학술 연구 기구로 청연각이 설치되었다. [39·33회]

(3) 역사서 [62~38회에서 총 29번 출제]
· 김부식 등이 왕명으로 『삼국사기』를 편찬하였다. [37·34·31회]
· 『삼국사기』 - 우리나라 최고(最古)의 역사서이다. [51·43·30회]
· 『삼국사기』 - 유교 사관에 입각하여 기전체 형식으로 서술하였다. [51·50·45·43회]
· 『동명왕편』 - 서사시 형태로 고구려 계승 의식이 반영되었다. [50·47·38·34·30회]
· 일연이 불교 관련 설화를 중심으로 『삼국유사』를 저술하였다. [51·48·46·45·40회]
· 『삼국유사』, 『제왕운기』 - 단군의 고조선 건국 이야기를 수록하였다.
[58·51·50·47·43회]

2 승려의 활동 핵심 선택지

(1) 의천 [62~38회에서 총 13번 출제]
· 천태종을 개창하여 불교 통합에 힘썼다. [51·43·42·41·40회]
· 교종을 중심으로 선종을 통합하려 하였다. [34회]
· 이론 연마와 수행을 함께 강조하는 교관겸수를 제시하였다. [48·39·37·33회]
· 『신편제종교장총록』을 편찬하였다. [47·46회]

(2) 지눌 [62~38회에서 총 10번 출제]
· 정혜결사를 통해 불교 개혁에 앞장섰다. [51·41·40회]
· 불교 개혁을 주장하며 수선사 결사를 조직하였다. [48·34회]
· 지눌이 정혜쌍수와 돈오점수를 내세웠습니다. [61·46·43·39·37회]

(3) 그 외 승려 [62~38회에서 총 29번 출제]
· 균여가 『보현십원가』를 지어 불교 교리를 전파하였다. [48·41·39회]
· 각훈이 승려들의 전기를 정리하여 『해동고승전』을 편찬하였다. [50·41·40·39·34회]
· 혜심이 심성의 도야를 강조한 유·불 일치설을 제창하였다. [51·48·41·37·33회]
· 요세가 법화 신앙을 바탕으로 백련 결사를 주도하였습니다. [47·46·41·40·39회]
· 일연이 불교 관련 설화를 중심으로 『삼국유사』를 저술하였다. [51·48·46·45·40회]

✓ 기출 선택지 초성 퀴즈

먼저 하단 선택지들의 초성을 모두 채운 다음, 문제에 맞는 정답을 모두 고르세요.

01 밑줄 그은 '정책'의 내용으로 옳은 것을 모두 고르세요.
43회

> 최근 최충의 9재 학당을 비롯한 사학 12도로 학생들이 모여들어 관학이 많이 위축되었다는군.

> 지공거 출신들이 세운 사학이 많아 과거 준비에 유리한 모양일세. 그래서 정부에서는 관학 진흥을 위한 <u>정책</u>을 마련한다고 들었네.

① 전문 강좌인 7ㅈ를 개설하였다.
[56·50·43·42·40회]

② ㅇㅎㄱ를 두어 장학 기금을 마련하였다.
[50·49·41·39·37회]

③ ㄷㅅㅅㅍㄱ를 실시하여 인재를 등용하였다.
[51·50·49·47·46회]

④ ㅊㅇㄱ과 보문각을 설치하여 학문 연구를 장려하였다. [39·33회]

⑤ ㄱㄷ을 설치하여 청소년에게 글과 활쏘기를 가르쳤다. [47·43·37·34·33회]

⑥ ㄱㅎ을 설립하여 유학 교육을 진흥시켰다.
[51·44·40·37·33회]

⑦ ㅈㅈㄱ을 설치하여 인재를 양성하였다.
[49·47·35·33회]

02 밑줄 그은 '그'에 대한 설명으로 옳은 것을 모두 고르세요.
51회

> 이 목판의 글은 '불일보조국사'라는 시호를 받은 <u>그</u>가 지은 것입니다. 그는 화두를 바탕으로 수행하는 참선법을 강조하고 돈오점수를 주장하였습니다.

원돈성불론·간화결의론 합각 목판

① 『ㅎㄷㄱㅅㅈ』을 집필하여 승려들의 전기를 기록하였다. [50·41·40·39·34회]

② 권수정혜결사문을 작성하여 ㅈㅎㅆㅅ를 강조하였다. [61·46·43·39·37회]

③ 국청사를 중심으로 해동 ㅊㅌㅈ을 창시하였다.
[51·43·42·41·40회]

④ 불교 개혁을 주장하며 ㅅㅅㅅ 결사를 조직하였다.
[48·34회]

⑤ 『선문염송집』을 편찬하고 ㅇㅂ ㅇㅊㅅ을 주장하였다. [51·48·41·37·33회]

⑥ 「ㅂㅎㅅㅇㄱ」를 지어 불교 교리를 대중에게 전파하였다. [48·41·39회]

⑦ 법화 신앙에 중점을 둔 ㅂㄹ ㄱㅅ를 주도하였다.
[47·46·41·40·39회]

키워드 해설

9재 학당 + 관학 진흥 → **고려의 관학 진흥책**

정답 ①, ②, ④

① 7재 [고려의 관학 진흥책] ② 양현고 [고려의 관학 진흥책] ③ 독서삼품과 [통일 신라 원성왕] ④ 청연각 [고려의 관학 진흥책] ⑤ 경당 [고구려] ⑥ 국학 [통일 신라 신문왕] ⑦ 주자감 [발해]

키워드 해설

불일보조국사 + 돈오점수 → **지눌**

정답 ②, ④

① 해동고승전 [각훈] ② 정혜쌍수 [지눌] ③ 천태종 [의천] ④ 수선사 [지눌] ⑤ 유·불 일치설 [혜심] ⑥ 보현십원가 [균여] ⑦ 백련 결사 [요세]

05

고려 시대의 경제 ·사회·문화 ③

1 불교 문화유산
2 공예·과학기술

최빈출 절대 선택지
T⊘P 7
(62~38회 기준)

1위 [총 9번 출제]
• 화통도감을 두어 화포를 제작하였다.

공동 2위 [총 4번 출제]
• 하남 하사창동 철조 석가여래 좌상

• 논산 관촉사 석조 미륵보살 입상

• 예산 수덕사 대웅전

공동 5위 [총 3번 출제]
• 청자 참외모양 병

• 파주 용미리 마애이불 입상

• 평창 월정사 팔각 구층 석탑

1 불교 문화유산 핵심 선택지

(1) 사원 [62~38회에서 총 10번 출제]

안동 봉정사 극락전 [57·39·37회]	영주 부석사 무량수전 [57·39회]	※ 예산 수덕사 대웅전 [39·37·33·30회]

(2) 탑 [62~38회에서 총 6번 출제]

※ 평창 월정사 팔각 구층 석탑 [43·40·36회]	경천사지 십층 석탑 [42·41·31회]

(3) 불상 [62~38회에서 총 15번 출제]

※ 하남 하사창동 철조 석가 여래 좌상 [50·36·35·32회]	※ 논산 관촉사 석조 미륵 보살 입상 [56·47·42·39회]	영주 부석사 소조 여래 좌상 [50회]
안동 이천동 마애 여래 입상 [50·47회]	하남 교산동 마애 약사 여래 좌상 [50회]	※ 파주 용미리 마애이불 입상 [47·42·39회]

2 공예·과학기술 핵심 선택지

(1) 공예 [62~38회에서 총 6번 출제]

※ 청자 참외모양 병 [49·45·31회]	청자 상감 운학문 매병 [49·45회]	청동 은입사 포류수금문 정병 [49회]

(2) 과학 기술 [62~38회에서 총 10번 출제]
• 우리의 약재를 소개한 『향약구급방』을 편찬했어요. [44회]
• ※ 화통도감을 두어 화포를 제작하였다. [51·50·49·46·45회]

✓ 기출 선택지 초성 퀴즈

먼저 하단 선택지들의 초성을 모두 채운 다음, 문제에 맞는 정답을 모두 고르세요.

01 다음 사진전에 전시될 사진으로 적절하지 <u>않은</u> 것을 모두 고르세요.
[50회]

① ㅎㄴ ㅎㅅㅊㄷ 철조 석가여래 좌상
[50·36·35·32회]

② ㄱㅈ ㅅㄱㅇ 본존불
[50·41회]

③ ㅇㄷ ㅇㅊㄷ 마애 여래 입상 [50·47회]

④ ㅇㅈ ㅂㅅㅅ 소조 여래 좌상 [50회]

⑤ ㅎㄴ ㄱㅅㄷ 마애 약사여래 좌상 [50회]

⑥ ㅍㅈ ㅇㅁㄹ 마애이불 입상 [47·42·39회]

⑦ ㅅㅅ ㅇㅎㄹ 마애 여래 삼존상 [48·47·39회]

⑧ ㅇㅂ ㅂㅈ상 [59·57회]

02 (가)에 들어갈 내용으로 옳은 것을 모두 고르세요.
[44회]

〈주제: ○○ 시대 과학 기술의 발달〉
△△ 모둠 발표

현존하는 가장 오래된 금속 활자본인 「직지심체요절」이 간행됐어요.

사천대에서 천체와 기상을 관찰했어요.

(가)

① 우리의 약재를 소개한 『ㅎㅇㄱㄱㅂ』을 편찬했어요.
[44회]

② 한양을 기준으로 한 역법서인 『ㅊㅈㅅ』을 만들었어요. [61·49·44·42·41회]

③ 『기기도설』을 참고하여 ㄱㅈㄱ를 제작했어요.
[54·50·48·44·42회]

④ 농업 기술 혁신 방안을 제시한 『ㅇㅇㄱㅈㅈ』가 저술되었어요. [50·44회]

⑤ ㅎㅌㄷㄱ을 설치하여 화약과 화포를 제작했어요.
[51·50·49·46·45회]

⑥ 천체의 운행을 측정하는 ㅎㅊㅇ가 제작되었어요.
[50·31회]

키워드 해설

대형 철불 + 논산 관촉사 석조 미륵보살 입상 → **고려 시대의 불상**

정답 ②, ⑦, ⑧

① 하남 하사창동 [고려 시대] ② 경주 석굴암 [통일 신라] ③ 안동 이천동 [고려 시대] ④ 영주 부석사 [고려 시대] ⑤ 하남 교산동 [고려 시대] ⑥ 파주 용미리 [고려 시대] ⑦ 서산 용현리 [백제] ⑧ 이불 병좌 [발해]

키워드 해설

『직지심체요절』 + 사천대 → **고려 시대 과학 기술의 발달**

정답 ①, ⑤

① 향약구급방 [고려 시대] ② 칠정산 [조선 전기] ③ 거중기 [조선 후기] ④ 임원경제지 [조선 후기] ⑤ 화통도감 [고려 시대] ⑥ 혼천의 [조선 후기]

48회

01 (가) 시대의 생활 모습으로 옳은 것은? [1점]

> 특별 기획전
>
> **(가) 시대, 새로운 도구를 사용하다**
>
> 우리 박물관에서는 농경과 정착 생활이 시작된 (가) 시대 특별전을 마련하였습니다. 당시 사람들이 사용하였던 도구를 통해 그들의 생활 모습을 살펴보는 기회가 되길 바랍니다.
>
> • 기간: 2020.○○.○○. ~ ○○.○○.
> • 장소: △△ 박물관 기획 전시실
> • 주요 전시 유물

① 주로 동굴이나 강가의 막집에서 살았다.
② 지배층의 무덤으로 고인돌을 축조하였다.
③ 거푸집을 이용하여 세형동검을 제작하였다.
④ 빗살무늬 토기를 만들어 식량을 저장하였다.
⑤ 쟁기, 쇠스랑 등의 철제 농기구를 사용하였다.

49회

02 (가) 나라에 대한 설명으로 옳은 것은? [2점]

> 위만이 망명하여 호복을 하고 동쪽의 패수를 건너 준왕에게 투항하였다. 위만은 서쪽 변경에 거주하도록 해 주면, 중국의 망명자를 거두어 (가) 의 번병(藩屛)*이 되겠다고 준왕을 설득하였다. 준왕은 그를 믿고 총애하여 박사로 삼고 …… 백 리의 땅을 봉해 주어 서쪽 변경을 지키게 하였다.
> ─ 『삼국지』 동이전
>
> *번병: 변경의 울타리

① 국가 중대사를 정사암에서 논의하였다.
② 마립간이라는 왕의 칭호를 사용하였다.
③ 여러 가(加)들이 다스리는 사출도가 있었다.
④ 빈민을 구제하기 위해 진대법을 시행하였다.
⑤ 사회 질서를 유지하기 위해 범금 8조를 두었다.

47회

03 (가) 나라에 대한 설명으로 옳은 것은? [2점]

> 한국사 교양 강좌
>
> **고구려와 백제의 기원, (가)**
>
> 우리 연구소에서는 고구려와 백제의 왕족이 자신들의 기원으로 삼았던 (가) 을/를 주제로 한 역사 강좌를 3차에 걸쳐 마련하였습니다. 고대사에 관심 있는 시민들의 많은 참여 바랍니다.
>
> ◆ 강좌 내용
> 제1강: 쑹화강 유역의 자연 환경과 경제 생활
> 제2강: 사출도를 통해 본 연맹 왕국의 구조
> 제3강: 1책 12법으로 알아보는 형벌 제도
>
> ◆ 일시: 2020년 6월 ○○일 ~ ○○일, 매주 목요일 저녁 7시
> ◆ 장소: △△ 연구소 대강당

① 신성 구역인 소도를 두었다.
② 영고라는 제천 행사를 열었다.
③ 혼인 풍속으로 민며느리제가 있었다.
④ 부족 간의 경계를 중시하는 책화가 있었다.
⑤ 목지국을 비롯한 많은 소국으로 이루어졌다.

49회

04 (가), (나) 사이의 시기에 있었던 사실로 옳은 것은? [3점]

> (가) 살수에 이르러 [수의] 군대가 반쯤 건너자 을지문덕이 군사를 보내 그 후군을 공격하였다. 우둔위 장군 신세웅을 죽이니, [수의] 군대가 걷잡을 수 없이 모두 무너져 9군의 장수와 병졸이 도망쳐 돌아갔다.
> ─ 『삼국사기』
>
> (나) [신라군이] 당군과 함께 평양을 포위하였다. 고구려 왕은 먼저 연남산 등을 보내 영공(英公)에게 항복을 요청하였다. 이에 영공은 보장왕과 왕자 복남·덕남, 대신 등 20여만 명을 이끌고 당으로 돌아갔다.
> ─ 『삼국사기』

① 안승이 신라에 의해 보덕국왕에 책봉되었다.
② 미천왕이 서안평을 공격하여 영토를 넓혔다.
③ 광개토 대왕이 신라에 침입한 왜를 물리쳤다.
④ 연개소문이 정변을 일으켜 권력을 장악하였다.
⑤ 장수왕이 백제를 공격하여 한성을 함락시켰다.

47회

05 다음 설명에 해당하는 문화유산으로 옳은 것은?　　[2점]

이 문화유산은 국보 제287호로 부여 능산리 절터에서 출토되었습니다. 백제 왕실의 의례에 사용한 것으로 추정되는 이 유물은 도교와 불교의 요소가 복합적으로 표현된 걸작입니다.

① ② ③

④  ⑤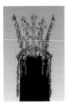

정답 및 해설

01 [선사 시대] 신석기 시대　　정답 ④

빠른 정답 찾기

농경과 정착 생활이 시작 → 신석기 시대

④ 신석기 시대에는 빗살무늬 토기를 만들어 식량을 조리하거나 저장하는 데 사용하였다.

오답 체크

① 주로 동굴이나 강가의 막집에서 살았다. → 구석기 시대

② 지배층의 무덤으로 고인돌을 축조하였다. → 청동기 시대

③ 거푸집을 이용하여 세형동검을 제작하였다. → 철기 시대

⑤ 쟁기, 쇠스랑 등의 철제 농기구를 사용하였다. → 철기 시대

02 [선사 시대] 고조선　　정답 ⑤

빠른 정답 찾기

위만 + 준왕 → 고조선

⑤ 고조선은 사회 질서를 유지하기 위한 범금 8조(8조법)를 두어 살인죄, 상해죄, 절도죄 등을 처벌하였다.

오답 체크

① 국가 중대사를 정사암에서 논의하였다. → 백제

② 마립간이라는 왕의 칭호를 사용하였다. → 신라

③ 여러 가(加)들이 다스리는 사출도가 있었다. → 부여

④ 빈민을 구제하기 위해 진대법을 시행하였다. → 고구려

03 [선사 시대] 부여　　정답 ②

빠른 정답 찾기

고구려와 백제의 기원 + 사출도 + 1책 12법 → 부여

② 부여는 12월에 영고라는 제천 행사를 열어 하늘에 제사를 지냈다.

오답 체크

① 신성 구역인 소도를 두었다. → 삼한

③ 혼인 풍속으로 민며느리제가 있었다. → 옥저

④ 부족 간의 경계를 중시하는 책화가 있었다. → 동예

⑤ 목지국을 비롯한 많은 소국으로 이루어졌다. → 삼한 중 마한

04 [고대] 살수 대첩과 고구려 멸망 사이의 사실　　정답 ④

빠른 정답 찾기

(가) 살수 + 수의 군대 + 을지문덕 → 살수 대첩(612)

(나) 신라군이 당군과 함께 평양을 포위 + 왕이 항복을 요청 + 보장왕 → 고구려 멸망(668)

④ 살수 대첩 이후 수나라가 멸망하고 당나라가 건국된 상황에서, 연개소문은 정변을 일으켜 권력을 장악하고 대당 강경책을 실시하였다(642).

오답 체크

① 안승이 신라에 의해 보덕국왕에 책봉되었다. → 7세기 후반, (나) 이후

② 미천왕이 서안평을 공격하여 영토를 넓혔다. → 4세기 초반, (가) 이전

③ 광개토 대왕이 신라에 침입한 왜를 물리쳤다. → 4세기 말, (가) 이전

⑤ 장수왕이 백제를 공격하여 한성을 함락시켰다. → 5세기 후반, (가) 이전

05 [고대] 백제 금동대향로　　정답 ①

빠른 정답 찾기

부여 능산리 절터에서 출토 + 도교 + 불교 → 백제 금동대향로

① 백제 금동대향로는 부여 능산리 절터에서 출토되었으며, 도교와 불교의 요소가 복합적으로 표현된 것이 특징이다.

오답 체크

② 도기 기마인물형 뿔잔 → 가야

③ 무령왕릉 석수 → 백제

④ 돌사자상 → 발해

⑤ 황남대총 북분 금관 → 신라

06 밑줄 그은 '이 나라'에 대한 설명으로 옳은 것은? [2점]

사진은 경상북도 고령을 중심으로 발전하였던 이 나라의 지산동 44호분입니다. 배치도를 보면 으뜸 돌방을 중심으로 30여 기의 순장 돌덧널을 확인할 수 있습니다. 이 고분의 발굴을 통해 이 나라에서 행해졌던 순장의 실체가 확인되었습니다.

← 지산동 44호분 발굴 현장
:으뜸 돌방
:순장 돌덧널 ↑ 지산동 44호분 무덤 배치도

① 진흥왕 때 신라에 복속되었다.
② 나·당 연합군에 의해 멸망하였다.
③ 대가들이 사자, 조의, 선인을 거느렸다.
④ 빈민을 구제하기 위해 진대법을 시행하였다.
⑤ 박, 석, 김의 3성이 교대로 왕위를 계승하였다.

08 (가) 국가에 대한 설명으로 옳은 것은? [2점]

이것은 (가) 의 중대성에서 일본의 태정관에 보낸 외교 문서의 사본입니다. 문서에는 정당성의 좌윤 하복연 등 주요 사신단의 명단과 두 나라의 우호를 돈독히 하고자 사신을 파견한다는 내용 등이 담겨 있습니다.

오늘 소개해주실 자료는 무엇인가요?

① 광군을 창설하여 외침에 대비하였다.
② 주자감을 설치하여 인재를 양성하였다.
③ 골품제라는 엄격한 신분제를 마련하였다.
④ 9주 5소경의 지방 행정 제도를 갖추었다.
⑤ 왕족인 부여씨와 8성의 귀족이 지배층을 이루었다.

07 밑줄 그은 '왕'의 업적으로 옳은 것은? [2점]

여러 신하들이 아뢰기를 "…… 신(新)은 '덕업이 날로 새로워진다'는 뜻이고, 라(羅)는 '사방(四方)을 망라한다'는 뜻이므로 이를 나라 이름으로 삼는 것이 마땅하다고 여겨집니다. 또 살펴보건대 옛날부터 국가를 가진 이는 모두 제(帝)나 왕(王)을 칭하였는데, 우리 시조께서 나라를 세운 지 지금 22대에 이르기까지 방언으로만 부르고 높이는 호칭을 정하지 못하였으니, 이제 여러 신하들이 한 마음으로 삼가 신라국왕(新羅國王)이라는 칭호를 올립니다."라고 하였다. 왕이 이를 따랐다. – 「삼국사기」

① 병부를 설치하고 율령을 반포하였다.
② 이사부를 보내 우산국을 복속시켰다.
③ 대가야를 병합하여 영토를 확장하였다.
④ 국학을 설립하여 유학 교육을 진흥시켰다.
⑤ 자장의 건의로 황룡사 구층 목탑을 건립하였다.

09 다음 대화에 나타난 인물에 대한 설명으로 옳은 것은? [2점]

신라 왕족의 후예로 알려져 있으며, 송악을 도읍으로 나라를 세운 인물에 대해 말해보자.

광평성 등 여러 정치 기구를 마련했어.

미륵불을 자칭하며 폭정을 일삼기도 했지.

① 후당, 오월에 사신을 보냈다.
② 금산사에 유폐된 후 고려에 귀부하였다.
③ 지방관을 감찰하고자 외사정을 파견하였다.
④ 청해진을 설치하여 해상 무역을 전개하였다.
⑤ 마진이라는 국호와 무태라는 연호를 사용하였다.

10 (가) 국가에서 볼 수 있는 모습으로 가장 적절한 것은? [2점]

□□ 박물관 특별전

복녘에서 온 문화유산

초대의 글

우리 박물관에서는 평양의 조선 중앙 역사 박물관으로부터 대여한 문화유산을 전시합니다. 특히 (가) 의 수도였던 상경 용천부에서 출토된 대형 치미는 고구려와의 문화적 연관성을 확인할 수 있는 중요한 유물입니다. 관심 있는 분들의 많은 관람 바랍니다.

■ 기간: 20△△. ○○. ○○.~ ○○. ○○.
■ 장소: □□ 박물관 기획 전시실

① 녹읍 폐지를 명하는 국왕
② 백강 전투에 참전하는 왜의 수군
③ 청해진에서 교역 물품을 점검하는 군졸
④ 솔빈부의 특산물인 말을 판매하는 상인
⑤ 지방에 설치된 22담로에 파견되는 왕족

정답 및 해설

06 [고대] 대가야
정답 ①

빠른 정답 찾기

경상북도 고령 + 지산동 44호분 → **대가야**

① 대가야는 신라 진흥왕의 공격으로 멸망하여 신라에 복속되었다.

오답 체크

② 나·당 연합군에 의해 멸망하였다. → 백제, 고구려
③ 대가들이 사자, 조의, 선인을 거느렸다. → 고구려
④ 빈민을 구제하기 위해 진대법을 시행하였다. → 고구려
⑤ 박, 석, 김의 3성이 교대로 왕위를 계승하였다. → 신라

---

07 [고대] 신라 지증왕
정답 ②

빠른 정답 찾기

신라를 국호로 함 + 신라국왕이라는 칭호 → **지증왕**

② 신라 지증왕은 이사부를 보내 우산국(울릉도)을 복속시켰다.

오답 체크

① 병부를 설치하고 율령을 반포하였다. → 법흥왕
③ 대가야를 병합하여 영토를 확장하였다. → 진흥왕
④ 국학을 설립하여 유학 교육을 진흥시켰다. → 신문왕
⑤ 자장의 건의로 황룡사 구층 목탑을 건립하였다. → 선덕 여왕

08 [고대] 발해
정답 ②

빠른 정답 찾기

중대성 + 정당성 → **발해**

② 발해는 최고 교육 기관인 주자감을 두어 인재를 양성하였다.

오답 체크

① 광군을 창설하여 외침에 대비하였다. → 고려
③ 골품제라는 엄격한 신분제를 마련하였다. → 신라
④ 9주 5소경의 지방 행정 제도를 갖추었다. → 통일 신라
⑤ 왕족인 부여씨와 8성의 귀족이 지배층을 이루었다. → 백제

09 [고대] 궁예
정답 ⑤

빠른 정답 찾기

신라 왕족의 후예 + 송악을 도읍으로 나라를 세움 + 광평성 + 미륵불을 자칭함 → **궁예**

⑤ 궁예는 통일 신라 말기에 송악을 도읍으로 삼고 후고구려를 세운 후, 철원으로 천도하고 마진이라는 국호와 무태라는 연호를 사용하였다.

오답 체크

① 후당, 오월에 사신을 보냈다. → 견훤
② 금산사에 유폐된 후 고려에 귀부하였다. → 견훤
③ 지방관을 감찰하고자 외사정을 파견하였다. → 신라 문무왕
④ 청해진을 설치하여 해상 무역을 전개하였다. → 장보고

10 [고대] 발해
정답 ④

빠른 정답 찾기

수도였던 상경 용천부 + 고구려와의 문화적 연관성 → **발해**

④ 발해는 목축이 발달하였는데, 특히 솔빈부의 말이 유명하여 이를 당나라에 수출하기도 하였다.

오답 체크

① 녹읍 폐지를 명하는 국왕 → 통일 신라
② 백강 전투에 참전하는 왜의 수군 → 백제 부흥 운동
③ 청해진에서 교역 물품을 점검하는 군졸 → 통일 신라
⑤ 지방에 설치된 22담로에 파견되는 왕족 → 백제

11 (가) 인물에 대한 설명으로 옳은 것은? [1점]

> (가) 은/는 설총을 낳은 이후 속인의 옷으로 바꾸어 입고 스스로 소성거사라고 하였다. 우연히 광대들이 갖고 놀던 큰 박을 얻었는데 그 모양이 괴이하였다. 그 모양을 따라서 도구로 만들어 화엄경의 구절에서 이름을 따와 '무애(無㝵)'라고 하고, 노래를 지어 세상에 퍼뜨렸다.

① 부석사를 창건하였다.
② 백련 결사를 주도하였다.
③ 『왕오천축국전』을 남겼다.
④ 『금강삼매경론』을 저술하였다.
⑤ 『신편제종교장총록』을 편찬하였다.

12 (가)에 들어갈 문화유산으로 옳은 것은? [3점]

사진으로 보는 우리나라의 탑 ◈ 신라 편

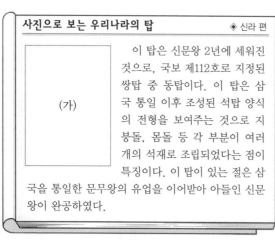

이 탑은 신문왕 2년에 세워진 것으로, 국보 제112호로 지정된 쌍탑 중 동탑이다. 이 탑은 삼국 통일 이후 조성된 석탑 양식의 전형을 보여주는 것으로 지붕돌, 몸돌 등 각 부분이 여러 개의 석재로 조립되었다는 점이 특징이다. 이 탑이 있는 절은 삼국을 통일한 문무왕의 유업을 이어받아 아들인 신문왕이 완공하였다.

13 밑줄 그은 '왕'의 재위 기간에 볼 수 있는 모습으로 가장 적절한 것은? [1점]

얼마 전 왕께서 친히 위봉루에 나가 과거 급제자를 발표하셨다더군.

한림학사 쌍기가 이번에 처음 치러진 과거의 지공거를 맡았다네.

① 녹과전을 지급받는 관리
② 만권당에서 책을 읽는 학자
③ 주전도감에서 화폐를 주조하는 장인
④ 노비안검법에 의해 양인으로 해방된 노비
⑤ 금속 활자로 『직지심체요절』을 인출하는 기술자

14 다음 검색창에 들어갈 인물에 대한 설명으로 옳은 것은? [2점]

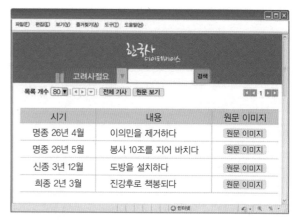

시기	내용	원문 이미지
명종 26년 4월	이의민을 제거하다	원문 이미지
명종 26년 5월	봉사 10조를 지어 바치다	원문 이미지
신종 3년 12월	도방을 설치하다	원문 이미지
희종 2년 3월	진강후로 책봉되다	원문 이미지

① 서경에서 난을 일으키고 국호를 대위로 하였다.
② 화약과 화포 제작을 위한 화통도감 설치를 건의하였다.
③ 삼별초를 이끌고 진도로 이동하여 대몽 항쟁을 펼쳤다.
④ 교정별감이 되어 인사, 재정 등 국정 전반을 장악하였다.
⑤ 전민변정도감의 책임자로 임명되어 권문세족을 견제하였다.

15 (가)~(다)를 일어난 순서대로 옳게 나열한 것은? [3점]

> (가) 양규가 이수에서 전투를 벌이다가 석령까지 추격하여 2,500여 명의 머리를 베고 사로잡혔던 남녀 1,000여 명을 되찾아 왔다.
>
> (나) 윤관 등이 여러 군사들에게 내성(內城)의 목재와 기와를 거두어 9성을 쌓게 하고, 변경 남쪽의 백성을 옮겨 와 살게 하였다.
>
> (다) 적군이 30일 동안 귀주성을 포위하고 온갖 방법으로 공격하였으나, 박서가 임기응변으로 대응하여 굳게 지켰다. 이에 적군이 이기지 못하고 물러났다.

① (가) - (나) - (다)
② (가) - (다) - (나)
③ (나) - (가) - (다)
④ (나) - (다) - (가)
⑤ (다) - (가) - (나)

정답 및 해설

11 [고대] 원효
정답 ④

빠른 정답 찾기
설총을 낳은 이후 + 무애 + 노래를 지어 세상에 퍼뜨림 → 원효

④ 신라의 승려 원효는 불교 경전인 『금강삼매경』을 해설하고 그에 대한 견해를 정리한 『금강삼매경론』을 저술하였다.

오답 체크
① 부석사를 창건하였다. → 의상(신라)
② 백련 결사를 주도하였다. → 요세(고려)
③ 『왕오천축국전』을 남겼다. → 혜초(신라)
⑤ 『신편제종교장총록』을 편찬하였다. → 의천(고려)

12 [고대] 경주 감은사지 동·서 삼층 석탑
정답 ①

빠른 정답 찾기
신문왕 + 삼국 통일 이후 조성된 석탑 양식의 전형 → 경주 감은사지 동·서 삼층 석탑

① 경주 감은사지 동·서 삼층 석탑은 통일 신라 신문왕 때 만들어진 석탑으로, 전형적인 통일 신라의 석탑 양식을 지니고 있다.

오답 체크
② 경주 불국사 다보탑 → 통일 신라
③ 경주 분황사 모전 석탑 → 신라
④ 평창 월정사 팔각 구층 석탑 → 고려
⑤ 익산 미륵사지 석탑 → 백제

13 [고려 시대] 광종 재위 기간의 사실
정답 ④

빠른 정답 찾기
쌍기 + 지공거를 맡음 → 고려 광종

④ 고려 광종은 노비안검법을 시행하여 억울하게 노비가 된 사람들을 양인으로 해방시켰다.

오답 체크
① 녹과전을 지급받는 관리 → 원종
② 만권당에서 책을 읽는 학자 → 원 간섭기
③ 주전도감에서 화폐를 주조하는 장인 → 숙종 이후
⑤ 금속 활자로 『직지심체요절』을 인출하는 기술자 → 우왕

14 [고려 시대] 최충헌
정답 ④

빠른 정답 찾기
이의민을 제거함 + 봉사 10조를 지어 바침 + 도방을 설치함 → 최충헌

④ 최충헌은 교정도감이라는 기구를 설치하고, 수장인 교정별감이 되어 인사, 재정 등 국정 전반을 장악하였다.

오답 체크
① 서경에서 난을 일으키고 국호를 대위로 하였다. → 묘청
② 화약과 화포 제작을 위한 화통도감 설치를 건의하였다. → 최무선
③ 삼별초를 이끌고 진도로 이동하여 대몽 항쟁을 펼쳤다. → 배중손
⑤ 전민변정도감의 책임자로 임명되어 권문세족을 견제하였다. → 신돈

15 [고려 시대] 고려 대외 관계의 전개
정답 ①

빠른 정답 찾기
(가) 양규 → 거란의 2차 침입(11세기 초)
(나) 윤관 + 9성을 쌓게 함 → 동북 9성 축조(12세기 초)
(다) 귀주성 + 박서 → 몽골의 1차 침입(13세기)

① 순서대로 나열하면 (가) 거란의 2차 침입(11세기 초) - (나) 동북 9성 축조(12세기 초) - (다) 몽골의 1차 침입(13세기)이다.

(가) 거란의 2차 침입(11세기 초): 고려가 거란과의 약속을 어기고 송과 친선 관계를 유지하자, 거란의 성종이 고려를 침입하였다. 이때 무신 양규가 흥화진 전투에서 승리를 거두었으며, 거란에게 잡혀가는 백성을 구하였다.

(나) 동북 9성 축조(12세기 초): 예종 때, 윤관은 별무반을 이끌고 여진족을 정벌하였으며, 동북 9성을 쌓았다.

(다) 몽골의 1차 침입(13세기): 고려에서 공물을 받아가던 몽골 사신 저고여가 고려의 국경 지대에서 피살당하였다. 몽골은 이를 구실로 고려에 침입하였으나, 귀주성에서 박서가 몽골군에 완강히 저항하였다.

16 [47회] 교사의 질문에 대한 학생의 답변으로 옳은 것은? [1점]

화면의 그림은 천산대렵도에 그려진 변발과 호복을 한 무사입니다. 이러한 머리 모양과 복장이 지배층 사이에서 유행한 시기에 있었던 사실에 대해 말해 볼까요?

① 윤관이 동북 9성을 쌓았어요.
② 권문세족이 도평의사사를 장악했어요.
③ 정중부 등이 정변을 일으켜 권력을 차지했어요.
④ 초조대장경을 만들어 국난 극복을 기원했어요.
⑤ 만적을 비롯한 노비들이 신분 해방을 도모했어요.

18 [48회] 밑줄 그은 '그'에 대한 설명으로 옳은 것은? [2점]

이것은 경상북도 칠곡군 선봉사에 있는 비석입니다. 문종의 아들인 그가 국청사를 중심으로 천태종을 개창한 행적이 기록되어 있습니다.

① 「보현십원가」를 지어 불교 교리를 전파하였다.
② 불교 개혁을 주장하며 수선사 결사를 조직하였다.
③ 『선문염송집』을 편찬하고 유·불 일치설을 주장하였다.
④ 불교 관련 설화를 중심으로 『삼국유사』를 저술하였다.
⑤ 이론 연마와 수행을 함께 강조하는 교관겸수를 제시하였다.

17 [50회] 다음 정책을 실시한 국가의 경제 상황으로 옳은 것은? [1점]

> ○ 토지의 비옥함과 척박함을 구분하여 문무백관에서 부병(府兵), 한인(閑人)에 이르기까지 모두 과(科)에 해당하는 토지를 주고, 또 과에 따라 땔나무를 구할 땅을 주었다.
> ○ 도평의사사에서 방을 붙여 알리기를, "지금부터 은병 1개를 쌀로 환산하여 개경에서는 15~16석, 지방에서는 18~19석의 비율로 하되, 경시서에서 그 해의 풍흉을 살펴 그 값을 정할 것이다." 라고 하였다.

① 모내기법이 전국적으로 확산되었다.
② 덕대가 광산을 전문적으로 경영하였다.
③ 면화, 담배 등이 상품 작물로 재배되었다.
④ 예성강 하구의 벽란도가 국제 무역항으로 번성하였다.
⑤ 토지의 비옥도에 따라 6등급으로 나누어 전세를 거두었다.

19 [48회] (가)에 들어갈 내용으로 옳은 것은? [2점]

> 〈한국사 강좌〉
> **고려 시대의 교육**
>
> 우리 학회에서는 고려의 교육 제도를 재조명하는 교양 강좌를 마련하였습니다. 많은 참여 바랍니다.
>
> ■ 강좌 내용 ■
>
> 제1강 관학의 정비
> – 개경에 국자감을 두다
> – 12목에 경학 박사를 파견하다
> 제2강 사학의 융성
> – 문헌공도가 설립되다
> – 사학 12도가 번창하다
> 제3강 관학 진흥책
> – 국자감에 서적포를 설치하다
> – [(가)]
>
> • 일시: 2020년 ○○월 ○○일 14:00~17:00
> • 장소: □□ 박물관 대강당
> • 주최: △△ 학회

① 당에 유학생을 파견하다
② 전문 강좌인 7재를 개설하다
③ 사액 서원에 서적과 노비를 지급하다
④ 글과 활쏘기를 가르치는 경당을 설립하다
⑤ 관리 채용을 위해 독서삼품과를 시행하다

20 (가)에 해당하는 문화유산으로 옳은 것은? [1점]

고려 초기에 제작된 (가) 에 대해 알려 줄래?

충청남도 논산시 관촉사에 있는 불상으로 '은진 미륵'이라고 불리기도 해.

불상에서 발견된 기록을 통해 고려 광종 때 만들어진 것으로 알려졌어.

파격적이고 대범한 미적 감각을 담고 있다고 인정받아 2018년에 국보 제323호로 승격되었어.

① 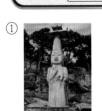 ② ③

④  ⑤

정답 및 해설

16 [고려 시대] 원 간섭기의 사실   정답 ②

빠른 정답 찾기

천산대렵도 + 변발과 호복 + 지배층 사이에서 유행한 시기 → 원 간섭기

② 고려 원 간섭기에는 권문세족이 새로운 정치 세력으로 성장하여 도평의사사를 장악하였다.

오답 체크

① 윤관이 동북 9성을 쌓았어요. → 고려 예종
③ 정중부 등이 정변을 일으켜 권력을 차지했어요. → 고려 중기의 무신 정변
④ 초조대장경을 만들어 국난 극복을 기원했어요. → 거란 침입기
⑤ 만적을 비롯한 노비들이 신분 해방을 도모했어요. → 고려 무신 집권기

---

17 [고려 시대] 고려 시대의 경제 상황   정답 ④

빠른 정답 찾기

과(科)에 해당하는 토지를 줌 + 은병 + 경시서 → 고려 시대의 경제 상황

④ 고려 시대에는 수도 개경과 가까운 예성강 하구의 벽란도가 국제 무역항으로 번성하였다.

오답 체크

① 모내기법이 전국적으로 확산되었다. → 조선 후기
② 덕대가 광산을 전문적으로 경영하였다. → 조선 후기
③ 면화, 담배 등이 상품 작물로 재배되었다. → 조선 후기
⑤ 토지의 비옥도에 따라 6등급으로 나누어 전세를 거두었다. → 조선 전기

---

18 [고려 시대] 의천   정답 ⑤

빠른 정답 찾기

문종의 아들 + 국청사를 중심으로 천태종을 개창 → 의천

⑤ 의천은 교종과 선종의 통합을 위해 이론의 연마와 수행을 함께 강조한 교관겸수를 제시하였다.

오답 체크

① 「보현십원가」를 지어 불교 교리를 전파하였다. → 균여
② 불교 개혁을 주장하며 수선사 결사를 조직하였다. → 지눌
③ 『선문염송집』을 편찬하고 유·불 일치설을 주장하였다. → 혜심
④ 불교 관련 설화를 중심으로 『삼국유사』를 저술하였다. → 일연

---

19 [고려 시대] 고려의 관학 진흥책   정답 ②

빠른 정답 찾기

고려 시대의 교육 + 관학 진흥책 → 고려의 관학 진흥책

② 고려는 예종 때 관학 진흥책의 일환으로 국자감(국학)에 전문 강좌인 7재를 개설하였다.

오답 체크

① 당에 유학생을 파견하다 → 통일 신라
③ 사액 서원에 서적과 노비를 지급하다 → 조선
④ 글과 활쏘기를 가르치는 경당을 설립하다 → 고구려
⑤ 관리 채용을 위해 독서삼품과를 시행하다 → 통일 신라

---

20 [고려 시대] 논산 관촉사 석조 미륵보살 입상   정답 ①

빠른 정답 찾기

고려 초기에 제작 + 논산시 관촉사 + 은진 미륵 → 논산 관촉사 석조 미륵보살 입상

① 논산 관촉사 석조 미륵보살 입상은 고려 초기에 제작된 거대한 규모의 불상으로, 논산시 은진면에 있어 '은진 미륵'이라고도 불린다.

오답 체크

② 경산 팔공산 관봉 석조 여래 좌상 → 통일 신라
③ 안동 이천동 마애 여래 입상 → 고려
④ 서산 용현리 마애 여래 삼존상 → 백제
⑤ 파주 용미리 마애이불 입상 → 고려

2일

조선 시대~근대

구석기 시대 시작 약 70만 년 전	삼국 건국 기원전 1세기경	고려 건국 918년
●	●	●
선사 시대	**고대**	**고려 시대**

■ 최근 5개년 시험(62~38회) 출제 비율

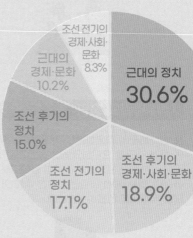

조선 전기의 경제·사회·문화 8.3%

근대의 경제·문화 10.2%

근대의 정치 30.6%

조선 후기의 정치 15.0%

조선 전기의 정치 17.1%

조선 후기의 경제·사회·문화 18.9%

1위 근대의 정치   30.6%

갑신정변, 동학 농민 운동과 근대의 주요 개혁 내용이 가장 많이 출제됩니다.

2위 조선 후기의 경제·사회·문화   18.9%

조선 후기의 경제 상황과 실학자의 활동을 묻는 문제가 반드시 출제됩니다.

3위 조선 전기의 정치   17.1%

초기 왕들의 업적과 통치 체제의 특징이 단골 문제로 출제됩니다.

조선 건국
1392년

흥선 대원군 집권
1863년

국권 피탈
1910년

광복
1945년

조선 시대

근대

일제 강점기

현대

2일

3일

시대 흐름 3분 컷 조선 시대~근대

조선 시대

조선의 건국과 기틀 마련

태조 이성계의 조선 건국 이후, 초기의 왕들은 조선의 기틀을 마련하는 데 힘썼습니다. 태종은 왕권을 강화하고, 세종은 민족 문화 발전에 힘썼습니다. 이후 성종은 「경국대전」이라는 법전을 완성·반포함으로써 조선의 기틀을 완성하였습니다.

「경국대전」

사림의 등장과 훈구와의 대립

성종 때에 이르러 조선 건국에 협력하지 않았던 지방의 사대부들이 점차 중앙 관직에 등용되었습니다. '사림'이라 불린 이들은, 기존에 집권해있던 세력인 '훈구'의 권력 독점과 비리를 비판하며, 사림과 훈구 간의 갈등이 커져갔습니다.

 VS

정묘·병자호란 발발

인조와 서인 정권이 친명배금 정책을 펼치자, 후금은 조선을 침략하였으나 형제 관계를 맺고 돌아갔습니다(정묘호란). 이후 후금은 국호를 청이라 고치고, 군신 관계를 요구하며 조선을 재침입하였고, 결국 조선은 청에 항복하였습니다(병자호란).

병자호란 때 인조가 청에 맞서 싸운 남한산성

붕당 정치의 변질

인조 때 정권을 잡은 서인은 남인과 함께 정국을 이끌었습니다. 그러나, 현종 때 발생한 예송으로 인해 갈등이 깊어졌고 숙종 때 발생한 환국으로 서로를 보복하는 등 붕당 정치가 크게 변질되었습니다.

서인 vs 남인

근대

흥선 대원군의 집권

아들이 없던 철종의 뒤를 이어 고종이 어린 나이에 왕위에 오르자, 고종의 아버지인 흥선 대원군이 권력을 잡았습니다. 흥선 대원군은 세도 정치 시기에 문란해진 정치 질서를 바로잡고 왕권을 강화하기 위한 정책을 실시하였습니다.

고종의 아버지로 정권을 잡은 흥선 대원군

서양 세력의 침입

흥선 대원군이 집권하던 시기에, 서양 세력이 조선에 통상 수교를 요구하였습니다. 그러나 흥선 대원군이 거부하자, 프랑스와 미국이 강화도를 침입하였습니다. 이후, 흥선 대원군은 통상 수교 거부 의지를 담은 척화비를 건립하였습니다.

흥선 대원군의 통상 수교 거부 의지가 담긴 척화비

동학 농민 운동 발발

개항 이후 일본과 서양 국가의 경제 침탈로 농민들의 조세 부담이 점점 심해지자, 동학을 중심으로 농민들이 봉기하였습니다. 지배층에 맞섰던 농민군은, 이후 경복궁을 점령한 일본에 맞서 다시 봉기하였습니다.

동학 농민 운동을 이끈 전봉준이 압송되는 모습

갑오·을미개혁 추진

조선은 일본의 간섭 아래 두 차례 갑오개혁을 추진하였습니다. 이듬해 일본이 을미사변을 일으킨 후 개혁을 강요하여 을미개혁이 실시되었습니다. 한편, 을미사변으로 신변의 위협을 느낀 고종은 러시아 공사관으로 피신하였습니다(아관 파천).

제1차 갑오개혁을 주도한 군국기무처의 회의 모습

사화의 발생과 붕당의 형성

연산군 때부터, 중종과 명종 때까지 여러 차례의 사화가 일어났습니다. 이로 인해 사림은 큰 피해를 입었으나 선조 때에 정치를 주도하였습니다. 이후 사림은 동인과 서인으로 나뉘어 붕당을 형성하였고, 동인은 다시 남인과 북인으로 나뉘었습니다.

임진왜란 발발

선조 재위 시기에 조선은 일본의 침략을 받게 되었습니다(임진왜란). 연이어 패배하던 조선은 수군과 의병의 활약으로 전세를 뒤집었습니다. 이후 휴전 회담이 결렬되어 일본이 재침입하였으나, 이순신의 수군이 일본의 침략을 막아냈습니다.

영조와 정조의 탕평 정치

붕당 정치의 폐단을 직접 겪은 영조는 붕당의 대립을 줄이고 왕권을 강화하고자 하였습니다. 이에 탕평책을 시행하여 인재를 두루 등용하였습니다. 영조의 손자로 왕위를 이은 정조 또한 강력한 왕권을 바탕으로 탕평책을 시행하였습니다.

세도 정치의 시작

정조의 뒤를 이어 순조가 어린 나이로 즉위하면서 점차 왕권이 약화되었습니다. 이에 외척을 비롯한 소수 가문이 권력을 장악하는 세도 정치가 전개되었습니다. 세도 정치는 순조·헌종·철종 3대에 걸쳐 약 60여 년 동안 이어졌습니다.

강화도 조약 체결과 개항

흥선 대원군이 물러나고 고종이 직접 정치를 시작하면서, 문호를 개방하자는 목소리가 높아졌습니다. 이 무렵 일본이 문호 개방을 요구하자, 결국 조선은 일본과 강화도 조약을 체결하였습니다. 강화도 조약 체결 이후, 조선은 신식 군대인 별기군을 창설하는 등 개화 정책을 적극적으로 추진하였습니다.

강화도 조약을 체결하는 모습

임오군란과 갑신정변 발발

신식 군대인 별기군과의 차별 대우를 받던 구식 군인들이 임오년에 난을 일으켰습니다(임오군란). 임오군란 이후, 조선 정부의 소극적인 개화 정책에 불만을 품은 급진 개화파는 갑신년에 정변을 일으켰으나, 3일 만에 진압되었습니다(갑신정변).

갑신정변을 주도한 박영효, 서광범, 서재필, 김옥균

대한 제국의 수립

고종은 아관 파천 이후 약 1년 만에 경운궁(덕수궁)으로 환궁하였습니다. 그리고 대한 제국의 수립을 선포하며 스스로 황제로 즉위한 후 황제를 중심으로 광무개혁을 실시하였습니다.

고종이 황제 즉위식을 거행한 환구단

일제의 국권 피탈

대한 제국의 주도권을 장악한 일제는 을사늑약으로 대한 제국의 외교권을 박탈하였습니다. 이후 고종을 강제로 퇴위시키고 대한 제국의 군대까지 해산하였습니다. 마침내, 1910년에 일제는 대한 제국과 강제로 병합 조약을 체결하였습니다.

01

조선 전기의 정치 ①

1 조선의 건국과 기틀 마련
2 조선의 정치 발전

최빈출 절대 선택지 TOP 7
(62~38회 기준)

공동 1위 [총 10번 출제]
- 성종 - 『경국대전』을 완성하여 법령을 정비하였다.
- 세종 - 4군 6진을 설치하여 북방 영토를 개척하였다.
- 세종 - 일본과의 무역을 허용하고 계해약조를 체결하였다.

공동 4위 [총 8번 출제]
- 세조 - 직전법을 실시하여 현직 관리에게만 수조권을 지급하였다.
- 세종 - 이종무가 왜구의 근거지인 대마도(쓰시마섬)를 정벌하였다.

6위 [총 6번 출제]
- 세종 - 연분 9등법을 시행하여 수취 체제를 정비하였다.

7위 [총 5번 출제]
- 정도전이 『불씨잡변』을 지어 불교를 비판하였다.

1 조선의 건국과 기틀 마련 핵심 선택지

(1) 태조 [62~38회에서 총 11번 출제]
- 정도전을 중심으로 요동 정벌을 추진하였다. [50회]
- 정도전이 『불씨잡변』을 지어 불교를 비판하였다. [60·51·38·36·35회]
- 정도전이 『조선경국전』을 저술하여 통치 제도 정비에 기여하였다. [48·43·32회]
- 왕위 계승을 둘러싸고 왕자의 난이 발생하였다. [47·40회]

(2) 태종 [62~38회에서 총 18번 출제]
- 의정부의 권한을 약화시키고 6조 직계제를 실시하였다. [59회]
- 문하부 낭사를 분리하여 사간원으로 독립시켰다. [49·44·43·41회]
- 호구를 정확하게 파악하기 위한 호패법을 시행하였습니다. [40·38·33·30회]
- 주자소를 설치하여 계미자를 주조하였다. [51·39·38회]
- 세계 지도인 혼일강리역대국도지도가 제작되었다. [49·38·35·34·32회]

2 조선의 정치 발전 핵심 선택지

(1) 세종 [62~38회에서 총 45번 출제]
- 4군 6진을 설치하여 북방 영토를 개척하였다. [55·51·49·41·40회]
- 일본과의 무역을 허용하고 계해약조를 체결하였다. [51·47·46·42·41회]
- 이종무가 왜구의 근거지인 대마도(쓰시마섬)를 정벌하였다. [47·43·41·39·38회]
- 신무기인 신기전이 개발되었다. [36·32회]
- 연분 9등법을 시행하여 수취 체제를 정비하였다. [47·46·42·39·38회]
- 토지의 비옥도에 따라 6등급으로 나누어 전세를 거두었다. [50·49·44·35회]
- 학문 연구 기관으로 집현전을 설치하였다. [43·40·32회]
- 개량된 금속 활자인 갑인자가 주조되었어요. [47·40회]

(2) 세조 [62~38회에서 총 19번 출제]
- 계유정난을 통해 정권을 장악하였다. [48·38·37·36·35회]
- 성삼문 등이 상왕의 복위를 꾀하다가 처형되었다. [49·47·42회]
- 함길도 토착 세력이 일으킨 이시애의 난을 진압하였다. [49·46·44회]
- 직전법을 실시하여 현직 관리에게만 수조권을 지급하였다. [51·45·44·40·39회]

(3) 성종 [62~38회에서 총 20번 출제]
- 성현 등이 『악학궤범』을 편찬하였다. [49·38·36·35·34회]
- 김종직 등 사림이 중앙 정계에 진출하기 시작하였다. [35·30회]
- 『경국대전』을 완성하여 법령을 정비하였다. [60·51·50·49·47회]
- 집현전을 계승한 홍문관을 설치하였다. [45·38·35회]

☑ 기출 선택지 초성 퀴즈

먼저 하단 선택지들의 초성을 모두 채운 다음, 문제에 맞는 정답을 모두 고르세요.

01 밑줄 그은 '이 왕'의 업적으로 옳은 것을 모두
[41회] 고르세요.

이 책은 『동래선생교정북사상절(東萊先生校正北史詳節)』의 일부로 이 왕 때 주자소에서 제작한 계미자를 이용하여 간행되었습니다. 또한 이 왕 때에는 세계 지도인 혼일강리역대국도지도가 제작되기도 하였습니다.

① 6ㅈ ㅈㄱㅈ를 처음 실시하여 왕권을 강화하였다.
[59회]

② 정도전을 중심으로 ㅇㄷ ㅈㅂ을 추진하였다. [50회]

③ ㅇㅂ 9ㄷㅂ을 시행하여 수취 체제를 정비하였다.
[47·46·42·39·38회]

④ 문하부 낭사를 분리하여 ㅅㄱㅇ으로 독립시켰다.
[49·44·43·41회]

⑤ 호구의 정확한 파악을 위해 ㅎㅍㅂ을 실시하였다.
[40·38·33·30회]

⑥ ㅈㅈㅂ을 제정하여 현직 관리에게만 수조지를 지급하였다. [51·45·44·40·39회]

⑦ 『ㄱㄱㄷㅈ』을 완성하여 국가의 통치 규범을 마련하였다. [60·51·50·49·47회]

⑧ ㅈㅎㅈ을 설치하여 인재를 육성하고 편찬 사업을 추진하였다. [43·40·32회]

02 밑줄 그은 '이 왕'의 재위 기간에 있었던 사실로 옳은
[46회] 것을 모두 고르세요.

그림은 이 왕의 명을 받은 최윤덕 장군 부대가 올라산성에서 여진족을 정벌하는 장면입니다. 그 결과 조선은 압록강 유역을 개척하고 여연·자성·무창·우예 등 4군을 설치하였습니다.

이만주 정벌도

① ㅇㅅㅇ의 난을 진압하고 유향소를 폐지하였다.
[49·46·44회]

② 성현 등이 『ㅇㅎㄱㅂ』을 편찬하였습니다.
[49·38·36·35·34회]

③ ㄱㅎㅇㅈ가 체결되어 세견선의 입항이 허가되었다.
[51·47·46·42·41회]

④ 이종무가 ㄷㅁㄷ를 정벌하였다. [47·43·41·39·38회]

⑤ ㄱㅈㅈ 등 사림이 중앙 정계에 진출하기 시작하였다. [35·30회]

⑥ 집현전을 계승한 ㅎㅁㄱ이 설치되었다. [45·38·35회]

⑦ 왕위 계승을 둘러싸고 ㅇㅈㅇ ㄴ이 발생하였다.
[47·40회]

⑧ 신무기인 ㅅㄱㅈ이 개발되었다. [36·32회]

키워드 해설

주자소 + 계미자 → **태종**

정답 ①, ④, ⑤

① 6조 직계제 [태종] ② 요동 정벌 [태조] ③ 연분 9등법 [세종] ④ **사간원** [태종]
⑤ **호패법** [태종] ⑥ 직전법 [세조] ⑦ 경국대전 [성종] ⑧ 집현전 [세종]

키워드 해설

4군 → **세종**

정답 ③, ④, ⑧

① 이시애 [세조] ② 악학궤범 [성종] ③ **계해약조** [세종] ④ **대마도** [세종] ⑤ 김종직 [성종] ⑥ 홍문관 [성종] ⑦ 왕자의 난 [태조] ⑧ **신기전** [세종]

01
조선 전기의 정치 ②

1 조선의 통치 체제
2 사화의 전개

최빈출 절대 선택지
TOP 7
(62~38회 기준)

1위 [총 13번 출제]
- 외척 간의 대립으로 을사사화가 발생하였다.

2위 [총 8번 출제]
- 사간원, 사헌부 - 5품 이하 관리의 임명 과정에서 서경권을 행사하였다.

3위 [총 7번 출제]
- 기묘사화 - 위훈 삭제를 주장한 조광조 일파가 축출되었다.

공동 4위 [총 6번 출제]
- 유향소 - 좌수와 별감을 선발하여 운영되었다.
- 한성부 - 수도의 치안과 행정을 담당하였다.
- 승정원 - 왕명 출납을 맡은 왕의 비서 기관이었다.
- 갑자사화 - 폐비 윤씨 사사 사건의 전말이 알려져 김굉필 등이 처형되었다.

---

1 조선의 통치 체제 핵심 선택지

(1) 중앙 정치 조직 [62~38회에서 총 34번 출제]
- 의정부 - 6조 직계제의 실시로 권한이 약화되었다. [50·34회]
- 승정원 - 왕명 출납을 맡은 왕의 비서 기관이었다. [62·42·41·40·37회]
- 의금부 - 국왕 직속 사법 기구로 반역죄, 강상죄 등을 처결하였다. [46·40회]
- 사간원, 사헌부 - 5품 이하 관리의 임명 과정에서 서경권을 행사하였다. [51·49·43·42·41회]
- 홍문관 - 사헌부, 사간원과 함께 3사로 불렸다. [48·46회]
- 홍문관 - 옥당이라고 불리며 경연을 담당하였다. [41·40·39·34·31회]
- 한성부 - 수도의 치안과 행정을 담당하였다. [60·48·46·43·42회]
- 춘추관 - 『실록』을 보관하고 관리하는 업무를 관장하였다. [40·37·33회]

(2) 지방 행정 조직 [62~38회에서 총 17번 출제]
- 관찰사 - 관내 군현의 수령을 감독하고 근무 성적을 평가하였다. [50·38·36회]
- 수령 - 지방의 행정·사법·군사권을 행사하였다. [51·42·34회]
- 향리 - 호장, 기관, 장교, 통인 등으로 분류되었다. [50·34회]
- 유향소 - 좌수와 별감을 선발하여 운영되었다. [51·47·42·39·35회]
- 경재소를 두어 유향소를 통제하였어요. [38·36·32회]

(3) 군사 제도 [62~38회에서 총 5번 출제]
- 진관 체제를 실시하여 국방을 강화하였다. [49·41회]
- 잡색군 - 유사시에 향토 방위를 맡는 예비군이었다. [48·35·34회]

---

2 사화의 전개 핵심 선택지

(1) 무오사화(연산군) [62~38회에서 총 10번 출제]
- 김종직이 무오사화의 발단이 된 「조의제문」을 작성하였다. [50·45·44·41·39회]
- 「조의제문」이 발단이 되어 김일손 등이 처형되었다. [51·49·46·40·30회]

(2) 갑자사화(연산군) [62~38회에서 총 6번 출제]
- 폐비 윤씨 사사 사건의 전말이 알려져 김굉필 등이 처형되었다. [62·59·52·39·38회]

(3) 기묘사화(중종) [62~38회에서 총 11번 출제]
- 조광조의 개혁 정치 - 현량과를 통해 신진 사림이 등용되었다. [47·43·35·32회]
- 위훈 삭제를 주장한 조광조 일파가 축출되었다. [49·45·42·36·34회]

(4) 을사사화(명종) [62~38회에서 총 15번 출제]
- 외척 간의 대립으로 을사사화가 발생하였다. [62·47·45·43·41회]
- 윤임 일파가 제거되는 결과를 가져왔다. [49·31회]

(5) 정미사화(명종) [62~38회에서 총 2번 출제]
- 원인 - 양재역 벽서 사건이 일어났다. [47·46회]

✅ 기출 선택지 초성 퀴즈

먼저 하단 선택지들의 초성을 모두 채운 다음, 문제에 맞는 정답을 모두 고르세요.

01 (가) 기구에 대한 설명으로 옳은 것을 모두 고르세요.
[46회]

책으로 보는 역사

조선 시대 옥당, 옥서로 불렸던 [(가)] 의 관직을 역임한 인물들의 성명, 주요 관직, 본관 등을 기록한 책이다. [(가)] 은/는 집현전의 기능을 이었으며, 직제에는 영사, 대제학, 부제학, 응교, 교리 등이 있다.

『옥당선생안』

① ㅅㄷ의 치안과 행정을 주관하였다. [48·46·43·42·40회]

② 사헌부, 사간원과 함께 3ㅅ로 불렸다. [48·46회]

③ 5품 이하의 관원에 대한 ㅅㄱㄱ을 가졌다.
[51·49·43·42·41회]

④ 화폐와 곡식의 ㅊㄴ ㅎㄱ를 담당하였다.
[48·44·42·38회]

⑤ 왕에게 경서와 사서를 강론하는 ㄱㅇ을 주관하였다. [41·40·39·34·31회]

⑥ ㄱㅇ ㅈㅅ ㅅㅂ ㄱㄱ로 반역죄, 강상죄 등을 처결하였다. [46·40회]

⑦ 왕의 ㅂㅅ ㄱㄱ으로 왕명 출납을 담당하였다.
[62·42·41·40·37회]

⑧ 『ㅅㄹ』을 보관하고 관리하는 업무를 관장하였다.
[40·37·33회]

⑨ ㅈㅅ, ㅊㅁ 등으로 구성되어 법제를 논의하였다.
[37·33회]

02 밑줄 그은 '이 사건'에 대한 설명으로 옳은 것을 모두 고르세요.
[49회]

이것은 능주 목사 민여로가 건립한 정암 선생 적려 유허비입니다. 정암 선생은 소격서 폐지, 현량과 실시 등을 추진하다가 이 사건으로 능주에 유배되었습니다.

① ㅇㅊ 간의 권력 다툼으로 윤임이 제거되었다.
[62·47·45·43·41회]

② ㅇㅈㅇ ㅂㅅ 사건으로 이언적 등이 화를 입었다.
[47·46회]

③ 김종직의 「ㅈㅇㅈㅁ」이 빌미가 되었다.
[51·49·46·40·30회]

④ ㅍㅂ ㅇㅆ ㅅㅅ 사건으로 관련자들이 화를 당하였다. [62·59·52·39·38회]

⑤ ㅇㅎ ㅅㅈ에 대한 훈구 세력의 반발이 원인이었다.
[49·45·42·36·34회]

⑥ 남곤 등의 고변으로 ㅈㄱㅈ 일파가 축출되었다.
[49·45·42·36·34회]

1일

2일

3일

해커스 한국사능력검정시험 기선제압 막판 3일 합격 심화

키워드 해설

옥당 + 집현전의 기능을 이음 → **홍문관**

정답 ②, ⑤

① 수도 [한성부] ② 3사 [홍문관] ③ 서경권 [사간원, 사헌부] ④ 출납 회계 [삼사(고려)] ⑤ 경연 [홍문관] ⑥ 국왕 직속 사법 기구 [의금부] ⑦ 비서 기관 [승정원] ⑧ 실록 [춘추관] ⑨ 재신, 추밀 [식목도감(고려)]

키워드 해설

현량과 실시 → **기묘사화**

정답 ⑤, ⑥

① 외척 [을사사화] ② 양재역 벽서 [정미사화] ③ 조의제문 [무오사화] ④ 폐비 윤씨 사사 [갑자사화] ⑤ 위훈 삭제 [기묘사화] ⑥ 조광조 [기묘사화]

01
조선 전기의
정치 ③

1 붕당의 형성과 분화
2 임진왜란

최빈출 절대 선택지
TOP 7
(62~38회 기준)

공동 1위 [총 12번 출제]
• 삼수병으로 구성된 훈련도감이 창설되었다.
• 이조 전랑 임명을 둘러싸고 사림이 동인과 서인으로 나뉘었다.

공동 3위 [총 9번 출제]
• 정여립 모반 사건으로 인해 기축옥사가 발생하였다.
• 기유약조를 체결하여 일본과의 무역을 재개하였다.

5위 [총 6번 출제]
• 비변사가 임진왜란을 거치면서 국정 최고 기구로 성장하였다.

6위 [총 4번 출제]
• 여진 - 사절 왕래를 위해 한성에 북평관을 개설하였다.

공동 7위 [총 3번 출제]
• 1592년 4월 - 신립이 탄금대에서 배수의 진을 치고 싸웠다.
• 1597년 9월 - 이순신이 명량에서 왜의 수군을 대파하였다.

1 붕당의 형성과 분화 핵심 선택지

(1) 붕당의 형성 [62~38회에서 총 17번 출제]
• 이조 전랑 임명을 둘러싸고 사림이 동인과 서인으로 나뉘었다. [47·45·42·41·40회]
• 동인 - 주로 이황의 학통을 계승하였다. [30회]
• 서인 - 이이와 성혼의 문인을 중심으로 형성되었다. [33회]
• 서인 - 정여립 모반 사건을 내세워 기축옥사를 주도하였다. [44·33회]
• 서인 - 선조 때 왕세자 책봉 문제로 정치적 입지가 약화되었다. [33회]

(2) 동인의 분화 [62~38회에서 총 12번 출제]
• 원인 - 정여립 모반 사건으로 인해 기축옥사가 발생하였다. [51·49·46·45·42회]
• 정여립 모반 사건·건저의 사건 - 동인이 남인과 북인으로 분열되는 결과를 가져왔다. [43회]
• 북인 - 광해군 시기에 국정을 이끌었다. [44회]
• 남인 - 이언적과 이황의 제자들이 주류를 이루었다. [44회]

2 임진왜란 핵심 선택지

(1) 임진왜란 이전의 대외 관계 [62~38회에서 총 8번 출제]
• 여진 - 사절 왕래를 위해 한성에 북평관을 개설하였다. [44·41·39·31회]
• 일본 - 한성에 동평관을 두어 무역을 허용하였다. [50회]
• 명 - 하정사, 성절사, 천추사 등을 파견하였다. [44·41·30회]

(2) 임진왜란의 전개 과정 [62~38회에서 총 26번 출제]
• 1592년 4월 - 신립이 탄금대에서 배수의 진을 치고 싸웠다. [62·51·41·39회]
• 1592년 7월 - 이순신이 한산도 대첩에서 승리하였다. [45회]
• 1592년 10월 - 김시민이 진주성에서 적군을 크게 물리쳤다. [47회]
• 1593년 1월 - 조·명 연합군이 평양성을 탈환하였다. [55·46·39·35회]
• 1593년 8월 - 삼수병으로 구성된 훈련도감이 창설되었다. [50·49·48·47·46회]
• 1597년 9월 - 이순신이 명량에서 왜의 수군을 대파하였다. [51·41·39회]
• 곽재우, 고경명 등이 의병장으로 활약하였다. [48·46·45회]

(3) 임진왜란 이후의 상황 [62~38회에서 총 18번 출제]
• 포로 송환을 위하여 유정을 회답 겸 쇄환사로 파견하였다. [50회]
• 기유약조를 체결하여 일본과의 무역을 재개하였다. [50·49·44·43·40회]
• 에도 막부의 요청에 따라 통신사가 파견되었다. [46·32회]
• 비변사가 임진왜란을 거치면서 국정 최고 기구로 성장하였다. [49·46·44·43·40회]

✅ 기출 선택지 초성 퀴즈

먼저 하단 선택지들의 초성을 모두 채운 다음, 문제에 맞는 정답을 모두 고르세요.

01 (가) 붕당에 대한 설명으로 옳은 것을 고르세요.
[44회]

> 홍문관에서 아뢰기를, "윤국형은 우성전과 유성룡의 심복이며 또한 이성중과 한 집안 사람입니다. 당초 신묘 연간에 양사에서 정철을 탄핵할 때에 옥당은 여러 날 동안이나 거론하지 않았습니다. …… 유성룡이 다시 재상이 되자 윤국형 등이 선비들을 구별하여 자기들에게 붙는 자를 _(가)_ (이)라 하고, 뜻을 달리하는 자를 북인이라 하여 결국 당쟁의 실마리를 크게 열어 놓았습니다. 이처럼 유성룡이 사당(私黨)을 키우고 사류(士類)를 배척하는 데에 모두 윤국형 등이 도왔던 것입니다."라고 하였다.

① ㅇㅇㅈ과 ㅇㅎ의 제자들이 주류를 이루었다. [44회]

② ㄱㅎㄱ 시기에 국정을 이끌었다. [44회]

③ ㅈㅇㄹ ㅁㅂ 사건을 내세워 기축옥사를 주도하였다. [44·33회]

④ ㅇㅇ와 ㅅㅎ의 문인을 중심으로 형성되었다. [33회]

⑤ 선조 때 ㅇㅅㅈ ㅊㅂ 문제로 정치적 입지가 약화되었다. [33회]

⑥ 광해군을 축출한 ㅇㅈㅂㅈ으로 집권하였다. [51·42·40·35·34회]

⑦ 기해예송에서 자의 대비의 ㄱㄴㅂ을 주장하였다. [44회]

⑧ ㄱㅅㅎㄱ으로 정권을 장악하였다. [49·44회]

02 다음 가상 뉴스 이후에 전개된 상황으로 옳은 것을 모두 고르세요.
[51회]

> 며칠 전 우리 군사들이 명군과 연합하여 일본군으로부터 평양성을 탈환하였습니다. 이번 승리는 불리했던 전세를 역전시킬 계기가 될 것으로 보입니다.

조·명 연합군, 평양성을 탈환하다

① 이순신이 ㅁㄹ에서 대승을 거두었다. [51·41·39회]

② 최무선이 ㅈㅍ에서 왜구를 격퇴하였다. [51·44·42·35회]

③ 신립이 ㅌㄱㄷ에서 배수의 진을 치고 항전하였다. [62·51·41·39회]

④ 김종서가 6ㅈ을 개척하여 영토를 확장하였다. [51·49·41·40·38회]

⑤ 에도 막부의 요청에 따라 ㅌㅅㅅ가 파견되었다. [46·32회]

⑥ 김시민이 ㅈㅈㅅ에서 적군을 크게 물리쳤다. [47회]

⑦ 일본에 제한된 무역을 허용한 ㄱㅇㅇㅈ가 체결되었다. [50·49·44·43·40회]

⑧ ㅊㅇㅅ에서 몽골군을 물리쳤다. [51·45·42·37·36회]

⑨ 삼수병으로 구성된 ㅎㄹㄷㄱ이 창설되었다. [50·49·48·47·46회]

키워드 해설

뜻을 달리하는 자를 북인이라 함 → **남인**

정답 ①

① 이언적, 이황 [남인] ② 광해군 [북인] ③ 정여립 모반 [서인] ④ 이이, 성혼 [서인] ⑤ 왕세자 책봉 [서인] ⑥ 인조반정 [서인] ⑦ 기년복 [서인] ⑧ 경신환국 [서인]

키워드 해설

명군과 연합 + 평양성을 탈환함 → **평양성 탈환(1593. 1.)**

정답 ①, ⑤, ⑦, ⑨

① 명량 [1597년 9월] ② 진포 [고려 시대] ③ 탄금대 [1592년 4월] ④ 6진 [조선 세종] ⑤ 통신사 [왜란 이후] ⑥ 진주성 [1592년 10월] ⑦ 기유약조 [왜란 이후] ⑧ 처인성 [고려 시대] ⑨ 훈련도감 [1593년 8월]

02
조선 전기의 경제 ·사회·문화 ①

1 경제·사회 제도
2 교육 기관과 성리학

최빈출 절대 선택지
TOP 7
(62~38회 기준)

1위 [총 10번 출제]
· 직전법을 실시하여 현직 관리에게 만 수조권을 지급하였다.

공동 **2위** [총 7번 출제]
· 향교 - 중앙에서 교관인 교수나 훈 도가 파견되었다.
· 이황이 군주의 도를 도식으로 설명 한 『성학십도』를 지었다.
· 경기 지역에 한하여 과전법이 실시 되었다.

공동 **5위** [총 5번 출제]
· 이이가 『동호문답』을 통해 다양한 개혁 방안을 제시하였다.
· 향교 - 전국의 부·목·군·현에 하나 씩 설립되었다.
· 천민(노비) - 장례원을 통해 국가의 관리를 받았다.

1 경제·사회 제도 핵심 선택지

(1) 토지 제도 [62~38회에서 총 20번 출제]
· 경기 지역에 한하여 과전법이 실시되었다. [59·48·46·40·37회]
· 직전법을 실시하여 현직 관리에게만 수조권을 지급하였다. [61·51·49·45·44회]
· 직전법 - 수신전, 휼양전 등의 명목으로 세습되는 토지를 폐지하였다. [47·43·41회]

(2) 신분 제도 [62~38회에서 총 13번 출제]
· 중인(서얼) - 원칙적으로 과거에 응시할 수 없었다. [45회]
· 천민(공노비) - 소속 관청에 신공(身貢)을 바쳤다. [45회]
· 천민(노비) - 매매, 상속, 증여의 대상이 되었다. [45·40·34·31회]
· 천민(노비) - 장례원을 통해 국가의 관리를 받았다. [45·42·40·34·30회]
· 천민(백정) - 화척, 양수척 등으로 불렸다. [35·31회]

(3) 구휼 제도 [62~38회에서 총 4번 출제]
· 기근에 대비하기 위해 『구황촬요』가 발간되었다. [51·46·40·39회]

2 교육 기관과 성리학 핵심 선택지

(1) 교육 기관 [62~38회에서 총 34번 출제]
· 성균관을 설치하여 유교 경전을 교육하였다. [51회]
· 성균관 - 소과에 합격해야 입학 자격이 주어졌다. [47·30회]
· 성균관 - 생원시나 진사시의 합격자에게 입학 자격이 부여되었다. [50·47·46회]
· 성균관, 향교 - 대성전을 세워 선현에 제사를 지냈다. [45·44·39·37회]
· 수도에 4부 학당을 두었다. [43·39·33회]
· 향교 - 전국의 부·목·군·현에 하나씩 설립되었다. [50·46·42·39·37회]
· 향교 - 중앙에서 교관인 교수나 훈도가 파견되었다. [57·51·50·47·46회]
· 서원 - 지방의 사림 세력이 주로 설립하였다. [47·42·30회]
· 서원 - 주세붕이 최초의 서원인 백운동 서원을 건립하였다. [36·34·32·31회]
· 서원 - 국왕으로부터 편액과 함께 서적 등을 받기도 하였다. [46·39회]

(2) 성리학 [62~38회에서 총 17번 출제]
· 이황이 군주의 도를 도식으로 설명한 『성학십도』를 지었다. [51·48·44·43·38회]
· 이황이 예안 향약을 시행하여 향촌 교화를 위해 노력하였다. [39회]
· 이이가 『동호문답』을 통해 다양한 개혁 방안을 제시하였다. [57·51·44·43·36회]
· 이이가 『성학집요』를 저술하여 군주가 수양해야 할 덕목을 제시하였다. [37·31회]
· 김장생이 『가례집람』을 저술하여 예학을 조선의 현실에 맞게 정리하였다. [44·36회]

✓ 기출 선택지 초성 퀴즈

먼저 하단 선택지들의 초성을 모두 채운 다음, 문제에 맞는 정답을 모두 고르세요.

01 밑줄 그은 '이 법'이 시행된 시기의 모습으로 옳은 것
[20회] 을 모두 고르세요.

> 신이 생각하기에 이 법은 국초의 법이 아닙니
> 다. 수신전·휼양전을 폐지하고 이 법을 만드는
> 바람에 지아비에게 신의를 지키려고 하는 자는
> 의지할 바를 잃게 되었고, 어버이에게 효도하려
> 는 자는 곤궁해져도 호소할 곳이 없게 되었습니
> 다. 이는 선왕(先王)의 어진 법과 아름다운 뜻을
> 하루 아침에 없앤 것입니다. 원컨대 전하께서는
> 이 법을 혁파하고 수신전과 휼양전을 회복하도
> 록 하옵소서.

① 과전 지급 대상을 ㅎㅈ 관리로 제한하였다.
[61·51·49·45·44회]

② ㅈㅅㄱ 제도를 마련하여 관리에게 토지를 지급하였
다. [49·40·38·36·33회]

③ 예성강 하구의 ㅂㄹㄷ가 국제 무역항으로 번성하였
다. [51·50·49·46·37회]

④ 『ㄱㅎㅊㅇ』를 간행하여 기근에 대비하였다.
[51·46·40·39회]

⑤ ㅊㅎㅈ을 설치하여 해상 무역을 전개하였다.
[49·48·47·44·42회]

⑥ ㅅㅂ의 말이 특산물로 유명하였다.
[48·44·39·37·35회]

⑦ 공신에게 공로와 인품에 따라 ㅇㅂㅈ을 지급하였
다. [50·45·43회]

⑧ ㅈㅈㄷㄱ을 설치하여 해동통보를 발행하였다.
[50·46·45·43·38회]

02 다음 검색창에 들어갈 교육 기관에 대한 설명으로 옳
[47회] 은 것을 모두 고르세요.

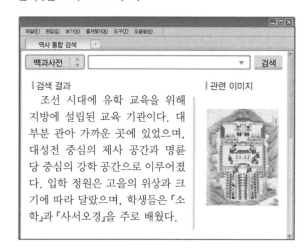

> 조선 시대에 유학 교육을 위해
> 지방에 설립된 교육 기관이다. 대
> 부분 관아 가까운 곳에 있었으며,
> 대성전 중심의 제사 공간과 명륜
> 당 중심의 강학 공간으로 이루어졌
> 다. 입학 정원은 고을의 위상과 크
> 기에 따라 달랐으며, 학생들은 『소
> 학』과 『사서오경』을 주로 배웠다.

① 지방의 ㅅㄹ 세력이 주로 설립하였다. [47·42·30회]

② 중앙에서 파견된 ㄱㅅ나 ㅎㄷ가 지도하였다.
[57·51·50·47·46회]

③ 입학 자격은 ㅅㅇ, ㅈㅅ를 원칙으로 하였다.
[50·47·46회]

④ 전국의 ㅂ·ㅁ·ㄱ·ㅎ에 하나씩 설립되었다.
[50·46·42·39·37회]

⑤ ㅈㅅㅂ에 의해 처음 세워졌다. [36·32·31회]

⑥ 전문 강좌인 7ㅈ를 개설하였다.
[50·48·43·42·40회]

⑦ ㅇㅎ을 비롯하여 ㅇㅎ, ㅅㅎ, 산학을 교육하였다.
[46·39·30회]

⑧ 입학 자격은 ㅅㄱ 합격자를 원칙으로 하였다.
[47·30회]

키워드 해설

수신전·휼양전을 폐지 → 직전법 → **조선 전기**

정답 ①, ④

① 현직 [직전법, 조선 전기] ② 전시과 [고려 시대] ③ 벽란도 [고려 시대] ④ **구황촬
요 [조선 전기]** ⑤ 청해진 [통일 신라] ⑥ 솔빈부 [발해] ⑦ 역분전 [고려 시대] ⑧ 주
전도감 [고려 시대]

키워드 해설

조선 시대 + 지방에 설립된 교육 기관 + 대성전 → **향교**

정답 ②, ④

① 사림 [서원] ② **교수, 훈도 [향교]** ③ 생원, 진사 [성균관] ④ **부·목·군·현 [향교]**
⑤ 주세붕 [서원] ⑥ 7재 [국자감(고려)] ⑦ 유학, 율학, 서학 [국자감(고려)] ⑧ 소과
[성균관]

02
조선 전기의 경제 ·사회·문화 ②

1 편찬 사업
2 건축과 예술

최빈출 절대 선택지
TOP 7
(62~38회 기준)

1위 [총 8번 출제]
· 세종 때 한양을 기준으로 한 역법서 인 『칠정산』「내편」이 편찬되었다.

^{공동} **2위** [총 6번 출제]
· 세종 때 우리 풍토에 맞는 농법을 소 개한 『농사직설』이 편찬되었다.
· 성종 때 신숙주가 일본에 다녀와서 『해동제국기』를 편찬하였다.

^{공동} **4위** [총 5번 출제]
· 고사관수도

· 성종 때 음악 이론 등을 집대성한 『악학궤범』이 간행되었다.
· 태종 때 세계 지도인 혼일강리역대 국도지도가 제작되었다.

7위 [총 4번 출제]
· 원각사지 십층 석탑

---

1 편찬 사업 핵심 선택지

(1) 역사서 [62~38회에서 총 3번 출제]
· 『고려사』(문종) - 세가, 지, 열전 등으로 구성되었다. [51회]
· 『동국통감』(성종) - 단군 조선에서 고려까지의 역사를 정리하였습니다. [45·32회]

(2) 지도·지리서 [62~38회에서 총 6번 출제]
· 태종 때 세계 지도인 혼일강리역대국도지도가 제작되었다. [49·38·35·34·32회]
· 성종 때 각 도의 지리, 풍속 등이 수록된 『동국여지승람』이 편찬되었다. [43회]

(3) 농서 [62~38회에서 총 9번 출제]
· 세종 때 우리 풍토에 맞는 농법을 소개한 『농사직설』이 편찬되었다. [55·50·46·43·36회]
· 성종 때 강희맹이 농서인 『금양잡록』을 저술하였다. [50·35·32회]

(4) 기타 서적 [62~38회에서 총 22번 출제]
· 세종 때 한양을 기준으로 한 역법서인 『칠정산』「내편」이 편찬되었다. [61·49·44·42·41회]
· 세종 때 국산 약재와 치료 방법을 정리한 『향약집성방』이 간행되었다. [48·46·32회]
· 성종 때 신숙주가 일본에 다녀와서 『해동제국기』를 편찬하였다. [48·43·38·37·35회]
· 성종 때 음악 이론 등을 집대성한 『악학궤범』이 간행되었다. [49·38·36·35·34회]

2 건축과 예술 핵심 선택지

(1) 건축 [62~38회에서 총 5번 출제]

합천 해인사 장경판전 [33회]	원각사지 십층 석탑 [44·42·40·33회]

(2) 예술 [62~38회에서 총 10번 출제]

고사관수도 [51·40·37·31·30회]	몽유도원도 [47·40·30회]

초충도 [37회]	분청사기 박지연화어문 편병 [49회]

✓ 기출 선택지 초성 퀴즈

먼저 하단 선택지들의 초성을 모두 채운 다음, 문제에 맞는 정답을 모두 고르세요.

01 다음 대화의 왕이 재위했던 시기의 사실로 옳은 것을 모두 고르세요. [38회]

신 서거정 등이 『동국통감』을 완성하여 바치나이다. 삼국 이하 여러 역사책에서 뽑아내고 중국 역사에서 가려내서 편년체로 기록하였습니다.

이 책은 진실로 만세에 남길 만한 것이다.

① 국산 약재와 치료 방법을 정리한 『ㅎㅇㅈㅅㅂ』이 간행되었다. [48·46·32회]

② 우리 풍토에 맞는 농법을 소개한 『ㄴㅅㅈㅅ』이 간행되었다. [55·50·46·43·36회]

③ 음악 이론 등을 집대성한 『ㅇㅎㄱㅂ』이 간행되었다. [49·38·36·35·34회]

④ 한양을 기준으로 한 역법서인 『ㅊㅈㅅ』「내편」이 제작되었다. [61·49·44·42·41회]

⑤ 세계 지도인 ㅎㅇㄱㄹㅇㄷㄱㄷㅈㄷ가 제작되었다. [49·38·35·34·32회]

⑥ 각 도의 지리, 풍속 등이 수록된 『ㄷㄱㅇㅈㅅㄹ』이 편찬되었다. [43회]

⑦ 강희맹이 농서인 『ㄱㅇㅈㄹ』을 저술하였다. [50·35·32회]

02 (가)에 들어갈 수 있는 문화유산으로 적절한 것을 모두 고르세요. [33회]

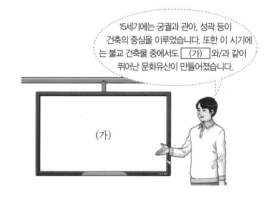

15세기에는 궁궐과 관아, 성곽 등이 건축의 중심을 이루었습니다. 또한 이 시기에는 불교 건축물 중에서도 (가) 와/과 같이 뛰어난 문화유산이 만들어졌습니다.

(가)

① ㅇㅅ ㅅㄷㅅ 대웅전 [39·37·33·30회]

② ㅇㄷ ㅂㅈㅅ 극락전 [57·39·37회]

③ ㅇㄱㅅㅈ 십층 석탑 [44·42·40·33회]

④ ㄱㅊㅅㅈ 십층 석탑 [42·41·31회]

⑤ ㅎㅊ ㅎㅇㅅ 장경판전 [33회]

⑥ ㅇㅈ ㅂㅅㅅ 무량수전 [57·39회]

키워드 해설

『동국통감』 → 성종

정답 ③, ⑥, ⑦

① 향약집성방 [세종] ② 농사직설 [세종] ③ **악학궤범** [성종] ④ 칠정산 [세종] ⑤ 혼일강리역대국도지도 [태종] ⑥ **동국여지승람** [성종] ⑦ **금양잡록** [성종]

키워드 해설

15세기 + 건축물 → **조선 전기의 건축물**

정답 ③, ⑤

① 예산 수덕사 [고려 시대] ② 안동 봉정사 [고려 시대] ③ **원각사지** [조선 전기] ④ 경천사지 [고려 시대] ⑤ **합천 해인사** [조선 전기] ⑥ 영주 부석사 [고려 시대]

03
조선 후기의 정치 ①

1 광해군과 인조
2 호란과 통치 체제의 변화

최빈출 절대 선택지
TOP 7
(62~38회 기준)

1위 [총 16번 출제]
· 효종 때 청의 요청으로 나선 정벌에 조총 부대를 파견하였다.

2위 [총 11번 출제]
· 인조 - 공신 책봉에 불만을 품고 이괄이 반란을 일으켰다.

3위 [총 10번 출제]
· 숙종 때 청과의 경계를 정한 백두산 정계비를 세웠다.

4위 [총 8번 출제]
· 광해군 - 전통 한의학을 정리한 『동의보감』을 간행하였다.

5위 [총 7번 출제]
· 정묘호란 - 정봉수와 이립이 용골산성에서 항전하였다.

공동 **6위** [총 6번 출제]
· 송시열이 기축봉사를 올려 명에 대한 의리를 내세웠다.
· 인조 - 서인이 광해군을 축출한 인조반정으로 집권하였다.

1 광해군과 인조 핵심 선택지

(1) 광해군 [62~38회에서 총 24번 출제]
· 북인이 서인과 남인을 배제하고 권력을 장악하였다. [45·43·42·39회]
· 명과 후금 사이에서 중립 외교를 펼쳤다. [39·32·31·30회]
· 강홍립 부대가 사르후 전투에 참전하였다. [49·46·45·44·40회]
· 전통 한의학을 정리한 『동의보감』을 간행하였다. [61·49·48·43·42회]
· 인목 대비 유폐와 영창 대군 사사를 명분으로 폐위되었다. [47·46회]

(2) 인조 [62~38회에서 총 17번 출제]
· 서인이 광해군을 축출한 인조반정으로 집권하였다. [51·42·40·35·34회]
· 공신 책봉에 불만을 품고 이괄이 반란을 일으켰다. [53·49·48·47·46회]

2 호란과 통치 체제의 변화 핵심 선택지

(1) 정묘호란 [62~38회에서 총 7번 출제]
· 정봉수와 이립이 용골산성에서 항전하였다. [49·47·46·45·40회]

(2) 병자호란 [62~38회에서 총 5번 출제]
· 김상용이 강화도에서 순절하였다. [47·46회]
· 김준룡이 근왕병을 이끌고 광교산에서 항전하였다. [48회]
· 인조가 남한산성으로 피신하여 청군에 항전하였다. [45회]
· 소현 세자와 봉림 대군 등이 청에 인질로 끌려갔다. [53회]

(3) 호란 이후의 상황 [62~38회에서 총 36번 출제]
· 청에 대한 치욕을 갚자는 북벌론이 전개되었다. [38·30회]
· 송시열이 기축봉사를 올려 명에 대한 의리를 내세웠다. [51·48·43·39·38회]
· 효종 때 어영청을 중심으로 북벌이 추진되었다. [46·37회]
· 효종 때 청의 요청으로 나선 정벌에 조총 부대를 파견하였다. [58·51·50·49·48회]
· 숙종 때 청과의 경계를 정한 백두산 정계비를 세웠다. [49·47·43·42·39회]

(4) 통치 체제의 변화 [62~38회에서 총 7번 출제]
· 인조 때 수도의 방어를 담당하는 어영청을 설치하였다. [39·38회]
· 인조 때 도성을 방비하기 위하여 총융청을 설치하였다. [50회]
· 인조 때 총융청과 수어청을 설치하여 도성을 방비하였다. [44회]
· 숙종 때 수도 방어를 위하여 금위영을 창설하였다. [51·36·30회]

✓ 기출 선택지 초성 퀴즈

먼저 하단 선택지들의 초성을 모두 채운 다음, 문제에 맞는 정답을 모두 고르세요.

01 다음 상황이 전개된 왕의 재위 시기의 사실로 옳은 것을 모두 고르세요.
[40회]

며칠 전 역적의 입을 통해 김제남과 함께 영창 대군을 옹립하기로 모의한 사실이 밝혀졌습니다. 영창 대군이 비록 아무것도 모르는 어린아이라 할지라도 용서받을 수 없는 죄가 있사오니, 법대로 처리하게 하소서.

① ㅅㅇ이 반정을 일으켜 정권을 장악하였다.
[51·42·40·35·34회]

② ㅂㅇ이 서인과 남인을 배제한 채 정국을 독점하였다. [45·43·42·39회]

③ ㄱㅎㅇㅈ를 맺어 일본과 교역을 하였다.
[51·47·46·42·41회]

④ 명의 요청에 따라 ㄱㅎㄹ이 이끄는 부대가 파병되었다. [49·46·45·44·40회]

⑤ ㅇㄱ의 난이 일어나 반란군이 도성을 장악하였다.
[53·49·48·47·46회]

⑥ 전통 한의학을 집대성한 『ㄷㅇㅂㄱ』이 완성되었다.
[49·48·43·42·41회]

⑦ 명과 후금 사이에서 ㅈㄹㅇㄱ를 추진하였다.
[39·32·31·30회]

⑧ 호구의 정확한 파악을 위해 ㅎㅍㅂ이 실시되었다.
[40·38·33·30회]

⑨ ㄴㅅㅈㅂ을 위하여 조총 부대를 파견하였다.
[58·51·50·49·48회]

02 밑줄 그은 '이 전쟁' 중에 있었던 사실로 옳은 것을 모두 고르세요.
[48회]

소현 세자께서 돌아가셨다네. 그런데 시신이 검은빛이었고 이 목구비에서 모두 피가 흘러 나왔다는군.

이 전쟁에 패하여 청에 인질로 갔다가 8년 만에 돌아오실 때도 건강하셨던 세자께서 어찌 두 달 만에 그리되셨는가?

① 을지문덕이 ㅅㅅ에서 수의 군대를 물리쳤다.
[50·47·36·33회]

② ㄱㅈㅇ, 고경명 등이 의병장으로 활약하였다.
[48·46·45회]

③ ㄱㅈㄹ이 근왕병을 이끌과 광교산에서 항전하였다.
[48회]

④ 포수·사수·살수의 삼수병으로 편제된 ㅎㄹㄷㄱ이 신설되었다. [50·49·48·47·46회]

⑤ ㄱㅅㅇ이 강화도에서 순절하였다. [47·46회]

⑥ ㄱㅂ의 결사대를 보내 신라군에 맞서 싸웠다.
[42·41·35·32회]

⑦ 신검이 ㅇㄹㅊ에서 고려군에게 패배하였다.
[51·44·43·42·40회]

⑧ 용골산성에서 ㅈㅂㅅ와 ㅇㄹ이 의병을 이끌고 항전하였다. [49·47·46·45·40회]

키워드 해설

영창 대군을 옹립하기로 모의 → **광해군**

정답 ②, ④, ⑥, ⑦

① 서인 [인조] ② 북인 [광해군] ③ 계해약조 [세종] ④ 강홍립 [광해군] ⑤ 이괄 [인조] ⑥ 동의보감 [광해군] ⑦ 중립 외교 [광해군] ⑧ 호패법 [태종] ⑨ 나선 정벌 [효종]

키워드 해설

소현 세자 + 인질 → **병자호란**

정답 ③, ⑤

① 살수 [살수 대첩(고구려와 수의 전투)] ② 곽재우 [임진왜란] ③ 김준룡 [병자호란] ④ 훈련도감 [임진왜란] ⑤ 김상용 [병자호란] ⑥ 계백 [황산벌 전투(백제와 신라의 전투)] ⑦ 일리천 [일리천 전투(고려의 후삼국 통일 과정)] ⑧ 정봉수, 이립 [정묘호란]

03

조선 후기의 정치 ②

1 예송과 환국
2 영조와 정조

최빈출 절대 선택지 TOP 7

(62~38회 기준)

1위 [총 14번 출제]
• 영조 - 붕당의 폐해를 경계하기 위한 탕평비가 건립되었다.

2위 [총 11번 출제]
• 정조 - 유능한 인재를 양성하기 위해 초계문신제를 시행하였다.

공동 **3위** [총 10번 출제]
• 자의 대비의 복상 문제로 예송이 전개되었다.
• 정조 - 국왕의 친위 부대인 장용영이 설치되었다.

5위 [총 8번 출제]
• 영조 - 농민들의 군역 부담을 줄여주고자 균역법을 시행하였다.

공동 **6위** [총 6번 출제]
• 영조 - 역대 문물을 정리한 『동국문헌비고』가 편찬되었다.
• 영조 - 『속대전』을 편찬하여 통치 체제를 정비하였다.

1 예송과 환국 핵심 선택지

(1) 예송(현종) [62~38회에서 총 15번 출제]
• 자의 대비의 복상 문제로 예송이 전개되었다. [57·51·49·46·45회]
• 대비의 복상 문제가 붕당의 대립으로 확대되어 일어났다. [31회]
• 서인과 남인 사이에 발생한 전례 문제이다. [43·32회]
• 서인 - 기해예송에서 자의 대비의 기년복을 주장하였다. [44회]
• 남인 - 효종 비의 사망 이후 전개된 예송의 결과 정국을 주도하였다. [33회]

(2) 환국(숙종) [62~38회에서 총 18번 출제]
• 서인이 경신환국으로 정권을 장악하였다. [49·44회]
• 경신환국 - 허적과 윤휴 등 남인들이 대거 축출되었다. [51·46·45·39회]
• 경신환국 - 서인이 노론과 소론으로 갈라졌다. [30회]
• 기사환국 - 희빈 장씨 소생의 원자 책봉 문제로 환국이 발생하였다. [42·37·31회]
• 기사환국 - 인현 왕후가 폐위되고 남인이 권력을 장악하였다. [45·38·32회]
• 기사환국 - 남인이 권력을 장악하고 희빈 장씨가 왕비로 책봉되었다. [49회]
• 갑술환국 - 서인이 인현 왕후의 복위를 주장하였다. [30회]
• 남인이 갑술환국으로 정계에서 축출되었다. [45회]
• 갑술환국 - 남인이 축출되고 노론과 소론이 정국을 주도하였다. [41·33회]

2 영조와 정조 핵심 선택지

(1) 영조 [62~38회에서 총 35번 출제]
• 이인좌의 난 진압 [47회]
• 붕당의 폐해를 경계하기 위한 탕평비가 건립되었다. [62·49·47·46·45회]
• 농민들의 군역 부담을 줄여주고자 균역법을 시행하였다. [51·45·43·40·39회]
• 역대 문물을 정리한 『동국문헌비고』가 편찬되었다. [49·43·42·38·35회]
• 『속대전』을 편찬하여 통치 체제를 정비하였다. [47·43·39·36·35회]

(2) 정조 [62~38회에서 총 47번 출제]
• 유능한 인재를 양성하기 위해 초계문신제를 시행하였다. [54·51·50·46·45회]
• 수원 화성 건설 [47회]
• 국왕의 친위 부대인 장용영이 설치되었다. [57·51·48·47·46회]
• 장용영 - 국왕의 친위 부대로 수원 화성에 외영을 두었다. [43·41·38·35·32회]
• 시전 상인의 특권을 축소하는 신해통공을 단행하였다. [50·49·36·34회]
• 육의전을 제외한 시전 상인의 금난전권이 폐지되었다. [48·39·32·30회]
• 서얼 출신의 학자들이 규장각 검서관에 기용되었다. [49·48·46·34회]
• 왕조의 통치 규범을 재정비한 『대전통편』이 편찬되었다. [48·46·43·38·30회]
• 대외 관계를 정리한 『동문휘고』가 간행되었다. [39회]
• 훈련 교범인 『무예도보통지』가 편찬되었다. [43·32회]

✓ 기출 선택지 초성 퀴즈

먼저 하단 선택지들의 초성을 모두 채운 다음, 문제에 맞는 정답을 모두 고르세요.

01 다음 사건 이후에 전개된 사실로 옳은 것을 모두 고르세요. [32회]

① 정여립 모반 사건으로 인해 ㄱㅊㅇㅅ가 발생하였다. [51·49·46·45·42회]

② ㅇㅎ ㅇㅎ가 폐위되고 희빈 장씨가 왕비로 책봉되었다. [45·38·32회]

③ 공신 책봉 문제로 ㅇㄱ의 난이 일어났다. [53·49·48·47·46회]

④ ㅈㅇ ㄷㅂ의 복상 문제를 둘러싸고 예송이 전개되었다. [57·51·49·46·45회]

⑤ ㅅㄹ과 ㄴㄹ이 정국을 주도하였다. [41·33회]

⑥ 허적과 윤휴 등 ㄴㅇ들이 대거 축출되었다. [51·46·45·39회]

⑦ 명의 요청으로 ㄱㅎㄹ의 부대가 파견되었다. [49·46·45·44·40회]

⑧ ㅅㅇ이 반정을 일으켜 정권을 장악하였다. [51·42·40·35·34회]

02 밑줄 그은 '이 왕'의 업적으로 옳은 것을 모두 고르세요. [36회]

이 책은 균역법을 처음으로 시행한 <u>이 왕</u>의 명에 의해 홍계희가 편찬한 것이다. 균역법의 제정 배경, 부족한 재정의 보충 방안을 확정하는 과정 등이 서술되어 있다. 특히 이 책에서는 양반 사대부들의 반대 여론에 대응하여, 균역법의 시행이 지극한 애민 정신을 바탕으로 하였음을 강조하고 있다.

『균역사실』

① 집현전을 계승한 ㅎㅁㄱ을 설치하였다. [45·38·35회]

②『ㅅㄷㅈ』을 편찬하여 통치 체제를 정비하였다. [47·43·39·36·35회]

③『ㄷㄱㅁㅎㅂㄱ』를 간행하여 역대 문물을 정리하였다. [49·43·42·38·35회]

④ 청과의 국경을 정하는 ㅂㄷㅅ ㅈㄱㅂ를 세웠다. [49·47·43·42·39회]

⑤ 왕권을 강화하기 위해 ㅈㅇㅇ을 설치하였다. [57·51·48·47·46회]

⑥ ㅌㅍㅂ를 세워 붕당 정치의 폐해를 경계하였다. [62·49·47·46·45회]

⑦ ㅊㄱㅁㅅㅈ를 실시하여 문신들을 재교육하였다. [54·51·50·46·45회]

⑧ 명과 후금 사이에서 ㅈㄹ ㅇㄱ를 펼쳤다. [39·32·31·30회]

키워드 해설

희빈 장씨의 아들 + 왕자의 명호를 원자로 정한 것은 너무 이름
→ 기사환국

정답 ②, ⑤

① 기축옥사 [선조] ② **인현 왕후 [기사환국, 숙종]** ③ 이괄 [인조] ④ 자의 대비 [현종] ⑤ 소론, 노론 [갑술환국, 숙종] ⑥ 남인 [경신환국, 숙종] ⑦ 강홍립 [광해군] ⑧ 서인 [인조]

키워드 해설

균역법 → **영조**

정답 ②, ③, ⑥

① 홍문관 [성종] ② **속대전 [영조]** ③ **동국문헌비고 [영조]** ④ 백두산 정계비 [숙종] ⑤ 장용영 [정조] ⑥ **탕평비 [영조]** ⑦ 초계문신제 [정조] ⑧ 중립 외교 [광해군]

03

조선 후기의 정치 ③

1 세도 정치 시기
2 세도 정치 시기의 민중 봉기

최빈출 절대 선택지
TOP 7
(62~38회 기준)

1위 [총 8번 출제]
• 임술 농민 봉기 - 사건의 수습을 위해 박규수가 안핵사로 파견되었다.

2위 [총 6번 출제]
• 임술 농민 봉기 - 삼정의 문란을 해결하고자 삼정이정청을 설치하였다.

공동 **3위** [총 4번 출제]
• 홍경래의 난 - 지역 차별에 반발한 홍경래가 주도하여 봉기하였다.
• 홍경래의 난 - 홍경래 등이 봉기하여 정주성을 점령하였다.

공동 **5위** [총 3번 출제]
• 임술 농민 봉기 - 박규수의 건의로 삼정이정청이 설치되었다.
• 임술 농민 봉기 - 백낙신의 탐학이 발단이 되어 일어났다.

7위 [총 2번 출제]
• 임술 농민 봉기 - 삼정이정청이 설치되는 계기가 되었다.

---

1 세도 정치 시기 핵심 선택지

(1) 상황 [62~38회에서 총 7번 출제]
• 안동 김씨의 세도 정치로 부정부패가 심화되었다. [33회]
• 이양선이 나타나 통상을 요구하였다. [47·43회]
• 왕조 교체를 예언하는 『정감록』이 유포되었다. [46·30회]
• 비변사가 세도 정치 시기에 외척의 세력 기반이 되었다. [40·36회]

(2) 폐해 [62~38회에서 총 2번 출제]
• 군정의 문란으로 고통 받는 농민 [43회]
• 환곡의 부담으로 마을을 떠나는 농민 [31회]

2 세도 정치 시기의 민중 봉기 핵심 선택지

(1) 홍경래의 난 [62~38회에서 총 13번 출제]
• 세도 정치기의 수탈과 지역 차별에 반발하여 일어났다. [32회]
• 서북인에 대한 차별에 반발하여 일어났다. [46회]
• 지역 차별에 반발한 홍경래가 주도하여 봉기하였다. [51·48·47·34회]
• 홍경래 등이 봉기하여 정주성을 점령하였다. [45·39·38·36회]
• 홍경래, 우군칙 등이 주도하였다. [49회]
• 홍경래의 주도로 가산, 정주성 등을 점령하였다. [35회]
• 선천, 정주 등 청천강 이북의 여러 고을을 점령하였다. [41회]

(2) 임술 농민 봉기 [62~38회에서 총 25번 출제]
• 백낙신의 탐학이 발단이 되어 일어났다. [45·41·35회]
• 몰락 양반 유계춘이 주도하였다. [46·32회]
• 유계춘을 중심으로 봉기하여 진주성을 점령하였다. [45회]
• 사건의 수습을 위해 박규수가 안핵사로 파견되었다. [52·50·49·48·42회]
• 삼정이정청이 설치되는 계기가 되었다. [51·34회]
• 박규수의 건의로 삼정이정청이 설치되었다. [46·44·36회]
• 삼정의 문란을 해결하고자 삼정이정청을 설치하였다. [57·50·47·45·39회]

☑ 기출 선택지 초성 퀴즈

먼저 하단 선택지들의 초성을 모두 채운 다음, 문제에 맞는 정답을 모두 고르세요.

01 밑줄 그은 '시기'에 있었던 사실로 옳은 것을 모두 고르세요.
[47회]

> 이 불상은 고창 선운사 동불암지 마애 여래 좌상입니다. 이 불상 안에 있는 비기(秘記)가 세상에 나오는 날 나라가 망한다는 이야기가 있습니다. 이러한 예언 사상은 안동 김씨 등 왕실의 외척을 비롯한 소수의 특정 가문이 비변사를 중심으로 권력을 독점한 <u>시기</u>에 널리 퍼졌습니다.

① ㅇㅊ 간의 갈등으로 을사사화가 일어났다.
[62·47·45·43·41회]

② ㅎㄱㄹ가 난을 일으켰다. [51·48·47·34회]

③ ㅅㅈㅇㅈㅊ이 설치되었다. [51·34회]

④ ㅇㅇㅅ이 나타나 통상을 요구하였다. [47·43회]

⑤ 국가 주도로 ㄱㅇㅈㅂ가 발행되었다.
[48·44·40·39·34회]

⑥ ㅇㅈ ㅈㄹ 임명을 둘러싸고 김효원과 심의겸이 대립하였다. [47·45·42·41·40회]

⑦ 왕권을 강화하기 위하여 6ㅈ ㅈㄱㅈ가 실시되었다.
[37·32회]

⑧ ㄱㅈㄷㄱ이 국정을 총괄하는 기구로 부상하였다.
[46·38·36회]

02 (가) 사건에 대한 설명으로 옳은 것을 고르세요.
[49회]

정주성공격도

> 이것은 평안도 지역에 대한 차별 등에 반발하여 일어난 <u>(가)</u>을/를 진압하기 위해 관군이 정주성을 에워싸고 있는 상황을 그린 그림입니다. 이후 관군은 땅굴을 파고 성벽을 폭파하는 전술로 봉기군을 진압하였습니다.

① ㅎㄱㄹ, 우군칙 등이 주도하였다. [51·49·48·47·34회]

② 상황 수습을 위해 ㅂㄱㅅ가 안핵사로 파견되었다.
[52·50·49·48·42회]

③ 포수, 살수, 사수의 삼수병으로 구성된 ㅎㄹㄷㄱ이 설치되었다. [50·49·48·47·46회]

④ ㅂㅅ의 탐학이 발단이 되었다. [45·41·35회]

⑤ ㅁㅊ 등이 중심이 되어 서경 천도를 주장하였다.
[51·48·46·45·39회]

⑥ 몰락 양반 출신인 ㅇㄱㅊ이 주도하였다. [46·32회]

⑦ ㅅㅈㅇㅈㅊ이 설치되었다. [51·34회]

⑧ ㅇㅈㄱ이 왕실의 외척이 되어 권력을 독점하였다.
[46·36·32회]

키워드 해설

예언 사상 + 안동 김씨 등 외척을 비롯한 소수의 특정 가문이 비변사를 중심으로 권력을 독점함 → **세도 정치 시기**

정답 ②, ③, ④

① 외척 [조선 전기] ② **홍경래** [세도 정치 시기] ③ 삼정이정청 [세도 정치 시기] ④ 이양선 [세도 정치 시기] ⑤ 건원중보 [고려 시대] ⑥ 이조 전랑 [조선 전기] ⑦ 6조 직계제 [조선 전기] ⑧ 교정도감 [고려 시대]

키워드 해설

평안도 지역에 대한 차별 + 정주성 → **홍경래의 난**

정답 ①

① **홍경래** [홍경래의 난] ② 박규수 [임술 농민 봉기] ③ 훈련도감 [임진왜란] ④ 백낙신 [임술 농민 봉기] ⑤ 묘청 [묘청의 난(고려)] ⑥ 유계춘 [임술 농민 봉기] ⑦ 삼정이정청 [임술 농민 봉기] ⑧ 이자겸 [이자겸의 난(고려)]

04 조선 후기의 경제·사회·문화 ①

1 수취 제도의 변화
2 경제 상황

최빈출 절대 선택지 TOP 7
(62~38회 기준)

1위 [총 14번 출제]
· 담배와 면화 등이 상품 작물로 재배되었다.

2위 [총 11번 출제]
· 모내기법이 전국적으로 확산되었다.

3위 [총 9번 출제]
· 덕대가 광산을 전문적으로 경영하였다.

공동 4위 [총 8번 출제]
· 송상, 만상이 대청 무역으로 부를 축적하였다.
· 감자, 고구마 등의 구황 작물이 재배되었다.
· 왜관에서 개시 무역과 후시 무역이 이루어졌다.

7위 [총 7번 출제]
· 상평통보가 시장에서 유통되었다.

1 수취 제도의 변화 핵심 선택지

(1) 영정법 [62~38회에서 총 5번 출제]
· 인조 때 전세를 1결당 4 ~ 6두로 고정하는 영정법을 제정하였다. [50·49·36·35·33회]

(2) 대동법 [62~38회에서 총 13번 출제]
· 광해군 때 경기도에 한해서 대동법이 실시되었다. [48·43·39회]
· 선혜법이라는 이름으로 경기도에서 처음 실시하였다. [33·32회]
· 토지 1결당 미곡 12두를 부과하였다. [47회]
· 특산물 대신 쌀, 베, 동전 등으로 납부하게 하였다. [49회]
· 관청에 물품을 조달하는 공인이 등장하는 배경이 되었다. [46·42·38·36·33회]

(3) 균역법 [62~38회에서 총 17번 출제]
· 영조 때 1년에 2필씩 걷던 군포를 1필로 줄이는 균역법을 시행하였다. [50회]
· 재정 보충책 - 선무군관에게 1년에 1필의 군포를 징수하였다. [49·46·42·41·37회]
· 재정 보충책 - 토지 소유자에게 결작을 거두었다. [46·39·38·37·36회]
· 재정 보충책 - 어장세, 염세 등을 국가 재정으로 귀속하였다. [47·41·38·36회]

2 경제 상황 핵심 선택지

(1) 농업 [62~38회에서 총 33번 출제]
· 모내기법이 전국적으로 확산되었다. [60·50·49·48·46회]
· 감자, 고구마 등의 구황 작물이 재배되었다. [60·49·43·42·40회]
· 담배와 면화 등이 상품 작물로 재배되었다. [51·50·49·47·46회]

(2) 상업 [62~38회에서 총 44번 출제]
· 독점적 도매 상인인 도고가 활동하였다. [49회]
· 송상이 전국에 송방이라는 지점을 설치하였다. [44·38·33회]
· 내상, 만상 등이 무역을 통해 부를 축적하였다. [47·44회]
· 송상, 만상이 대청 무역으로 부를 축적하였다. [51·48·45·42·40회]
· 책문 후시를 통해 청과의 무역을 주도하였다. [44·38회]
· 왜관에서 개시 무역과 후시 무역이 이루어졌다. [48·46·45·43·42회]
· 관청에 물품을 조달하는 공인이 활동하였다. [51·49·35·34회]
· 여러 장시가 하나의 유통망으로 연계되었다. [40·30회]
· 보부상이 장시를 돌아다니며 활동하였다. [41·39·37·35·34회]
· 객주·여각이 포구에서 중개·금융·숙박업 등에 주력하였다. [38·33회]
· 상평통보가 시장에서 유통되었다. [54·47·45·39·38회]

(3) 광업 [62~38회에서 총 13번 출제]
· 설점수세제의 시행으로 민간의 광산 개발이 허용되었다. [48·46·44·39회]
· 덕대가 광산을 전문적으로 경영하였다. [51·50·49·48·47회]

기출 선택지 초성 퀴즈

먼저 하단 선택지들의 초성을 모두 채운 다음, 문제에 맞는 정답을 모두 고르세요.

01 밑줄 그은 '이 법'에 대한 설명으로 옳은 것을 모두 고 [49회] 르세요.

이 법은 공납의 폐단을 해결할 목적으로 경기도와 강원도 지역에서 실시되고 있습니다. 고통받는 백성을 위해 충청도와 전라도에도 이 법을 확대 시행해야 합니다.

그렇다면 충청도에 먼저 시행하시오.

① 풍흉에 관계없이 대부분 농지에서 1결당 **4~6ㄷ**의 전세를 거두었다. [50·49·36·35·33회]

② **ㅂㅇㄷ**에 따라 토지를 6등급으로 나누었다. [50·49·44·35회]

③ 일부 상류층에게 **ㅅㅁㄱㄱ**포를 징수하였다. [49·46·42·41·37회]

④ 특산물 대신 **ㅆ, ㅂ, ㄷㅈ** 등으로 납부하게 하였다. [49회]

⑤ **ㄱㅇ**이 등장하여 상품 화폐 경제가 발달하는 계기가 되었다. [46·42·38·36·33회]

⑥ 토지 1결당 미곡 **12ㄷ**를 부과하였다. [47회]

⑦ **ㅇㅈㅅ**, 염전세, 선박세를 거두어 군사비로 충당하였다. [47·41·38·36회]

⑧ **ㄱㅈ**을 징수하여 재정 부족 문제에 대처하였다. [46·39·38·37·36회]

02 다음 대화가 이루어진 시기의 경제 상황으로 옳지 <u>않</u> [51회] 은 것을 모두 고르세요.

며칠 전 전하께서 형조와 한성부에 시전 상인의 금난전권을 철폐하고 이를 어길 경우 처벌하라는 지시를 내리셨다네.

나도 들었네. 다만 육의전은 이번 조치에서 제외되었다고 하더군.

① **ㅎㄱ**라고 불리는 은병이 유통되었다. [51·49·47회]

② 담배와 면화 등이 **ㅅㅍ ㅈㅁ**로 활발하게 재배되었다. [51·50·49·47·46회]

③ 관청에 물품을 납부하는 **ㄱㅇ**이 활동하였다. [51·48·35·34회]

④ **ㅂㅂㅅ**이 장시를 돌아다니며 상업 활동을 하였다. [41·39·37·35·34회]

⑤ 광산을 전문적으로 경영하는 **ㄷㄷ**가 등장하였다. [51·50·49·48·47회]

⑥ **ㅂㄹㄷ**에서 국제 무역이 이루어졌다. [51·50·49·46·37회]

⑦ 국경 지대에서 **ㄱㅅ** 무역과 **ㅎㅅ** 무역이 이루어졌다. [48·46·45·43·42회]

⑧ 감자, 고구마 등의 **ㄱㅎ ㅈㅁ**이 재배되었다. [60·49·43·42·40회]

⑨ **ㅁㄴㄱㅂ**의 확대로 이모작이 성행하였다. [60·50·49·48·46회]

키워드 해설

공납의 폐단 해결 + 경기도 → **대동법**

정답 ④, ⑤, ⑥

① 4~6두 [영정법] ② 비옥도 [전분 6등법] ③ 선무군관 [균역법] ④ 쌀, 베, 동전 [대동법] ⑤ 공인 [대동법] ⑥ 12두 [대동법] ⑦ 어장세 [균역법] ⑧ 결작 [균역법]

키워드 해설

시전 상인의 금난전권을 철폐 → 정조 → **조선 후기**

정답 ①, ⑥

① 활구 [고려 시대] ② 상품 작물 [조선 후기] ③ 공인 [조선 후기] ④ 보부상 [조선 후기] ⑤ 덕대 [조선 후기] ⑥ 벽란도 [고려 시대] ⑦ 개시, 후시 [조선 후기] ⑧ 구황 작물 [조선 후기] ⑨ 모내기법 [조선 후기]

04
조선 후기의 경제
·사회·문화 ②

1 사회 모습
2 천주교(서학)와 동학

최빈출 절대 선택지
T⊘P 7
(62~38회 기준)

1위 [총 5번 출제]
· 중인 - 조선 후기 시사(詩社)를 조직
해 위항 문학 활동을 하였다.

공동 **2위** [총 4번 출제]
· 동학 - 마음 속에 한울님을 모시는
시천주를 강조하였다.
· 천주교(서학) - 순조 때 신유박해로
천주교인들이 처형되었다.

공동 **4위** [총 3번 출제]
· 동학 - 『동경대전』과 『용담유사』를
경전으로 삼았다.
· 서얼이 통청 운동을 전개하였다.

공동 **6위** [총 2번 출제]
· 서얼 - 청요직 통청을 요구하는 상
소를 집단으로 올렸다.
· 동학 - 유·불·선을 바탕으로 민간 신
앙의 요소까지 포함하였다.

---

1 사회 모습 핵심 선택지

(1) 신분제의 동요 [62~38회에서 총 2번 출제]
· 양반 증가 - 공명첩을 통해 면역의 혜택을 받은 상민 [36회]
· 순조 때 각 궁방과 중앙 관서의 공노비를 해방하였다. [50회]

(2) 중인들의 활동 [62~38회에서 총 13번 출제]
· 서얼 - 청요직 통청을 요구하는 상소를 집단으로 올렸다. [50·34회]
· 서얼이 통청 운동을 전개하였다. [58·43·35·30회]
· 서얼 - 규장각 검서관에 등용되기도 하였다. [35·30회]
· 기술직 중인 - 관직 진출 제한을 없애달라는 소청 운동을 전개하였다. [40회]
· 조선 후기 시사(詩社)를 조직해 위항 문학 활동을 하였다. [49·45·41·39·38회]

2 천주교(서학)와 동학 핵심 선택지

(1) 천주교(서학) [62~38회에서 총 10번 출제]
· 청을 다녀온 사신들에 의하여 서학으로 소개되었다. [42회]
· 제사와 신주를 모시는 문제로 정부의 탄압을 받았다. [44회]
· 조상에 대한 제사를 거부하여 정부로부터 탄압을 받았다. [30회]
· 순조 때 신유박해로 천주교인들이 처형되었다. [61·45·44·43·39회]
· 신유박해 때 이승훈, 정약용 등이 연루되어 처벌되었다. [38회]
· 신유박해 때 황사영이 외국 군대의 출병을 요청하는 백서를 작성하였다. [48회]
· 고종 때 병인박해로 천주교 선교사와 신자들이 처형되었다. [47회]

(2) 동학 [62~38회에서 총 12번 출제]
· 최제우가 동학을 창시하였다. [47회]
· 유교, 불교, 도교에 민간 신앙의 요소를 결합하였다. [30회]
· 유·불·선을 바탕으로 민간 신앙의 요소까지 포함하였다. [42·30회]
· 마음 속에 한울님을 모시는 시천주를 강조하였다. [48·45·44·30회]
· 최제우가 혹세무민의 죄로 처형되었다. [38회]
· 『동경대전』과 『용담유사』를 경전으로 삼았다. [58·46·45·42회]

기출 선택지 초성 퀴즈

먼저 하단 선택지들의 초성을 모두 채운 다음, 문제에 맞는 정답을 모두 고르세요.

01 (가) 신분에 대한 설명으로 옳은 것을 고르세요.
[40회]

이 책은 [(가)] 출신인 유재건이 지은 인물 행적기로, 위항 문학 발달에 크게 기여하였다. [(가)]은/는 자신들의 신분에 따른 사회적인 차별에 불만이 많았는데, 시사(詩社)를 조직하는 등의 문예 활동을 통해 스스로의 위상을 높이고자 하였다. 책의 서문에는 이항(里巷)*에 묻혀 있는 유능한 인사들의 행적을 기록하여 세상에 널리 알리고자 이 책을 썼다고 밝히고 있다.

『이향견문록』

* 이항: 마을의 거리

① ㅁㅁ, ㅈㅇ, ㅅㅅ의 대상이 되었다. [45·40·34·31회]

② ㅈㄹㅇ(掌隷院)을 통해 국가의 관리를 받았다. [45·42·40·34·30회]

③ 관직 진출 제한을 없애달라는 ㅅㅊ 운동을 전개하였다. [40회]

④ 고려 시대에는 ㅎㅊ이라 불렸다. [35·31회]

⑤ ㄱㅈㄱ ㄱㅅㄱ에 등용되기도 하였다. [35·30회]

⑥ ㅊㅇㅈ 진출을 요구하는 상소를 집단으로 올렸다. [58·50·43·35·34회]

02 (가) 종교에 대한 설명으로 옳은 것을 모두 고르세요.
[44회]

○○신문
○○○○년 ○○월 ○○일

최제우, 경주에서 체포

경상도 일대를 중심으로 교세를 확장하고 있던 [(가)]의 교주 최제우가 23명의 제자들과 함께 경주에서 체포되었다. 체포 후 대구의 감영으로 이송되어 현재 문초가 진행되고 있으며, 혹세무민의 죄가 적용되어 효수에 처해질 것으로 보인다.

① 유교, 불교, 도교에 ㅁㄱㅅㅇ의 요소를 결합하였다. [42·30회]

② 마음속에 한울님을 모시는 ㅅㅊㅈ를 내세웠다. [48·45·44·30회]

③ 조상에 대한 ㅈㅅ를 거부하여 정부로부터 ㅌㅇ을 받았다. [44·30회]

④ 『ㄷㄱㄷㅈ』을 경전으로 삼았다. [58·46·45·42회]

⑤ 청을 다녀온 사신들에 의하여 ㅅㅎ으로 소개되었다. [42회]

⑥ ㅊㅅ과 ㅅㅎ을 통해 깨달음을 얻고자 하였다. [45·30회]

⑦ 9ㅅ ㅅㅁ 중 하나인 실상산문이 개창되었다. [33회]

키워드 해설

시사를 조직함 → 기술직 중인

정답 ③

① 매매, 증여, 상속 [노비]　② 장례원 [노비]　③ 소청 [기술직 중인]　④ 화척 [백정]
⑤ 규장각 검서관 [서얼]　⑥ 청요직 [서얼]

키워드 해설

최제우 → 동학

정답 ①, ②, ④

① 민간 신앙 [동학]　② 시천주 [동학]　③ 제사, 탄압 [천주교]　④ 동경대전 [동학]
⑤ 서학 [천주교]　⑥ 참선, 수행 [선종(신라 하대)]　⑦ 9산 선문 [선종(신라 하대)]

04
조선 후기의 경제·사회·문화 ③

1 학문의 발전
2 국학·과학 기술의 발달

최빈출 절대 선택지
T⊘P 7
(62~38회 기준)

1위 [총 11번 출제]
• 박제가 - 『북학의』에서 재물을 우물에 비유하여 절약보다 소비를 권장하였다.

2위 [총 10번 출제]
• 정제두가 양명학을 연구하여 강화 학파를 형성하였다.

3위 [총 9번 출제]
• 정약용 - 『기기도설』을 참고하여 거중기를 설계하였다.

공동 **4위** [총 8번 출제]
• 『금석과안록』(김정희) - 북한산비가 진흥왕 순수비임을 고증하였다.
• 유수원 - 『우서』에서 사농공상의 직업적 평등과 전문화를 주장하였다.
• 박지원 - 『양반전』에서 양반의 위선과 무능을 풍자하였다.

7위 [총 7번 출제]
• 『발해고』(유득공) - 남북국이라는 용어를 처음 사용하였다.

1 학문의 발전 핵심 선택지

(1) 성리학의 변화와 양명학의 수용 [62~38회에서 총 12번 출제]
• 박세당이 유학 경전을 주자와 달리 해석한 『사변록』을 저술했어. [50·39회]
• 정제두가 양명학을 연구하여 강화 학파를 형성하였다. [60·51·47·45·44회]

(2) 실학자의 활동 [62~38회에서 총 65번 출제]
• 유형원 - 『반계수록』에서 토지 제도 개혁론을 제시하였다. [41·33회]
• 이익 - 『곽우록』에서 토지 매매를 제한하는 한전론을 제시하였다. [47·43·40·36·33회]
• 정약용 - 여전론을 통해 마을 단위 토지 분배와 공동 경작을 주장하였다. [42·37·33회]
• 정약용 - 『기기도설』을 참고하여 거중기를 설계하였다. [54·50·48·44·42회]
• 정약용 - 『마과회통』에서 홍역에 대한 의학 지식을 정리하였다. [49·42회]
• 정약용 - 『경세유표』를 저술하여 국가 제도의 개혁 방향을 제시하였다. [41회]
• 유수원 - 『우서』에서 사농공상의 직업적 평등과 전문화를 주장하였다. [54·49·43·41·40회]
• 홍대용 - 『의산문답』에서 중국 중심의 세계관을 비판하였다. [50·49·41·38·36회]
• 홍대용 - 지전설과 무한 우주론을 주장하였다. [50·44·42회]
• 홍대용 - 천체의 운행과 위치를 측정하는 혼천의를 제작했어. [50·31회]
• 홍대용 - 북경에 다녀온 후 연행록을 남겼다. [47회]
• 박지원 - 『양반전』에서 양반의 위선과 무능을 풍자하였다. [60·43·41·40·39회]
• 박제가 - 『북학의』에서 재물을 우물에 비유하여 절약보다 소비를 권장하였다. [56·49·47·43·41회]
• 박제가 - 서얼 출신으로 규장각 검서관에 등용되었다. [44·42·40·38·37회]

2 국학·과학 기술의 발달 핵심 선택지

(1) 국학 연구 [62~38회에서 총 24번 출제]
• 『발해고』(유득공) - 남북국이라는 용어를 처음 사용하였다. [59·51·47·45·43회]
• 『금석과안록』(김정희) - 북한산비가 진흥왕 순수비임을 고증하였다. [60·51·50·49·47회]
• 정상기가 최초로 100리 척을 사용한 동국지도를 제작하였다. [50·43·42·40·39회]
• 김정호가 대동여지도를 제작하였습니다. [48회]
• 유희가 우리말 음운 연구서인 『언문지』를 저술하였다. [50·37회]

(2) 과학 기술의 발달 [62~38회에서 총 14번 출제]
• 곤여만국전도  [46·41·37·32회]
• 박세당이 『색경』을 저술하여 농업 기술 발전에 이바지하였다. [45·43회]
• 『임원경제지』 - 농촌 생활을 위한 백과사전으로 서유구가 저술 [50·44회]
• 허임이 침구술을 집대성하여 『침구경험방』을 저술하였다. [50회]
• 이제마가 『동의수세보원』을 저술하여 사상 의학을 확립하였다. [42·40·37·31·30회]

✓ 기출 선택지 초성 퀴즈

먼저 하단 선택지들의 초성을 모두 채운 다음, 문제에 맞는 정답을 모두 고르세요.

01 다음 가상 인터뷰의 주인공에 대한 설명으로 옳은 것을 모두 고르세요. [49회]

> 수원 화성 건설을 위해 설계한 거중기에 대해 설명해 주십시오.

> 공사에 참여한 백성의 어려움을 덜어 주고자 『기기도설』에 실린 도르래의 원리를 활용하였습니다. 전하께서는 거중기의 사용으로 4만 냥의 비용을 절약했다고 말씀하셨습니다.

① 『ㅂㅎㅇ』에서 절약보다 소비를 권장하였다.
[56·49·47·43·41회]

② 무한 우주론을 주장한 『ㅇㅅㅁㄷ』을 집필하였다.
[50·49·41·38·36회]

③ 『ㅇㅅ』에서 사농공상의 직업적 평등을 주장하였다.
[54·49·43·41·40회]

④ ㅎㅇ에 관한 국내외 자료를 종합하여 의서를 편찬하였다. [49·42회]

⑤ ㅈㅈㅅ을 주장하여 중국 중심의 세계관을 비판하였다. [50·44·42회]

⑥ 『성호사설』에서 ㅎㅈㄹ의 실시를 주장하였다.
[47·43·40·36·33회]

⑦ 『ㅂㄱㅅㄹ』에서 신분에 따라 토지를 차등 분배하자고 하였다. [41·33회]

⑧ ㅇㅈㄹ을 통해 토지의 공동 소유와 공동 경작을 주장하였다. [42·37·33회]

⑨ 「ㅇㅂㅈ」을 지어 양반의 허례와 무능을 지적하였다. [60·43·41·40·39회]

02 다음 글을 쓴 인물에 대한 설명으로 옳은 것을 모두 고르세요. [42회]

> 중국은 서양에 대해서 경도의 차이가 1백 80도에 이르는데, 중국 사람은 중국을 정계(正界)로 삼고 서양을 도계(倒界)로 삼으며, 서양 사람은 서양을 정계로 삼고 중국을 도계로 삼는다. 그러나 실제에 있어서는 하늘을 이고 땅을 밟는 사람은 지역에 따라 모두 그러하니, 횡(橫)이나 도(倒)할 것 없이 다 정계다. – 『의산문답』

① 우리말 음운 연구서인 『ㅇㅁㅈ』를 저술하였다.
[50·37회]

② 지전설과 ㅁㅎ ㅇㅈㄹ을 주장하였다. [50·44·42회]

③ ㅇㅁㅎ을 체계적으로 연구하여 ㄱㅎ ㅎㅍ를 형성하였다. [60·51·47·45·44회]

④ 천체의 운행과 위치를 측정하는 ㅎㅊㅇ를 제작하였다. [50·31회]

⑤ 북경에 다녀온 후 ㅇㅎㄹ을 남겼다. [47회]

⑥ 신라와 발해를 ㄴㅂㄱ으로 지칭하였다.
[59·51·47·45·43회]

⑦ ㅂㅎㅅㅂ가 진흥왕 순수비임을 처음으로 고증하였다. [60·51·50·49·47회]

⑧ 최초로 100ㄹ ㅊ 축척법을 사용하여 지도를 만들었다. [50·43·42·40·39회]

키워드 해설

거중기 + 『기기도설』 → **정약용**

정답 ④, ⑧

① 북학의 [박제가] ② 의산문답 [홍대용] ③ 우서 [유수원] ④ **홍역 [정약용]** ⑤ 지전설 [홍대용] ⑥ 한전론 [이익] ⑦ 반계수록 [유형원] ⑧ **여전론 [정약용]** ⑨ 양반전 [박지원]

키워드 해설

『의산문답』 → **홍대용**

정답 ②, ④, ⑤

① 언문지 [유희] ② **무한 우주론 [홍대용]** ③ 양명학, 강화 학파 [정제두] ④ **혼천의 [홍대용]** ⑤ **연행록 [홍대용]** ⑥ 남북국 [유득공] ⑦ 북한산비 [김정희] ⑧ 100리 척 [정상기]

04
조선 후기의 경제
·사회·문화 ④

1 서민 문화
2 건축과 예술

최빈출 절대 선택지
TOP 7
(62~38회 기준)

1위 [총 6번 출제]
· 기술직 중인들이 조선 후기 시사(詩社)를 조직해 위항 문학 활동을 하였다.

공동 **2위** [총 5번 출제]
· 영통동구도(첨재 강세황)

· 보은 법주사 팔상전

공동 **4위** [총 4번 출제]
· 인왕제색도(겸재 정선)

· 세한도(추사 김정희)

공동 **6위** [총 3번 출제]
· 「홍길동전」, 「춘향전」 등의 한글 소설이 등장하였다.
· 구례 화엄사 각황전

1 서민 문화 핵심 선택지

(1) 공연의 성행 [62~38회에서 총 2번 출제]
· 노래와 사설로 줄거리를 풀어 가는 판소리가 발달하였습니다. [50·36회]

(2) 문학 발달 [62~38회에서 총 11번 출제]
· 기술직 중인들이 조선 후기 시사(詩社)를 조직해 위항 문학 활동을 하였다.
[60·49·47·45·41회]
· 「홍길동전」, 「춘향전」 등의 한글 소설이 등장하였다. [57·50·37·35회]
· 장시에서 책을 읽어주는 전기수 [49·41회]

2 건축과 예술 핵심 선택지

(1) 건축 [62~38회에서 총 13번 출제]

공주 마곡사 대웅보전 [45·31회]	구례 화엄사 각황전 [57·45회]
김제 금산사 미륵전 [55·45회]	보은 법주사 팔상전 [61·59·45·39회]

(2) 예술 [62~38회에서 총 22번 출제]

인왕제색도(겸재 정선) [61·47·43·40회]	금강전도(겸재 정선) [31·30회]	무동(단원 김홍도) [39·37회]

씨름(단원 김홍도) [51회]	월하정인(혜원 신윤복) [51·39회]	파적도(긍재 김득신) [51회]
세한도(추사 김정희) [61·47·43·40회]	영통동구도(첨재 강세황) [61·56·51·47·40회]	백자 청화죽문 각병 [49회]

☑ 기출 선택지 **초성 퀴즈**

먼저 하단 선택지들의 초성을 모두 채운 다음, 문제에 맞는 정답을 모두 고르세요.

01 다음 가상 대화가 이루어진 시기의 모습으로 옳은 것을 모두 고르세요. [40회]

얼마 전 종로의 연초 가게에서 어떤 전기수가 영웅 소설을 읽어주고 있었는데, 주인공인 임경업이 어려움에 빠지는 대목에서 듣고 있던 한 사람이 흥분하여 전기수를 살해하는 사건이 발생했다네.

소설 때문에 황당한 사건이 벌어졌군. 하긴 집안일을 내버려두고 소설을 빌려보는 것에 정신이 팔려 가산을 탕진하는 사람도 많다고 하네.

① ㅇㅍ의 왜관에서 교역하는 상인 [50·47회]

② ㅅㅅ(詩社)에서 문예 활동을 하는 역관 [60·49·47·45·41회]

③ ㅎㄱ ㅅㅅ을 읽고 있는 부녀자 [57·50·37·35회]

④ 장시에서 ㅍㅅㄹ를 구경하는 농민 [50·36회]

⑤ 『ㄱㅎㅊㅇ』를 읽고 있는 지방관 [51·46·40·39회]

⑥ ㅎㅌㄱ에서 화약 무기를 시험하는 군인 [51·50·49·47·46회]

⑦ 『ㄴㅅㅈㅇ』를 소개하는 관리 [46·35·33회]

02 (가)의 작품으로 옳은 것을 고르세요. [47회]

이 그림은 겸재 (가) 이/가 한양 근교의 경치를 그린 경교명승첩 중 한 작품이야.

그는 우리나라의 산천을 사실적으로 표현한 진경 산수화의 대표적인 화가로 금강전도를 비롯한 뛰어난 작품을 남겼지.

조선 후기 회화전

① ㅇㅌㄷㄱㄷ [61·56·51·47·40회]

② ㅇㅇㅈㅅㄷ [61·47·43·40회]

③ ㅍㅈㄷ [51회]

④ ㅁㄷ [39·37회]

⑤ ㅇㅎㅈㅇ [51·39회]

⑥ ㅆㄹ [51회]

⑦ ㅅㅎㄷ [61·47·43·40회]

키워드 해설

전기수 → **조선 후기**

정답 ②, ③, ④

① 염포 [조선 전기] ② 시사 [조선 후기] ③ 한글 소설 [조선 후기] ④ 판소리 [조선 후기] ⑤ 구황촬요 [조선 전기] ⑥ 화통도감 [고려 시대] ⑦ 농상집요 [고려 시대]

키워드 해설

겸재 + 금강전도 → **겸재 정선**

정답 ②

① 영통동구도 [첨재 강세황] ② **인왕제색도 [겸재 정선]** ③ 파적도 [긍재 김득신] ④ 무동 [단원 김홍도] ⑤ 월하정인 [혜원 신윤복] ⑥ 씨름 [단원 김홍도] ⑦ 세한도 [추사 김정희]

05
근대의 정치 ①

1 흥선 대원군의 개혁
2 외세의 침입

최빈출 절대 선택지
TOP 7
(62~38회 기준)

공동 1위 [총 7번 출제]
- 호포제 - 양반에게도 군포를 부과
  하였다.
- 신미양요 - 어재연 부대가 광성보에
  서 항전하였다.

공동 3위 [총 6번 출제]
- 신미양요의 결과 - 흥선 대원군이
  종로와 전국 각지에 척화비를 건립
  하였다.
- 병인양요 - 외규장각의 『의궤』가 국
  외로 약탈되었다.

공동 5위 [총 5번 출제]
- 평양 관민이 제너럴셔먼호를 불태
  웠다.
- 오페르트가 남연군 묘 도굴을 시도
  하였다.
- 병인양요 - 양헌수 부대가 정족산성
  에서 프랑스군을 격퇴하였다.

1 흥선 대원군의 개혁 핵심 선택지

(1) 왕권 강화책 [62~38회에서 총 11번 출제]
- 삼군부를 부활시켜 군국 기무를 전담하게 하였다. [50·36·35·32회]
- 의정부의 기능을 회복시키고 비변사를 혁파하였다. [37·36회]
- 통치 체제를 정비하기 위해 『대전회통』이 편찬되었다. [51·44·40·34회]
- 전국의 서원을 47개소만 남기고 모두 철폐하였다. [34회]

(2) 경복궁 중건 [62~38회에서 총 9번 출제]
- 왕실의 권위를 세우고자 경복궁을 중건하였다. [57회]
- 경복궁 중건을 위해 원납전을 징수하였다. [34회]
- 당백전을 주조하는 관청 소속 장인 [46·45·42·40·35회]

(3) 삼정 개혁 [62~38회에서 총 13번 출제]
- 환곡의 폐단을 시정하기 위해 사창제를 전국적으로 시행하였다. [48·47·43·34·32회]
- 국가 재정 확충을 위해 호포제를 실시하였다. [32회]
- ☆호포제 - 양반에게도 군포를 부과하였다. [49·46·42·39·38회]

2 외세의 침입 핵심 선택지

(1) 병인박해(1866. 1.) [62~38회에서 총 2번 출제]
- 병인박해로 천주교 선교사와 신자들이 처형되었다. [56·47회]

(2) 제너럴셔먼호 사건(1866. 7.) [62~38회에서 총 6번 출제]
- ☆평양 관민이 제너럴셔먼호를 불태웠다. [61·51·50·48·46회]
- 대동강으로 침입한 제너럴셔먼호를 불태웠다. [32회]

(3) 병인양요(1866. 9.) [62~38회에서 총 15번 출제]
- 조선 정부의 프랑스 선교사 처형이 구실이 되어 일어났다. [47·40·36회]
- 로즈 제독의 함대가 양화진을 침입하였다. [46회]
- ☆양헌수 부대가 정족산성에서 프랑스군을 격퇴하였다. [60·50·46·34·33회]
- ☆결과 - 외규장각의 『의궤』가 국외로 약탈되었다. [52·46·40·39·38회]

(4) 오페르트 도굴 사건(1868) [62~38회에서 총 5번 출제]
- ☆오페르트가 남연군 묘 도굴을 시도하였다. [51·47·41·36·34회]

(5) 신미양요(1871. 4.) [62~38회에서 총 15번 출제]
- 제너럴셔먼호 사건을 구실로 미군이 강화도를 침략하였다. [44회]
- 미국 로저스 제독이 초지진을 점령하였다. [30회]
- ☆어재연 부대가 광성보에서 항전하였다. [53·48·46·40·39회]
- ☆결과 - 흥선 대원군이 종로와 전국 각지에 척화비를 건립하였다. [57·51·50·47·38회]

✓ 기출 선택지 초성 퀴즈

먼저 하단 선택지들의 초성을 모두 채운 다음, 문제에 맞는 정답을 모두 고르세요.

01 (가) 인물에 대한 설명으로 옳은 것을 모두 고르세요.
[50회]

> 신(臣) 병창이 [(가)] 앞에 나아가 품의했더니, 이르기를 '성묘(聖廟) 동서무(東西廡)에 배향된 제현 및 충절과 대의가 매우 빛나 영원토록 높이 받들기에 합당한 47곳의 서원 외에는 모두 향사(享祀)를 중단하고 사액을 철폐하라'고 하였습니다. 지시를 받들어 이미 사액된 서원 중 앞으로 계속 보존할 곳 47개를 별단에 써서 들였습니다. 계하(啓下)*하시면 각 도에 알리겠습니다.
> ― 「승정원일기」
>
> *계하(啓下): 국왕의 재가

① 종로와 전국 각지에 ㅊㅎㅂ를 건립하였다.
[51·50·47·38·33회]

② 변급, 신류 등을 파견하여 ㄴㅅ ㅈㅂ을 단행하였다.
[51·50·49·48·47회]

③ 각 궁방과 중앙 관서의 ㄱㄴㅂ를 해방하였다. [50회]

④ ㅊㅇㅊ과 수어청을 설치하여 도성을 방비하였다.
[50·44회]

⑤ 국가의 통치 규범인 『ㄱㄱㄷㅈ』을 반포하였다.
[51·50·49·47·44회]

⑥ ㅅㅊㅈ를 실시하여 환곡의 폐단을 시정하고자 하였다. [48·47·43·34·32회]

⑦ ㅇㅂ에게도 군포를 징수하는 호포제를 추진하였다.
[49·46·42·39·38회]

⑧ 『ㄷㅈㅎㅌ』을 편찬하여 통치 체제를 정비하였다.
[51·44·40·34회]

02 (가)에 대한 설명으로 옳은 것을 모두 고르세요.
[40회]

> **□□신문**
>
> 제△△호 ○○○○년 ○○월 ○○일
>
> ### 서울시, 양헌수 장군 문집과 일기 등 유형문화재 지정
>
> 서울시는 [(가)] 때 정족산성 전투를 지휘한 양헌수 장군의 문집인 『하거집』과 일기 등을 서울시 유형문화재로 지정하였다. [(가)]은/는 로즈 제독의 함대가 강화도를 침략한 사건으로, 양헌수 장군은 정족산성에서 이를 물리치는 데 크게 기여하였다.
>
> 『하거집』 양헌수가 관직 생활을 하면서 남긴 글을 모은 책

① ㅇㄱㅈㄱ 도서가 약탈당하는 피해를 입었다.
[52·46·40·39·38회]

② ㅇㅈㅇ이 지키던 ㄱㅅㅂ가 함락되었다.
[53·48·46·40·39회]

③ 조선 정부의 ㅍㄹㅅ ㅅㄱㅅ ㅊㅎ이 구실이 되어 일어났다. [47·40·36회]

④ ㅇㅍㄹㅌ가 남연군 묘를 도굴하려 하였다.
[51·47·41·36·34회]

⑤ 전국 각지에 ㅊㅎㅂ가 건립되는 결과를 초래하였다. [57·51·50·47·38회]

⑥ 대동강으로 침입한 ㅈㄴㄹㅅㅁㅎ를 불태웠다.
[61·51·50·48·46회]

⑦ 미국 로저스 제독이 ㅊㅈㅈ을 점령하였다. [30회]

키워드 해설

47곳의 서원 외에는 모두 향사를 중단하고 사액을 철폐하라 → **흥선대원군**

정답 ①, ⑥, ⑦, ⑧

① 척화비 [흥선 대원군] ② 나선 정벌 [효종] ③ 공노비 [순조] ④ 총융청 [인조] ⑤ 경국대전 [성종] ⑥ 사창제 [흥선 대원군] ⑦ 양반 [흥선 대원군] ⑧ 대전회통 [흥선 대원군]

키워드 해설

정족산성 + 양헌수 장군 → **병인양요**

정답 ①, ③

① 외규장각 [병인양요] ② 어재연, 광성보 [신미양요] ③ 프랑스 선교사 처형 [병인양요] ④ 오페르트 [오페르트 도굴 사건] ⑤ 척화비 [신미양요] ⑥ 제너럴셔먼호 [제너럴셔먼호 사건] ⑦ 초지진 [신미양요]

05

근대의 정치 ②

1 통상 조약의 체결
2 개화 정책과 위정척사
   운동

최빈출 절대 선택지
TOP 7
(62~38회 기준)

1위 [총 10번 출제]
· 개화 정책을 총괄하는 통리기무아
  문이 설치되었다.

공동 2위 [총 9번 출제]
· 신식 군대인 별기군을 창설하였다.
· 영선사 - 기기국에서 무기 제조 기
  술을 습득하고 돌아왔다.

4위 [총 8번 출제]
· 강화도 조약 - 부산, 원산, 인천에 개
  항장이 설치되는 계기가 되었다.

공동 5위 [총 7번 출제]
· 조·프 수호 통상 조약 - 조선이 프랑
  스와 조약을 체결하고 천주교 포교
  를 허용하였다.
· 이만손 등이 영남 만인소를 올렸다.
· 강화도 조약의 배경 - 운요호가 강
  화도 초지진을 공격하였다.

1 통상 조약의 체결 핵심 선택지

(1) 강화도 조약(조·일 수호 조규) [62~38회에서 총 16번 출제]
· 배경 - 운요호가 강화도 초지진을 공격하였다. [62·47·44·41·39회]
· 부산, 원산, 인천에 개항장이 설치되는 계기가 되었다. [62·49·48·43·41회]
· 김기수가 수신사로 일본에 파견되는 결과를 가져왔다. [46회]

(2) 강화도 조약의 부속 조약 [62~38회에서 총 4번 출제]
· 조·일 무역 규칙 - 양곡의 무제한 유출 조항을 포함하고 있다. [41·38회]
· 조·일 통상 장정 개정 - 방곡령 시행에 대한 규정을 명시하였다. [51·43회]

(3) 조·미 수호 통상 조약 [62~38회에서 총 15번 출제]
· 『조선책략』의 영향으로 체결되었다. [45·30회]
· 조·미 수호 통상 조약이 체결되었다. [47·39·34·33회]
· 외국에 대한 최혜국 대우를 처음으로 규정하였다. [51·45·43·38·32회]
· 거중 조정 조항을 포함한 조약이 체결되었다. [50·48·45·37회]

(4) 조·프 수호 통상 조약 [62~38회에서 총 7번 출제]
· 조선이 프랑스와 조약을 체결하고 천주교 포교를 허용하였다. [51·48·41·38·37회]

2 개화 정책과 위정척사 운동 핵심 선택지

(1) 개화파의 활동 [62~38회에서 총 7번 출제]
· 오경석이 『해국도지』, 『영환지략』을 들여와 국내에 소개하였다. [49·43·30회]
· 유길준이 『서유견문』을 집필하여 서양 근대 문명을 소개하였다. [49·44·37·32회]

(2) 개화 정책 [62~38회에서 총 60번 출제]
· 개화 정책을 총괄하는 통리기무아문이 설치되었다. [62·51·49·48·47회]
· 신식 군대인 별기군을 창설하였다. [62·49·47·42·40회]
· 무기 제조 공장인 기기창이 설립되었다. [50·49·48·41회]
· 전환국에서 백동화가 발행되었다. [45·34회]
· 1차 수신사 - 김기수가 수신사로 일본에 파견되었다. [50·48·45·40·38회]
· 제2차 수신사 김홍집이 『조선책략』을 들여왔다. [51·49·43·39·33회]
· 조사 시찰단 - 암행어사의 형태로 비밀리에 파견되었다. [51·43·35·33·32회]
· 김윤식이 청에 영선사로 파견되었다. [49·47·42회]
· 영선사 - 기기국에서 무기 제조 기술을 습득하고 돌아왔다. [53·51·43·40·38회]
· 미국에 보빙사를 파견하였다. [36·34회]
· 조·미 수호 통상 조약의 체결로 파견되었다. [32회]
· 보빙사 - 민영익, 홍영식, 서광범 등이 참여하였다. [51·34·30회]
· 박정양이 초대 주미 공사로 임명되어 미국에 파견되었다. [49회]

(3) 위정척사 운동 [62~38회에서 총 11번 출제]
· 이만손 등이 영남 만인소를 올렸다. [60·51·47·44·40회]
· 이만손이 『조선책략』 유포에 반발하여 영남 만인소를 주도하였다. [41·38·37·32회]

기출 선택지 초성 퀴즈

먼저 하단 선택지들의 초성을 모두 채운 다음, 문제에 맞는 정답을 모두 고르세요.

01 밑줄 그은 '조약'에 대한 설명으로 옳은 것을 모두 고르세요.
[48회]

> 발신: 의정부
> 수신: 각 도 관찰사, 수원·광주·개성·강화의 유수, 동래 부사
> 제목: 조약 체결 알림
>
> 1. 관련
>   가. 영종진 불법 침입 보고(강화부, 을해년)
>   나. 교섭 결과 보고(신헌, 병자년)
>
> 2. 일본국과의 조약 체결에 대해 알립니다. 해당 관아에서는 연해 각 읍에 통지하여, 앞으로 일본국의 표식을 게양 또는 부착한 선박이 항해 또는 정박 시 불필요한 충돌을 방지하기 바랍니다.
>
> 붙임: 조약 본문 등사본 1부. 끝.

① ㅊㅎㄱ ㄷㅇ를 처음으로 규정하였다.
[51·45·43·38·32회]

② ㅊㅈㄱ 포교의 허용 근거가 되었다.
[51·48·41·38·37회]

③ ㄱㅈ ㅈㅈ에 대한 내용을 포함하였다. [50·48·45·37회]

④ ㅂㅅ 외 2곳에 개항장이 설치되는 결과를 가져왔다.
[62·49·48·43·41회]

⑤ ㅂㄱ을 선포할 수 있는 조항을 명시하였다.
[51·43회]

⑥ 양곡의 ㅁㅈㅎ ㅇㅊ 조항을 포함하고 있다. [41·38회]

⑦ ㅇㅇㅎ 사건이 원인이 되었다. [62·47·44·41·39회]

⑧ 『ㅈㅅㅊㄹ』의 영향으로 체결되었다. [45·30회]

02 (가) 사절단에 대한 설명으로 옳은 것을 모두 고르세요.
[51회]

> 한국사 동영상 제작 계획안
>
> **(가) , 서양의 근대 문물을 직접 목격하다**
>
> ◆ 기획 의도
> 미국 공사의 부임에 대한 답례로 파견된 (가) 의 발자취를 통해 근대 문물을 시찰한 과정을 살펴본다.
>
> ◆ 장면별 구성
> #1. 대륙 횡단 열차를 타고 워싱턴에 도착하다
> #2. 뉴욕에서 미국 대통령 아서를 접견하다
> #3. 보스턴 만국 박람회를 참관하다
> #4. 병원, 전신 회사, 우체국 등을 시찰하다

① ㅇㄷ ㅁㅂ의 요청으로 파견되었다. [46·32회]

② 『ㅈㅅㅊㄹ』을 들여와 국내에 소개하였다.
[51·49·43·39·33회]

③ ㄱㄱㄱ에서 무기 제조 기술을 배우고 돌아왔다.
[53·51·43·40·38회]

④ 개화 반대 여론을 의식하여 ㅂㅁㄹ에 파견되었다.
[51·43·35·33·32회]

⑤ 전권대신 ㅁㅇㅇ과 부대신 ㅎㅇㅅ 등으로 구성되었다. [51·34·30회]

⑥ ㅅㅅㅅ라는 이름으로 보내졌다. [50·48·45·40·38회]

⑦ ㅈ·ㅁ ㅅㅎ ㅌㅅ ㅈㅇ의 체결로 파견되었다. [32회]

키워드 해설

강화부 + 일본국과의 조약 → **강화도 조약**

정답 ④, ⑦

① 최혜국 대우 [조·미 수호 통상 조약] ② 천주교 [조·프 수호 통상 조약] ③ 거중 조정 [조·미 수호 통상 조약] ④ 부산 [강화도 조약] ⑤ 방곡령 [조·일 통상 장정 개정] ⑥ 무제한 유출 [조·일 무역 규칙] ⑦ 운요호 [강화도 조약] ⑧ 조선책략 [조·미 수호 통상 조약]

키워드 해설

미국 + 파견 + 근대 문물을 시찰 → **보빙사**

정답 ⑤, ⑦

① 에도 막부 [조선 통신사, 조선 시대] ② 조선책략 [제2차 수신사] ③ 기기국 [영선사] ④ 비밀리 [조사 시찰단] ⑤ 민영익, 홍영식 [보빙사] ⑥ 수신사 [수신사] ⑦ 조·미 수호 통상 조약 [보빙사]

05
근대의 정치 ③

1 임오군란
2 갑신정변

최빈출 절대 선택지
TOP 7
(62~38회 기준)

1위 [총 11번 출제]
• 영국군이 러시아를 견제하기 위해 거문도를 불법 점령하였다.

2위 [총 5번 출제]
• 구식 군인들이 임오군란을 일으켰다.

공동 3위 [총 4번 출제]
• 갑신정변 – 조선과 일본 사이에 한성 조약이 체결되었다.
• 임오군란, 갑신정변 – 청의 군대에 의해 진압되었다.

공동 5위 [총 3번 출제]
• 갑신정변 – 김옥균, 박영효 등이 주도하였다.
• 한성 조약, 톈진 조약 – 갑신정변이 원인이 되어 체결되었다.

7위 [총 2번 출제]
• 임오군란 – 일본 공사관에 경비병이 주둔하는 계기가 되었다.

1 임오군란 핵심 선택지

(1) 전개 [62~38회에서 총 5번 출제]
• 구식 군인들이 임오군란을 일으켰다. [48·45·44·39회]
• 선혜청과 일본 공사관을 공격하였다. [45회]

(2) 결과 [62~38회에서 총 13번 출제]
• 일본 공사관에 경비병이 주둔하는 계기가 되었다. [51·46회]
• 흥선 대원군이 다시 집권하는 결과를 가져왔다. [49회]
• 정부가 청군의 출병을 요청하는 계기가 되었다. [49회]
• 위안스카이가 이끄는 군대가 조선에 상륙하였다. [47회]
• 청의 군대에 의해 진압되었다. [44·42·41·32회]
• 일본 공사관 경비병의 주둔을 인정한 제물포 조약이 체결되었다. [38·31회]
• 청과 조·청 상민 수륙 무역 장정을 체결하였다. [49·36회]

2 갑신정변 핵심 선택지

(1) 전개 [62~38회에서 총 8번 출제]
• 김옥균, 박영효 등이 주도하였다. [51·45·30회]
• 우정총국 개국 축하연에서 정변이 일어났다. [61·48·35회]
• 입헌 군주제 수립을 목표로 전개되었다. [51회]
• 국가 재정을 호조로 일원화하고자 하였다. [44회]
• 3일만에 실패로 끝나 주동자들이 해외로 망명하였다. [40회]

(2) 결과 [62~38회에서 총 14번 출제]
• 정부가 청군의 출병을 요청하는 계기가 되었다. [49회]
• 청의 군대에 의해 진압되었다. [44·42·41·32회]
• 조선과 일본 사이에 한성 조약이 체결되었다. [50·49·39·34회]
• 청·일 간 톈진 조약 체결의 계기가 되었다. [50·35회]
• 한성 조약, 톈진 조약 – 갑신정변이 원인이 되어 체결되었다. [51·37·32회]

(3) 갑신정변 이후의 정세 [62~38회에서 총 13번 출제]
• 묄렌도르프가 청의 간섭을 벗어나기 위해 러시아와의 교섭을 건의하였다. [30회]
• 영국군이 러시아를 견제하기 위해 거문도를 불법 점령하였다. [50·49·48·45·44회]
• 부들러가 조선의 독자적인 영세 중립국 선언을 제시하였다. [30회]

✅ 기출 선택지 초성 퀴즈

먼저 하단 선택지들의 초성을 모두 채운 다음, 문제에 맞는 정답을 모두 고르세요.

01 밑줄 그은 '이 사건'에 대한 설명으로 옳은 것을 모두 고르세요.
[51회]

> 개화 정책에 대한 불만과 구식 군인에 대한 차별 대우로 일어난 이 사건에 대해 말해 보자.

> 구식 군인들이 일본 공사관을 공격하였고, 이 과정에서 도시 하층민도 가담했어.

> 고종은 흥선 대원군에게 사태 수습을 맡겼지.

① ㄱㅇㄱ 등 개화 세력이 정변을 일으켰다. [51·45·30회]

② ㅇㅎ ㄱㅈㅈ 수립을 목표로 전개되었다. [51회]

③ ㅇㅎㅅ 부대가 정족산성에서 프랑스군을 물리쳤다.
[60·50·46·34·33회]

④ ㅇㅂ ㄱㅅㄱ에 경비병이 주둔하는 계기가 되었다.
[51·46회]

⑤ 일본 군함 ㅇㅇㅎ가 강화도에 접근하여 무력 시위를 하였다. [62·47·44·41·39회]

⑥ ㅎㅅ ㄷㅇㄱ이 다시 집권하는 결과를 가져왔다.
[49회]

⑦ ㅇㄱㅈㄱ 도서가 약탈되는 피해를 입었다.
[46·40·39·38·35회]

⑧ 전국 각지에 ㅊㅎㅂ가 건립되는 결과를 초래하였다. [57·51·50·47·38회]

02 (가) 사건에 대한 설명으로 옳은 것을 모두 고르세요.
[50회]

> 이것은 우정총국이 업무를 시작하면서 발행한 국내 최초의 우표입니다. 당시 화폐 단위가 '문(文)'이어서 문위 우표라는 이름이 붙여졌습니다. 하지만 김옥균 등이 주도한 (가) (으)로 우정총국이 폐쇄되면서 이 우표는 더 이상 발행되지 못했습니다.

① ㅌㅈ ㅈㅇ이 체결되는 배경이 되었다. [50·35회]

② ㅈㅂㅅ가 용골산성에서 항쟁하였다.
[49·47·46·45·40회]

③ ㅎㅅ ㅈㅇ이 체결되는 결과를 가져왔다.
[50·49·39·34회]

④ ㅈ·ㅊ ㅅㅁ ㅅㄹ ㅁㅇ ㅈㅈ을 체결하였다. [49·36회]

⑤ 홍의장군으로 불린 ㄱㅈㅇ가 의병장으로 활약하였다. [48·46·45회]

⑥ ㄱㅅ 군대가 난을 일으켜 일본 공사관을 습격하였다. [48·45·44·39·35회]

⑦ 신립이 ㅌㄱㄷ에서 배수의 진을 치고 항전하였다.
[51·41·39회]

⑧ ㄱㅅㅇ이 강화도에서 순절하였다. [47·46회]

키워드 해설

구식 군인들이 일본 공사관을 공격함 → **임오군란**

정답 ④, ⑥

① 김옥균 [갑신정변] ② 입헌 군주제 [갑신정변] ③ 양헌수 [병인양요] ④ 일본 공사관 [임오군란] ⑤ 운요호 [운요호 사건] ⑥ 흥선 대원군 [임오군란] ⑦ 외규장각 [병인양요] ⑧ 척화비 [신미양요]

키워드 해설

우정총국 + 김옥균 등이 주도 → **갑신정변**

정답 ①, ③

① 톈진 조약 [갑신정변] ② 정봉수 [정묘호란, 조선 시대] ③ 한성 조약 [갑신정변] ④ 조·청 상민 수륙 무역 장정 [임오군란] ⑤ 곽재우 [임진왜란, 조선 시대] ⑥ 구식 [임오군란] ⑦ 탄금대 [임진왜란, 조선 시대] ⑧ 김상용 [병자호란, 조선 시대]

05
근대의 정치 ④

1 동학 농민 운동
2 갑오개혁과 을미개혁

최빈출 절대 선택지
TOP 7
(62~38회 기준)

1위 [총 8번 출제]
• 을미개혁 - 건양이라는 독자적인 연호를 사용하였다.

2위 [총 7번 출제]
• 제1차 갑오개혁 - 공·사 노비법을 혁파하고 과거제를 폐지하였다.

공동 3위 [총 6번 출제]
• 동학 농민 운동 - 정부와 약조를 맺고 집강소를 설치하였다.
• 동학 농민 운동 - 남접과 북접이 연합하여 전개되었다.

공동 5위 [총 5번 출제]
• 동학 농민 운동 - 황토현에서 전라 감영군을 격파하였다.
• 제2차 갑오개혁 - 개혁의 기본 방향을 제시한 홍범 14조를 반포하였다.
• 제2차 갑오개혁 - 전국 8도를 23부로 개편하였다.

1 동학 농민 운동 핵심 선택지

(1) 동학 농민 운동의 배경 - 교조 신원 운동 [62~38회에서 총 3번 출제]
• 최시형이 동학의 2대 교주로 교조 신원 운동을 주도하였다. [49회]
• 보은에서 교조 신원을 요구하는 집회가 열렸다. [51회]
• 보은 집회 - 척왜양창의를 기치로 내걸었다. [46회]

(2) 동학 농민 운동의 전개 [62~38회에서 총 34번 출제]
• 보국안민, 제폭구민을 기치로 내걸었다. [51·39·35회]
• 1894년 1월 - 조병갑의 탐학에 저항해 고부에서 농민 봉기가 일어났다. [51·43회]
• 1894년 3월 - 농민군이 백산에서 4대 강령을 발표하였다. [51회]
• 1894년 4월 - 황토현에서 전라 감영군을 격파하였다. [50·43·38·36·34회]
• 1894년 4월 - 전봉준이 이끄는 농민군이 전주성을 점령하였다. [43·35회]
• 1894년 5월 - 정부와 농민군 사이에 전주 화약이 체결되었다. [43회]
• 1894년 6월 - 정부와 약조를 맺고 집강소를 설치하였다. [49·48·45·44·41회]
• 1894년 6월 - 개혁 추진 기구로 교정청을 설치하였다. [50회]
• 1894년 6월 - 일본이 군대를 동원하여 경복궁을 점령하였다. [51·42·36회]
• 1894년 10월 - 남접과 북접이 연합하여 전개되었다. [62·48·46·42·36회]
• 1894년 11월 - 보국안민을 기치로 우금치에서 일본군 및 관군과 맞서 싸웠다. [51·49·47·41회]

2 갑오개혁과 을미개혁 핵심 선택지

(1) 제1차 갑오개혁 [62~38회에서 총 16번 출제]
• 군국기무처를 설치하여 근대적 개혁을 추진하였다. [51·49·33·30회]
• 행정 기구를 6조에서 8아문으로 개편하였다. [49·42·33회]
• 공·사 노비법을 혁파하고 과거제를 폐지하였다. [56·49·47·46·44회]
• 과부의 재가를 허용하였다. [47회]
• 연좌제를 금지하였다. [47회]

(2) 제2차 갑오개혁 [62~38회에서 총 14번 출제]
• 개혁의 기본 방향을 제시한 홍범 14조를 반포하였다. [49·46·45·38·36회]
• 교육의 기본 방향을 제시한 교육 입국 조서를 반포하였다. [48·42·40·38회]
• 전국 8도를 23부로 개편하였다. [49·46·38·33·32회]

(3) 을미개혁과 아관 파천 [62~38회에서 총 15번 출제]
• 을미사변(1895. 8.) - 명성 황후가 일본에 의해 시해되었다. [34회]
• 을미개혁(1895~1896) - 건양이라는 독자적인 연호를 사용하였다. [62·50·49·47·46회]
• 을미개혁(1895~1896) - 태양력을 채택하고 건양이라는 연호를 제정하였다. [36·33회]
• 아관 파천(1896) - 고종이 러시아 공사관으로 거처를 옮겼다. [50·37·35·31회]

✅ 기출 선택지 초성 퀴즈

먼저 하단 선택지들의 초성을 모두 채운 다음, 문제에 맞는 정답을 모두 고르세요.

01 (가) 시기에 있었던 사실로 옳은 것을 모두 고르세요.
[51회]

> 이제 화약을 체결하였으니 전주성에서 해산하시오.

> 알겠소. 대신 우리 농민군의 안전을 보장해 주시오.

(가)

> 남접과 북접이 연합하였으니 왜적을 몰아내는 데 온 힘을 다 합시다.

① 농민군이 ㅂㅅ에서 4대 강령을 발표하였다. [51회]

② ㅇㄱㅊ에서 농민군과 일본군이 격전을 벌였다.
[51·49·47·41회]

③ 일본이 ㄱㅂㄱ을 점령하고 내정 개혁을 요구하였다. [51·42·36회]

④ ㅂㅇ에서 교조 신원을 요구하는 집회가 열렸다.
[51회]

⑤ 전봉준이 농민들을 이끌고 ㄱㅂ 관아를 습격하였다. [51·43회]

⑥ 개혁 추진 기구로 ㄱㅈㅊ을 설치하였다. [50회]

⑦ 정부와 약조를 맺고 ㅈㄱㅅ를 설치하였다.
[49·48·45·44·41회]

⑧ 농민군이 ㅎㅌㅎ 전투에서 관군에게 승리하였다.
[50·43·38·36·34회]

02 밑줄 그은 '내각'에서 추진한 정책으로 옳은 것을 고르세요.
[46회]

> 이번에 새로 구성된 내각에서 태양력을 채택했다고 하더군.

> 나도 들었네. 올해 11월 17일을 새해 1월 1일로 삼는다는군. 이번 조치로 한동안 혼란이 있을 것 같네.

① ㄱㅇ이라는 연호를 제정하였다.
[62·50·49·47·46회]

② 지방 행정 구역을 8도에서 23ㅂ로 개편하였다.
[49·46·38·33·32회]

③ ㄱㅇ ㅇㄱ ㅈㅅ를 반포하고 한성 사범 학교 관제를 마련하였다. [48·42·40·38회]

④ ㄱㅅ ㄴㅂㅂ의 폐지를 결정하였다.
[56·49·47·46·44회]

⑤ ㅎㅂ 14ㅈ를 개혁의 기본 방향으로 제시하였다.
[49·46·45·38·36회]

⑥ 6조를 8ㅇㅁ으로 개편하고 과거제를 폐지하였다.
[49·42·33회]

⑦ ㄱㄱㄱㅁㅊ를 설치하여 근대적 개혁을 추진하였다.
[51·49·33·30회]

⑧ ㅇㅈㅈ를 금지하였다. [47회]

키워드 해설

화약 + 전주 → **전주 화약(1894. 5.)**
남접과 북접이 연합함 → **남·북접 연합(1894. 10.)**
정답 ③, ⑥, ⑦

① 백산 [1894년 3월] ② 우금치 [1894년 11월] ③ **경복궁** [1894년 6월] ④ 보은 [1893년 3월] ⑤ 고부 [1894년 1월] ⑥ **교정청** [1894년 6월] ⑦ **집강소** [1894년 6월] ⑧ 황토현 [1894년 4월]

키워드 해설

태양력 채택 → **을미개혁**
정답 ①

① 건양 [을미개혁] ② 23부 [제2차 갑오개혁] ③ 교육 입국 조서 [제2차 갑오개혁] ④ 공·사 노비법 [제1차 갑오개혁] ⑤ 홍범 14조 [제2차 갑오개혁] ⑥ 8아문 [제1차 갑오개혁] ⑦ 군국기무처 [제1차 갑오개혁] ⑧ 연좌제 [제1차 갑오개혁]

05
근대의 정치 ⑤

1 독립 협회
2 대한 제국과 광무개혁

최빈출 절대 선택지
TOP 7
(62~38회 기준)

1위 [총 10번 출제]
• 광무개혁 - 양전 사업을 실시하여 지계를 발급하였다.

2위 [총 9번 출제]
• 독립 협회 - 중추원 개편을 통해 의회 설립을 추진하였다.

3위 [총 7번 출제]
• 독립 협회 - 만민 공동회를 열어 민권 신장을 추구하였다.

공동 4위 [총 6번 출제]
• 광무개혁 - 황제의 군사권을 강화하기 위하여 원수부를 설치하였다.
• 독립 협회 - 러시아의 절영도 조차 요구를 저지시켰다.

6위 [총 4번 출제]
• 광무개혁 - 지계아문을 설치하여 지계를 발급하였다.

7위 [총 3번 출제]
• 광무개혁 - 대한국 국제가 반포되었다.

---

1 독립 협회 핵심 선택지

(1) 창립 [62~38회에서 총 1번 출제]
• 서재필 등이 독립 협회를 창립하고 독립문을 세웠다. [41회]

(2) 민중 계몽 운동 [62~38회에서 총 2번 출제]
• 독립 협회가 중심이 되어 독립문을 건립하였다. [51회]
• 민중 계몽을 위해 토론회와 강연회를 개최하였다. [31회]

(3) 이권 수호 운동 [62~38회에서 총 6번 출제]
• 러시아의 절영도 조차 요구를 저지시켰다. [62·48·43·40·39회]

(4) 만민 공동회 개최 [62~38회에서 총 7번 출제]
• 만민 공동회를 열어 민권 신장을 추구하였다. [61·48·47·43·38회]

(5) 의회 설립 운동 [62~38회에서 총 13번 출제]
• 관민 공동회를 개최하여 헌의 6조를 결의하였다. [50·45회]
• 중추원 개편을 통해 의회 설립을 추진하였다. [49·46·45·40·39회]
• 박정양이 독립 협회의 제안을 받아들여 중추원 관제 개편을 추진하였다. [48·44회]

2 대한 제국과 광무개혁 핵심 선택지

(1) 대한 제국의 성립 [62~38회에서 총 3번 출제]
• 고종이 환구단에서 황제 즉위식을 거행하였다. [49·35·34회]

(2) 광무개혁 [62~38회에서 총 35번 출제]
• 구본신참에 입각하여 개혁을 추진하였다. [50·45회]
• 대한국 국제가 반포되었다. [58·50·37·30회]
• 양지아문을 설치하여 양전 사업을 실시하였다. [45회]
• 양전 사업을 실시하여 지계를 발급하였다. [59·48·47·43·42회]
• 지계아문을 설치하여 지계를 발급하였다. [36·34·33·30회]
• 토지를 측량하고 지계를 발급하였다. [30회]
• 황제의 군사권을 강화하기 위하여 원수부를 설치하였다. [57·49·47·46·41회]
• 군 통수권 장악을 위하여 원수부를 설치하였다. [47·41회]
• 황제 직속의 원수부를 설치하였다. [49·46·37회]
• 관립 실업 학교인 상공 학교가 개교되었다. [41회]
• 이범윤을 간도 관리사로 임명하였다. [47·42회]

✔ 기출 선택지 초성 퀴즈

먼저 하단 선택지들의 초성을 모두 채운 다음, 문제에 맞는 정답을 모두 고르세요.

01 밑줄 그은 '협회'에 대한 설명으로 옳은 것을 모두 고르세요.
[49회]

> **해산 명령을 철회하고 탄압을 중지하라!**
>
> 정부가 우리 협회에 해산 명령을 내리고 보부상까지 동원하여 만민 공동회를 탄압하고 있습니다. 오늘 오후 종로에 모여 해산 명령 철회와 탄압 중지를 요구합시다.

① 러시아의 ㅈㅇㄷ 조차 요구를 저지하였다.
[62·48·43·40·39회]

② 중추원 개편을 통한 ㅇㅎ ㅅㄹ을 추진하였다.
[49·46·45·40·3회]

③ ㅇㅈㅇㄹ을 거치면서 국정 최고 기구로 성장하였다. [49·46·44·43·40회]

④ ㅈㄷ와 ㅈㅈㄷ로 근거지를 옮기면서 항쟁하였다.
[38·36회]

⑤ ㄱㄱㄱ에서 무기 제조 기술을 배우고 돌아왔다.
[51·43·40·38·36회]

⑥ ㅅㄱㄱ, ㅅㅂㄱ, ㅎㅁㄱ으로 구성되었다.
[51·48·47·39·38회]

⑦ 관민 공동회를 개최하여 ㅎㅇ 6ㅈ를 결의하였다.
[50·45회]

⑧ 전권 대신 ㅁㅇㅇ 및 홍영식, 서광범 등으로 구성되었다. [51·34·30회]

02 밑줄 그은 '개혁'에 대한 설명으로 옳은 것을 모두 고르세요.
[49회]

> 구본신참을 원칙으로 추진된 개혁에 대해 말해보자.
>
> 상공업 진흥에 필요한 인재를 양성하기 위해 상공 학교를 세웠어.
>
> 양전 사업을 실시하여 지계를 발급했어.

① ㄱㄱㅈ를 폐지하였다. [49·47·46·42·38회]

② ㅎㅂ 14ㅈ를 반포하였다. [49·46·45·38·36회]

③ ㄱ·ㅅ ㄴㅂㅂ을 혁파하였다. [49·47·46·44·42회]

④ 전국 8도를 23ㅂ로 개편하였다. [49·46·38·33·32회]

⑤ 황제 직속의 ㅇㅅㅂ를 설치하였다. [49·46·37회]

⑥ 이범윤을 ㄱㄷ ㄱㄹㅅ로 임명하였다. [47·42회]

⑦ ㅇㅈㅈ를 금지하였다. [47회]

⑧ 행정 기구를 6조에서 8ㅇㅁ으로 개편하였다.
[49·42·33회]

키워드 해설

만민 공동회 → **독립 협회**
정답 ①, ②, ⑦

① 절영도 [독립 협회] ② 의회 설립 [독립 협회] ③ 임진왜란 [비변사, 조선 시대] ④ 진도, 제주도 [삼별초, 고려 시대] ⑤ 기기국 [영선사] ⑥ 신기군, 신보군, 항마군 [별무반, 고려 시대] ⑦ 헌의 6조 [독립 협회] ⑧ 민영익 [보빙사]

키워드 해설

구본신참 + 상공 학교 + 양전 사업 + 지계 → **광무개혁**
정답 ⑤, ⑥

① 과거제 [제1차 갑오개혁] ② 홍범 14조 [제2차 갑오개혁] ③ 공·사 노비법 [제1차 갑오개혁] ④ 23부 [제2차 갑오개혁] ⑤ 원수부 [광무개혁] ⑥ 간도 관리사 [광무개혁] ⑦ 연좌제 [제1차 갑오개혁] ⑧ 8아문 [제1차 갑오개혁]

05
근대의 정치 ⑥

1 국권 피탈 과정
2 국권 회복 운동

최빈출 절대 선택지
TOP 7
(62~38회 기준)

공동 1위 [총 13번 출제]
· 신민회 - 대성 학교와 오산 학교를 세워 민족 교육을 전개하였다.
· 신민회 - 일제가 꾸며낸 105인 사건으로 해체되었다.

3위 [총 12번 출제]
· 정미의병 - 13도 창의군이 서울 진공 작전을 전개하였다.

4위 [총 11번 출제]
· 보안회 - 일본의 황무지 개간권 요구를 저지하였다.

5위 [총 7번 출제]
· 대한 자강회 - 고종의 강제 퇴위 반대 운동을 전개하였다.

공동 6위 [총 6번 출제]
· 신민회 - 계몽 서적의 보급을 위해 태극 서관을 설립하였다.
· 을사늑약에 대한 저항 - 조약 체결에 반대하여 민영환이 자결하였다.

1 국권 피탈 과정 핵심 선택지

(1) 제1차 한·일 협약(1904) [62~38회에서 총 10번 출제]
· 재정 고문을 두도록 하는 조항을 담고 있다. [51·48회]
· 메가타가 대한 제국의 재정 고문으로 부임하였다. [59·51·50·48·43회]
· 스티븐스가 외교 고문으로 임명되었다. [41·38·31회]

(2) 제2차 한·일 협약(을사늑약, 1905) [62~38회에서 총 18번 출제]
· 외교권이 박탈되고 통감부가 설치되었다. [51·50회]
· 저항 - 조약 체결에 반대하여 민영환이 자결하였다. [48·45·37·35·34회]
· 저항 - 고종이 헤이그 만국 평화 회의에 특사를 파견하였다. [54·45·43·42·34회]
· 저항 - 이준·이상설·이위종이 네덜란드 헤이그에서 열린 만국 평화 회의에 특사로 파견되었다. [50·44·41·32회]

(3) 한·일 신협약(정미 7조약, 1907) [62~38회에서 총 2번 출제]
· 대한 제국의 군대 해산을 규정하였다. [51·32회]

2 국권 회복 운동 핵심 선택지

(1) 항일 의병 운동 [62~38회에서 총 28번 출제]
· 을미의병 - 단발령의 시행에 반발하여 봉기하였다. [50·49·43·32·31회]
· 을미의병 - 이소응, 유인석 등이 주도하였다. [50·34회]
· 을사의병 - 을사늑약에 반발하여 봉기하였다. [45·41·36회]
· 을사의병 - 최익현, 민종식 등이 주동하였다. [52·43·39·35회]
· 정미의병 - 13도 창의군이 국제법상 교전 단체로 승인해 줄 것을 요구하였다. [43·36·32회]
· 정미의병 - 13도 창의군이 서울 진공 작전을 전개하였다. [57·49·48·47·46회]

(2) 의거 활동 [62~38회에서 총 10번 출제]
· 안중근 - 하얼빈 역에서 이토 히로부미를 사살하였다. [49·48·46·45·42회]
· 이재명 - 명동 성당 앞에서 이완용을 습격하여 중상을 입혔다. [51·49·48·46·38회]

(3) 애국 계몽 운동 [62~38회에서 총 57번 출제]
· 보안회 - 일본의 황무지 개간권 요구를 저지하였다. [61·49·46·45·43회]
· 대한 자강회 - 고종의 강제 퇴위 반대 운동을 전개하였다. [49·43·41·40·36회]
· 신민회 - 대성 학교와 오산 학교를 세워 민족 교육을 전개하였다. [54·51·49·47·46회]
· 신민회 - 계몽 서적의 보급을 위해 태극 서관을 설립하였다. [51·43·40·39·38회]
· 신민회 - 평양에 자기 회사를 설립하였다. [50·38회]
· 신민회 - 일제가 꾸며낸 105인 사건으로 해체되었다. [60·48·47·46·45회]

✓ 기출 선택지 초성 퀴즈

먼저 하단 선택지들의 초성을 모두 채운 다음, 문제에 맞는 정답을 모두 고르세요.

01 (가)에 대한 설명으로 옳은 것을 모두 고르세요.
[51회]

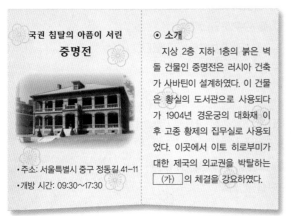

국권 침탈의 아픔이 서린
중명전

• 주소: 서울특별시 중구 정동길 41-11
• 개방 시간: 09:30~17:30

⊙ 소개
지상 2층 지하 1층의 붉은 벽돌 건물인 중명전은 러시아 건축가 사바틴이 설계하였다. 이 건물은 황실의 도서관으로 사용되다가 1904년 경운궁의 대화재 이후 고종 황제의 집무실로 사용되었다. 이곳에서 이토 히로부미가 대한 제국의 외교권을 박탈하는 (가)의 체결을 강요하였다.

① ㅁㅇㅎ, 조병세 등이 자결로써 항거하였다.
[48·45·37·35·34회]

② ㅅㅌㅂㅅ가 외교 고문으로 부임하는 계기가 되었다. [41·38·31회]

③ ㅌㄱㅂ가 설치되는 결과를 가져왔다. [51·50회]

④ 대한 제국의 ㄱㄷㅎㅅ을 규정하였다. [51·32회]

⑤ ㅊㅈㄱ 포교의 자유를 인정하는 계기가 되었다.
[51·48·41·38·37회]

⑥ ㅁㄱㅌ가 재정 고문으로 부임하는 근거가 되었다.
[59·51·50·48·43회]

⑦ 고종이 ㅎㅇㄱ에 특사를 파견하여 부당성을 알리고자 하였다. [54·45·43·42·34회]

⑧ ㅊㅎㄱ 대우를 처음으로 규정하였다.
[51·45·43·38·32회]

02 밑줄 그은 '이 단체'에 대한 설명으로 옳은 것을 모두 고르세요.
[48회]

이 신문 광고를 낸 태극 서관에 대해 말씀해 주세요.

태극 서관은 신지식 보급과 민족의식 고취를 위해 운영되었습니다. 또한 대성 학교와 오산 학교를 세운 이 단체의 산하 기관 역할을 하기도 하였습니다.

① 일제가 조작한 105ㅇ ㅅㄱ으로 와해되었다.
[60·48·47·46·45회]

② ㅁㅁ ㄱㄷㅎ를 개최하여 민권 신장을 추구하였다.
[61·48·47·43·38회]

③ ㄱㅈ의 ㄱㅈ ㅌㅇ에 반대하는 시위를 주도하였다.
[49·43·41·40·36회]

④ 일제의 ㅎㅁㅈ ㄱㄱㄱ 요구를 철회시켰다.
[61·49·46·45·43회]

⑤ 평양에 ㅈㄱ 회사를 설립하였다. [50·38회]

⑥ 러시아의 ㅈㅇㄷ ㅈㅊ 요구에 반대하였다.
[62·48·43·40·39회]

⑦ ㅈㅊㅇ 개편을 통한 의회 설립을 추진하였다.
[49·46·45·40·39회]

키워드 해설

대한 제국의 외교권을 박탈 → **을사늑약**

정답 ①, ③, ⑦

① 민영환 [을사늑약] ② 스티븐스 [제1차 한·일 협약] ③ 통감부 [을사늑약] ④ 군대 해산 [한·일 신협약] ⑤ 천주교 [조·프 수호 통상 조약] ⑥ 메가타 [제1차 한·일 협약] ⑦ 헤이그 [을사늑약] ⑧ 최혜국 [조·미 수호 통상 조약]

키워드 해설

태극 서관 + 대성 학교 + 오산 학교 → **신민회**

정답 ①, ⑤

① 105인 사건 [신민회] ② 만민 공동회 [독립 협회] ③ 고종, 강제 퇴위 [대한 자강회] ④ 황무지 개간권 [보안회] ⑤ 자기 [신민회] ⑥ 절영도 조차 [독립 협회] ⑦ 중추원 [독립 협회]

06
근대의 경제·문화 ①

1 열강의 경제 침탈
2 경제적 구국 운동

최빈출 절대 선택지
TOP 7
(62~38회 기준)

1위 [총 11번 출제]
• 황무지 개간권 요구 반대 운동 - 보안회가 일제의 황무지 개간권 요구를 철회시켰다.

2위 [총 9번 출제]
• 국채 보상 운동 - 대한매일신보 등 당시 언론이 적극적으로 참여하였다.

3위 [총 8번 출제]
• 함경도에서 방곡령이 선포되었다.

4위 [총 7번 출제]
• 일본에 진 빚을 갚자는 국채 보상 운동이 전개되었다.

공동 5위 [총 6번 출제]
• 상권 수호를 위해 황국 중앙 총상회가 조직되었다.
• 이권 수호 운동 - 독립 협회가 러시아의 절영도 조차 요구를 저지하였다.

7위 [총 5번 출제]
• 메가타의 주도로 화폐 정리 사업이 실시되었다.

1 열강의 경제 침탈 핵심 선택지

(1) 토지 약탈 [62~38회에서 총 6번 출제]
• 동양 척식 주식회사가 창립되었다. [39·31회]
• 러시아가 절영도 조차를 요구하였다. [37·35회]
• 러시아가 용암포를 점령하고 조차를 요구하였다. [44회]
• 일본이 황무지 개간권을 요구하였다. [35회]

(2) 이권 침탈 [62~38회에서 총 4번 출제]
• 청 - 한성과 의주를 연결하는 전신 가설권 [33회]
• 미국 - 운산 금광 채굴권 [33회]
• 러시아 - 두만강 유역과 울릉도의 삼림 채벌권 [33회]
• 일본 - 경부선 철도 부설권 [33회]

(3) 화폐 정리 사업 [62~38회에서 총 6번 출제]
• 메가타의 주도로 화폐 정리 사업이 실시되었다. [45·44·39·35·34회]
• 메가타가 구(舊) 백동화를 제일은행권으로 교환하는 사업을 시행하였다. [36회]

2 경제적 구국 운동 핵심 선택지

(1) 경제적 구국 운동 [62~38회에서 총 40번 출제]
• 함경도에서 방곡령이 선포되었다. [60·49·48·47·39회]
• 이권 수호 운동 - 독립 협회가 러시아의 절영도 조차 요구를 저지하였다. [62·48·43·40·39회]
• 황무지 개간권 요구 반대 운동 - 보안회가 일제의 황무지 개간권 요구를 철회시켰다. [61·49·46·45·43회]
• 황무지 개간권 요구 반대 운동 - 일본의 토지 침탈을 막고자 농광 회사가 설립되었다. [49·48·33·32회]
• 상권 수호 운동 - 시전 상인들이 철시 투쟁을 전개하였다. [44회]
• 상권 수호 운동 - 상권 수호를 위해 황국 중앙 총상회가 조직되었다. [54·51·48·38·35회]
• 상권 수호 운동 - 근대적 상회사인 대동 상회를 설립하였다. [44·40·39·30회]

(2) 국채 보상 운동 [62~38회에서 총 26번 출제]
• 서상돈, 김광제 등의 발의로 본격화되었다. [47·46·37·32회]
• 대구에서 시작되어 전국으로 확산되었다. [49회]
• 국채 보상 기성회를 중심으로 전개되었다. [46회]
• 일본에 진 빚을 갚자는 국채 보상 운동이 전개되었다. [51·50·49·43·40회]
• 금주·금연을 통한 차관 갚기 운동을 전개하였다. [39회]
• 대한매일신보 등 당시 언론이 적극적으로 참여하였다. [61·48·46·45·43회]
• 통감부의 탄압으로 중단되었다. [47·46·33회]

✓ 기출 선택지 초성 퀴즈

먼저 하단 선택지들의 초성을 모두 채운 다음, 문제에 맞는 정답을 모두 고르세요.

01 다음 상황이 전개된 배경으로 옳은 것을 고르세요.
[50회]

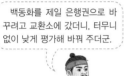

백동화를 제일 은행권으로 바꾸려고 교환소에 갔더니, 터무니없이 낮게 평가해 바꿔 주더군.

백동화는 곧 사용할 수 없을 테니 손해를 보더라도 교환할 수밖에 없지 않겠나.

① 재정 고문으로 ㅁㄱㅌ가 임명되었다.
[45·44·39·35·34회]

② 조선 정부가 프랑스인 ㅅㄱㅅ들을 ㅊㅎ하였다.
[47·40·36회]

③ ㅈㄴㄹㅅㅁㅎ가 평양 군민과 충돌하였다.
[51·50·48·46·33회]

④ 황준헌이 쓴 『ㅈㅅㅊㄹ』을 국내에 들여왔다.
[51·49·43·39·33회]

⑤ ㅇㄱㄱ이 박탈되고 ㅌㄱㅂ가 설치되었다. [51·50회]

⑥ 김옥균 등이 ㅇㅈㅊㄱ 개국 축하연을 기회로 정변을 일으켰다. [48·35회]

⑦ 일본 군함 ㅇㅇㅎ가 영종도를 공격하였다.
[47·44·41·39·36회]

02 밑줄 그은 '이 운동'에 대한 설명으로 옳은 것을 모두 고르세요.
[48회]

이것은 일제로부터 도입한 차관을 갚기 위해 일어난 이 운동을 기념하여 대구에 세운 조형물입니다. 개화 지식인, 상인, 여성이 엽전을 떠받치고 있는 모습으로 형상화되었습니다.

① 러시아의 ㅈㅇㅁ 조차 요구에 반대하였다.
[62·48·43·40·39회]

② ㅌㄱㅂ의 방해와 탄압으로 실패하였다. [47·46·33회]

③ ㄷㄷ ㅅㅎ, 장통 상회를 설립하였다. [44·40·39·30회]

④ ㄱㄱㅈ, ㅅㅅㄷ 등이 주도하였다. [47·46·37·32회]

⑤ ㄷㅎㅁㅇㅅㅂ의 후원을 받아 추진되었다.
[61·48·46·45·43회]

⑥ 시전 상인들이 ㅎㄱ ㅈㅇ ㅊㅅㅎ를 조직하였다.
[54·51·48·38·35회]

⑦ ㄴㄱ ㅎㅅ가 설립되었다. [49·48·33·32회]

⑧ 일제의 ㅎㅁㅈ ㄱㄱㄱ 요구를 저지하였다.
[61·49·46·45·43회]

키워드 해설

백동화를 제일 은행권으로 바꿈 → **화폐 정리 사업**
정답 ①

① 메가타 [화폐 정리 사업의 배경] ② 선교사, 처형 [병인박해, 병인양요의 배경] ③ 제너럴셔먼호 [신미양요의 배경] ④ 조선책략 [조·미 수호 통상 조약, 영남 만인소의 배경] ⑤ 외교권, 통감부 [을사의병의 배경] ⑥ 우정총국 [한성 조약과 톈진 조약의 배경] ⑦ 운요호 [강화도 조약의 배경]

키워드 해설

차관을 갚기 위함 + 대구 → **국채 보상 운동**
정답 ②, ④, ⑤

① 절영도 [이권 수호 운동] ② 통감부 [국채 보상 운동] ③ 대동 상회 [상권 수호 운동] ④ 김광제, 서상돈 [국채 보상 운동] ⑤ 대한매일신보 [국채 보상 운동] ⑥ 황국 중앙 총상회 [상권 수호 운동] ⑦ 농광 회사 [황무지 개간권 요구 반대 운동] ⑧ 황무지 개간권 [황무지 개간권 요구 반대 운동]

06
근대의 경제·문화 ②

1 근대 문물의 수용
2 교육 기관과 국학 연구

최빈출 절대 선택지
TOP 7
(62~38회 기준)

1위 [총 9번 출제]
· 박문국을 설치하여 한성순보를 발행하였다.

공동 2위 [총 6번 출제]
· 육영 공원이 설립되었어요.
· 배재 학당을 세워 신학문 보급에 기여하였다.

공동 4위 [총 5번 출제]
· 헐버트, 길모어 등이 육영 공원 교사로 초빙되었다.
· 주시경이 국문 연구소를 세워 한글을 체계적으로 연구하였다.

공동 6위 [총 4번 출제]
· 한성주보 - 최초로 상업 광고를 실었다.
· 양기탁이 영국인 베델과 함께 대한매일신보를 창간하였다.

1 근대 문물의 수용 핵심 선택지

(1) 근대 시설과 건축물 [62~38회에서 총 29번 출제]
· 미국과 합작하여 한성 전기 회사를 설립하였다. [42·40·32회]
· 알렌의 건의로 광혜원이 세워졌다. [50·48·35회]
· 제중원에서 치료받는 환자 [46·40회]
· 무기 제조 공장인 기기창이 설립되었다. [50·49·48회]
· 박문국을 설치하여 한성순보를 발행하였다. [62·51·50·49·46회]
· 노량진에서 제물포를 잇는 경인선이 개통되었다. [50·32회]
· 경부선이 완공되었어요. [49·45회]
· 국내 최초의 서양식 극장인 원각사가 건립되었다. [40·32회]
· 원각사 - 은세계, 치악산 등의 신극이 공연되었다. [49·43·35회]

(2) 근대 신문 [62~38회에서 총 22번 출제]
· 한성순보 - 순 한문 신문으로 열흘마다 발행하는 것이 원칙이었다. [42·37·33회]
· 한성순보, 한성주보 - 박문국에서 발간하였다. [47회]
· 한성주보 - 최초로 상업 광고를 실었다. [55·49·47·42·37회]
· 독립신문 - 우리나라 최초의 민간 신문이었다. [47회]
· 독립신문 - 외국인이 읽을 수 있도록 영문으로도 발행되었다. [37·33회]
· 이종일 등이 제국신문을 발행하여 민중 계몽에 힘썼다. [50회]
· 황성신문에 시일야방성대곡이 게재되었다. [51·33회]
· 양기탁이 영국인 베델과 함께 대한매일신보를 창간하였다. [59·49·44·41·34회]
· 대한매일신보 - 을사늑약의 부당성을 주장하였다. [47회]
· 대한매일신보 - 국채 보상 운동의 확산에 기여하였다. [42·37·33회]

2 교육 기관과 국학 연구 핵심 선택지

(1) 교육 기관 [62~38회에서 총 31번 출제]
· 원산 학사 - 덕원 지방의 관민들이 합심하여 설립하였다. [34·32·30회]
· 정부가 외국어 교육 기관인 동문학을 세웠다. [50회]
· 육영 공원이 설립되었어요. [49·47·45·43·41회]
· 헐버트, 길모어 등이 육영 공원 교사로 초빙되었다. [48·38·37·34·30회]
· 한성 사범 학교 - 교원 양성을 목적으로 한 사범 학교이다. [54·38회]
· 한성 사범 학교 - 교육 입국 조서 반포를 계기로 설립되었다. [60회]
· 배재 학당을 세워 신학문 보급에 기여하였다. [61·48·44·42·41회]
· 이화 학당을 설립하여 근대적 여성 교육에 기여하였다. [48·45·40·30회]

(2) 국학 연구 [62~38회에서 총 11번 출제]
· 국문 동식회 - 주시경을 중심으로 국문을 정리하고 철자법을 연구하였다. [50회]
· 국문 연구소 - 한글 연구를 목적으로 학부 아래에 설립되었다. [50·48·44회]
· 주시경이 국문 연구소를 세워 한글을 체계적으로 연구하였다. [61·47·40·38·32회]
· 박은식·최남선 등이 조선 광문회를 조직하여 민족 고전을 간행하였다. [48·40회]

✓ 기출 선택지 초성 퀴즈

먼저 하단 선택지들의 초성을 모두 채운 다음, 문제에 맞는 정답을 모두 고르세요.

01 (가) 신문에 대한 설명으로 옳은 것을 모두 고르세요.
[47회]

독립 유공자의 명패를 부착하는 행사가 해외에서는 처음으로 영국에 있는 베델의 손녀 집에서 열렸습니다. 베델은 양기탁과 함께 (가) 을/를 창간하여 항일 언론 활동을 전개하였습니다.

해외에서 독립 유공자 명패 부착 행사 열려

① ㅂㅁㄱ에서 발간하였다. [47회]

② ㅅㅇ ㄱㄱ가 처음으로 게재되었다. [55·49·47·42·37회]

③ ㅇㅅㄴㅇ의 부당성을 주장하였다. [47회]

④ ㄱㅊ ㅂㅅ ㅇㄷ을 적극적으로 후원하였다. [42·37·33회]

⑤ 우리나라 최초의 ㅁㄱ 신문이었다. [47회]

⑥ ㅅㅇㅇㅂㅅㄷㄱ이라는 논설을 실었다. [51·33회]

⑦ 정부에서 발행하는 ㅅㅎㅁ 신문이었다. [42·37·33회]

02 다음 교육 기관에 대한 설명으로 옳은 것을 고르세요.
[30회]

덕원 부사 정현석이 장계를 올립니다. 신이 다스리는 이곳 읍은 해안의 요충지에 있고 아울러 개항지가 되어 소중함이 다른 곳에 비할 바가 아닙니다. 개항지를 빈틈없이 운영해 나가는 방도는 인재를 선발하여 쓰는 데 달려있고, 인재 선발의 요체는 교육에 있습니다. 그러므로 학교를 설립하고자 합니다. — 『덕원부계록』

① 최초로 설립된 ㅇㅅ 교육 기관이다. [48·45·40·30회]

② 중앙에서 ㄱㅅ와 ㅎㄷ를 파견하기도 하였다. [51·50·47·46·39회]

③ ㄱㅁ이 합심하여 만든 근대식 학교이다. [34·32·30회]

④ ㄱㅇ ㅇㅅ을 목적으로 한 사범 학교이다. [54·38회]

⑤ ㅎㅂㅌ, 길모어 등 외국인 교사를 초빙하였다. [48·38·37·34·30회]

⑥ ㅅㅇ시나 ㅈㅅ시의 합격자에게 입학 자격이 부여되었다. [50·47·46회]

⑦ ㄱㅇ ㅇㄱ ㅈㅅ에 근거하여 세워졌다. [60회]

⑧ 지방의 ㅅㄹ 세력이 주로 설립하였다. [47·42·30회]

키워드 해설

베델 + 양기탁 → **대한매일신보**

정답 ③, ④

① 박문국 [한성순보, 한성주보] ② 상업 광고 [한성주보] ③ **을사늑약 [대한매일신보]** ④ **국채 보상 운동 [대한매일신보]** ⑤ 민간 [독립신문] ⑥ 시일야방성대곡 [황성신문] ⑦ 순 한문 [한성순보]

키워드 해설

덕원 + 학교 → **원산 학사**

정답 ③

① 여성 [이화 학당] ② 교수, 훈도 [향교, 조선 시대] ③ **관민 [원산 학사]** ④ 교원 양성 [한성 사범 학교] ⑤ 헐버트 [육영 공원] ⑥ 생원, 진사 [성균관, 조선 시대] ⑦ 교육 입국 조서 [한성 사범 학교] ⑧ 사림 [서원, 조선 시대]

[50회]

01 (가) 시대의 생활 모습으로 옳은 것은? [1점]

> 공주 석장리에서 남한 최초로 (가) 시대의 유물인 찍개, 주먹도끼 등의 뗀석기가 출토되었습니다. 이번 발굴로 우리나라에서도 (가) 시대가 존재했다는 사실이 입증되었습니다.

대한 뉴우스

공주 석장리, 남한 최초로 뗀석기 출토

① 반달 돌칼로 벼를 수확하였다.
② 주로 동굴이나 막집에서 거주하였다.
③ 거푸집을 이용하여 청동 무기를 제작하였다.
④ 빗살무늬 토기를 제작하여 식량을 저장하였다.
⑤ 가락바퀴와 뼈바늘을 이용하여 옷을 만들었다.

[48회]

02 밑줄 그은 '이 나라'에 대한 설명으로 옳은 것은? [2점]

> 이 나라에는 왕이 있고 벼슬로는 상가·대로·패자·고추가·주부·우태·승·사자·조의·선인이 있으며, 존비(尊卑)에 따라 각각 등급을 두었다. 모든 대가들도 스스로 사자·조의·선인을 두었는데, 그 명단은 모두 왕에게 보고하여야 한다. …… 범죄자가 있으면 제가들이 모여 회의하여 즉시 사형에 처하고, 그 처자는 노비로 삼는다.
> ― 『삼국지』 「동이전」

① 집집마다 부경이라는 창고가 있었다.
② 12월에 영고라는 제천 행사를 열었다.
③ 혼인 풍습으로 민며느리제가 있었다.
④ 읍락 간의 경계를 중시하는 책화가 있었다.
⑤ 제사장인 천군과 신성 지역인 소도가 존재하였다.

[46회]

03 다음 자료를 활용한 탐구 활동으로 가장 적절한 것은? [2점]

> 경자년에 왕이 보병과 기병 5만 명을 보내어 신라를 구원하게 하였다. [고구려군이] 남거성을 거쳐 신라성에 이르니, 그곳에 왜적이 가득하였다. 고구려군이 막 도착하니 왜적이 퇴각하였다. 그 뒤를 급히 추격하여 임나가라의 종발성에 이르니 성이 곧 항복하였다. …… 예전에는 신라 매금이 몸소 [고구려에 와서] 보고를 하며 명을 받든 적이 없었는데, …… 신라 매금이 …… 조공하였다.

① 백강 전투의 전개 과정을 살펴본다.
② 안동 도호부가 설치된 경위를 찾아본다.
③ 백제가 사비로 천도한 원인을 알아본다.
④ 나·당 연합군이 결성된 계기를 파악한다.
⑤ 가야 연맹의 중심지가 이동한 배경을 조사한다.

[48회]

04 (가) 나라의 문화유산으로 옳은 것은? [2점]

> 이곳은 김해 대성동 고분군 108호분 발굴 조사 설명회 현장입니다. 대형 덩이쇠 40매와 둥근고리큰칼, 화살촉 등 130여 점의 철기 유물이 출토되었습니다. 이번 발굴로 김수로왕이 건국하였다고 전해지는 (가) 에 대한 연구가 활발하게 이루어질 전망입니다.

①

②

③

④

⑤

05 밑줄 그은 '왕'의 재위 시기에 있었던 사실로 옳은 것은?

[2점]

> ○ 왕이 다시 명령을 내려 좋은 가문 출신의 남자로서 덕행이 있는 자를 뽑아 명칭을 고쳐서 화랑이라고 하였다. 처음으로 설원랑을 받들어 국선(國仙)으로 삼으니, 이것이 화랑 국선의 시초이다. - 『삼국유사』
>
> ○ 왕이 이찬 이사부에게 명령하여 가라국(加羅國)을 습격하게 하였다. 이때 사다함은 나이가 15~16세였는데 종군하기를 청하였다. …… 그 나라 사람들은 뜻하지 않은 병사들의 습격에 놀라 막아내지 못하였다. 대군이 승세를 타서 마침내 그 나라를 멸망시켰다. - 『삼국사기』

① 거칠부가 『국사』를 편찬하였다.
② 김헌창이 웅천주에서 반란을 일으켰다.
③ 이차돈의 순교를 계기로 불교가 공인되었다.
④ 최고 지배자의 호칭이 마립간으로 바뀌었다.
⑤ 자장의 건의로 황룡사 9층 목탑이 건립되었다.

정답 및 해설

01 [선사 시대] 구석기 시대 정답 ②

빠른 정답 찾기
공주 석장리 + 찍개, 주먹 도끼 등의 뗀석기 → 구석기 시대

② 구석기 시대에는 주로 동굴이나 강가의 막집에서 살면서 주먹 도끼, 찍개 등을 사용하여 사냥과 채집을 하였다.

오답 체크
① 반달 돌칼로 벼를 수확하였다. → 청동기 시대
③ 거푸집을 이용하여 청동 무기를 제작하였다. → 청동기 시대 후기~철기 시대
④ 빗살무늬 토기를 제작하여 식량을 저장하였다. → 신석기 시대
⑤ 가락바퀴와 뼈바늘을 이용하여 옷을 만들었다. → 신석기 시대

02 [선사 시대] 고구려 정답 ①

빠른 정답 찾기
사자·조의·선인 + 제가들이 모여 회의함(제가 회의) → 고구려

① 고구려에서는 집집마다 부경이라는 창고를 두어 여기에 곡식을 저장하였다.

오답 체크
② 12월에 영고라는 제천 행사를 열었다. → 부여
③ 혼인 풍습으로 민며느리제가 있었다. → 옥저
④ 읍락 간의 경계를 중시하는 책화가 있었다. → 동예
⑤ 제사장인 천군과 신성 지역인 소도가 존재하였다. → 삼한

03 [고대] 고구려 광개토 대왕의 신라 구원 정답 ⑤

빠른 정답 찾기
왕이 보병과 기병 5만 명을 보내어 신라를 구원 + 고구려군이 막 도착하니 왜적이 퇴각 → 고구려 광개토 대왕의 신라 구원

⑤ 고구려 광개토 대왕의 신라 구원으로 가야 연맹의 중심지가 김해 지역의 금관가야에서 고령 지역의 대가야로 이동하게 되었다.

오답 체크
① 백강 전투의 전개 과정을 살펴본다. → 백제 부흥 운동
② 안동 도호부가 설치된 경위를 찾아본다. → 고구려의 멸망 이후
③ 백제가 사비로 천도한 원인을 알아본다. → 백제 성왕의 중흥 정책
④ 나·당 연합군이 결성된 계기를 파악한다. → 고구려와 백제의 신라 견제

04 [고대] 금관가야 정답 ③

빠른 정답 찾기
김해 대성동 고분군 + 김수로왕이 건국함 → 금관가야

③ 철제 갑옷은 김해 지역에서 출토된 금관가야의 문화유산이다.

오답 체크
① 산수무늬 벽돌 → 백제
② 칠지도 → 백제
④ 무령왕릉 석수 → 백제
⑤ 돌사자상 → 발해

05 [고대] 신라 진흥왕 정답 ①

빠른 정답 찾기
○ 명칭을 고쳐 화랑이라고 함 + 화랑 국선의 시초 → 화랑도 정비
○ 가라국(가야)을 습격하게 함 + 나라를 멸망시킴 → 대가야 정복 → 신라 진흥왕

① 신라 진흥왕 때 신하 거칠부에게 역사서인 『국사』를 편찬하게 하였다.

오답 체크
② 김헌창이 웅천주에서 반란을 일으켰다. → 헌덕왕
③ 이차돈의 순교를 계기로 불교가 공인되었다. → 법흥왕
④ 최고 지배자의 호칭이 마립간으로 바뀌었다. → 내물 마립간
⑤ 자장의 건의로 황룡사 9층 목탑이 건립되었다. → 선덕 여왕

06 교사의 질문에 대한 학생의 답변으로 옳은 것은? [3점]

지도와 같은 지방 행정 구역을 마련한 국가의 통치 제도에 대해 말해 볼까요?

① 중앙군을 2군 6위로 조직했습니다.
② 지방관으로 안찰사를 파견했습니다.
③ 중앙 관제를 3성 6부로 정비했습니다.
④ 관리 감찰을 위해 사정부를 두었습니다.
⑤ 유학 교육 기관으로 주자감을 설치했습니다.

07 밑줄 그은 '이 시기'에 있었던 사실로 옳은 것은? [1점]

이 탑은 진성 여왕 때 해인사 부근에서 있었던 전란으로 사망한 사람들의 넋을 위로하려고 세웠어.

최치원이 작성한 탑지(塔誌)를 보면 혼란스러웠던 이 시기 상황을 알 수 있지.

① 빈민 구제를 위해 의창이 설치되었다.
② 원종과 애노의 난 등 농민 봉기가 일어났다.
③ 복신과 도침이 주류성에서 군사를 일으켰다.
④ 묘청 등이 중심이 되어 서경 천도를 주장하였다.
⑤ 부처의 힘을 빌려 외침을 막고자 팔만대장경이 조판되었다.

08 다음 기획전에 전시될 문화유산으로 적절한 것을 <보기>에서 고른 것은? [1점]

특별 기획전

문화유산을 통해 보는 백제의 도교 문화

도교는 삼국 시대에 전래되어 우리나라 문화에 많은 영향을 주었습니다. 우리 △△박물관에서는 백제의 도교 문화를 살펴볼 수 있는 특별 기획전을 마련하였습니다. 많은 관람 바랍니다.

■ 기간: 2019년 ○○월 ○○일~○○월 ○○일
■ 상소: △△박물관 기획 전시실

― <보기> ―

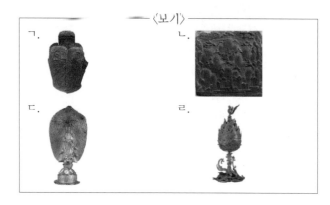

ㄱ. ㄴ. ㄷ. ㄹ.

① ㄱ, ㄴ   ② ㄱ, ㄷ   ③ ㄴ, ㄷ
④ ㄴ, ㄹ   ⑤ ㄷ, ㄹ

09 (가)에 들어갈 문화유산으로 옳은 것은? [3점]

삼국 시대의 탑

(가)

국보 제30호로 현재 남아 있는 신라 석탑 중에 가장 오래된 것이다. 돌을 벽돌 모양으로 다듬어 쌓았다는 점이 특징이며, 선덕 여왕 3년에 건립된 것으로 추정된다.

①   ②   ③

④   ⑤

49회

10 다음 가상 인터뷰의 왕이 추진한 정책으로 옳은 것은?

[2점]

김부를 경주의 사심관으로 임명하신 의도는 무엇인가요?

투항한 김부의 공을 치하하고, 부호장 이하의 관직 등에 대한 일을 맡게 하여 지방 세력을 견제하고자 한 것입니다.

① 흑창을 설치하여 빈민을 구제하였다.
② 양현고를 두어 장학 기금을 마련하였다.
③ 노비안검법을 시행하여 재정을 확충하였다.
④ 전국에 12목을 설치하고 지방관을 파견하였다.
⑤ 전시과 제도를 마련하여 관리에게 토지를 지급하였다.

정답 및 해설

06 [고대] 통일 신라의 통치 제도
정답 ④

빠른 정답 찾기
금성(통일 신라의 수도) + 9주 + 5소경 → 통일 신라

④ 통일 신라는 중앙 통치 조직으로 집사부 아래에 13개의 부를 두었는데, 그 중 사정부는 관리의 감찰을 담당하였다.

오답 체크
① 중앙군을 2군 6위로 조직했습니다. → 고려
② 지방관으로 안찰사를 파견했습니다. → 고려
③ 중앙 관제를 3성 6부로 정비했습니다. → 발해
⑤ 유학 교육 기관으로 주자감을 설치했습니다. → 발해

07 [고대] 신라 하대의 사실
정답 ②

빠른 정답 찾기
진성 여왕 + 최치원 → 신라 하대의 사실

② 신라 하대인 진성 여왕 때 원종과 애노의 난 등 농민 봉기가 일어났다.

오답 체크
① 빈민 구제를 위해 의창이 설치되었다. → 고려·조선 시대
③ 복신과 도침이 주류성에서 군사를 일으켰다. → 신라 중대
④ 묘청 등이 중심이 되어 서경 천도를 주장하였다. → 고려 시대
⑤ 부처의 힘을 빌려 외침을 막고자 팔만대장경이 조판되었다. → 고려 시대

08 [고대] 백제의 도교 문화유산
정답 ④

빠른 정답 찾기
문화유산 + 백제의 도교 문화 → 백제의 도교 문화유산

④ 옳은 것을 모두 고르면 ㄴ, ㄹ이다.
ㄴ. 백제 산수무늬 벽돌은 자연과 더불어 살고자 하는 도교의 사상이 표현된 유물이다.
ㄹ. 백제 금동대향로는 도교의 이상 세계를 형상화한 유물이다.

오답 체크
ㄱ. 철제 갑옷 → 금관가야
ㄷ. 금동 연가 7년명 여래 입상 → 고구려

09 [고대] 경주 분황사 모전 석탑
정답 ④

빠른 정답 찾기
현재 남아있는 신라 석탑 중에 가장 오래된 것 + 돌을 벽돌 모양으로 다듬어 쌓았음 → 경주 분황사 모전 석탑

④ 경주 분황사 모전 석탑은 돌을 벽돌 모양으로 다듬어 쌓은 석탑으로, 현재 남아 있는 신라 석탑 중 가장 오래되었다.

오답 체크
① 영광탑 → 발해
② 부여 정림사지 오층 석탑 → 백제
③ 안동 법흥사지 칠층 전탑 → 통일 신라
⑤ 경주 불국사 다보탑 → 통일 신라

10 [고려 시대] 태조 왕건
정답 ①

빠른 정답 찾기
김부를 경주의 사심관으로 임명 → 태조 왕건

① 태조 왕건은 빈민을 구제하기 위한 기구로 흑창을 설치하여 백성에게 곡식을 빌려주었다가 추수기에 갚도록 하였다.

오답 체크
② 양현고를 두어 장학 기금을 마련하였다. → 예종
③ 노비안검법을 시행하여 재정을 확충하였다. → 광종
④ 전국에 12목을 설치하고 지방관을 파견하였다. → 성종
⑤ 전시과 제도를 마련하여 관리에게 토지를 지급하였다. → 경종

11 다음 상황이 나타난 시기를 연표에서 옳게 고른 것은? [2점]

서경 임원역의 지세는 음양가들이 말하는 대화세(大華勢)에 해당합니다. 이곳에 궁궐을 세우고 옮겨 가시면 천하를 아우르게 되니 금나라가 예물을 가지고 와서 스스로 항복할 것입니다.

짐이 서경에 행차하여 지세를 살펴 보도록 하겠노라.

936	1018	1126	1170	1270	1359
(가)	(나)	(다)	(라)	(마)	
후삼국 통일	거란의 3차 침입	이자겸의 난	무신 정변	개경 환도	홍건적의 침입

① (가)　② (나)　③ (다)　④ (라)　⑤ (마)

---

12 (가)에 대한 고려의 대응으로 옳은 것은? [1점]

이 그림은 윤관이 (가) 을/를 정벌하고 동북 9성을 설치한 후 고려의 경계를 알리는 비석을 세우는 장면을 그린 척경입비도입니다.

① 화통도감을 두어 화포를 제작하였다.
② 박위를 파견하여 근거지를 토벌하였다.
③ 연개소문을 보내어 천리장성을 축조하였다.
④ 대장도감을 설치하여 팔만대장경을 간행하였다.
⑤ 신기군, 신보군, 항마군 등으로 구성된 별무반을 조직하였다.

---

13 (가), (나) 사이의 시기에 있었던 사실로 옳은 것은? [3점]

(가) 대군이 압록강을 건너서 위화도에 머물렀다. …… 태조가 여러 장수들에게 말하기를 "내가 글을 올려 …… 군사를 돌이킬 것을 청했으나, 왕도 살피지 아니하고, 최영도 늙고 정신이 혼몽하여 듣지 않았다." …… 태조가 회군한다는 소식을 듣고는 사람들이 다투어 밤낮으로 달려서 모여든 사람이 천여 명이나 되었다.

– 「태조실록」

(나) [대소 신료들이] 왕위에 오를 것을 간절히 권하여, 태조가 마지못해 수창궁으로 행차하였다. 백관들이 서쪽 궐문에서 줄을 지어 맞이하니, 태조는 말에서 내려 설어서 대전에 들어가 왕위에 올랐는데, 어좌(御座)를 피하고 기둥 안에 서서 여러 신하들의 하례를 받았다.

– 「태조실록」

① 녹읍을 폐지하고 관료전을 지급하였다.
② 조준 등의 건의로 과전법을 제정하였다.
③ 양지아문을 설치하여 양전 사업을 실시하였다.
④ 공로와 인품에 따라 역분전을 차등 지급하였다.
⑤ 직전법을 실시하여 현직 관리에게만 수조권을 지급하였다.

---

14 밑줄 그은 '이 책'에 대한 설명으로 옳은 것은? [3점]

이승휴가 지은 이 책의 상권에는 중국의 역사가, 하권에는 우리 나라의 역사가 서술되어 있습니다.

이 책은 중국과 구별되는 우리 역사의 독자성을 강조했다는 평가를 받고 있습니다.

① 남북국이라는 용어를 처음 사용하였다.
② 「사초」와 『시정기』를 바탕으로 편찬하였다.
③ 단군의 고조선 건국 이야기를 수록하였다.
④ 청주 흥덕사에서 금속 활자본으로 간행되었다.
⑤ 유교 사관에 입각하여 기전체 형식으로 서술하였다.

15 (가) 역사서에 대한 설명으로 옳은 것은? [2점]

□□신문

제△△호 　　　　　　○○○○년 ○○월 ○○일

(가) 범어사본, 국보로 승격

부산 범어사가 소장한 **(가)** 권4~5가 보물에서 국보로 승격되었다. 이번에 국보로 승격된 범어사 소장본은 일연이 저술한 **(가)** 의 현존 판각본 중 가장 이른 시기의 것으로 추정된다. 특히 이미 국보로 지정된 판각본의 누락된 부분을 보완할 수 있다는 점에서 사료적 가치가 매우 높다고 문화재청 관계자는 밝혔다.

① 단군의 건국 이야기를 수록하였다.
②「사초」,『시정기』등을 바탕으로 편찬되었다.
③ 왕명에 의해 고승들의 전기를 기록하였다.
④ 본기, 열전 등 기전체 형식으로 서술되었다.
⑤ 서사시 형태로 고구려 계승 의식이 반영되었다.

정답 및 해설

11 [고려 시대] 묘청의 서경 천도 운동 　　정답 ③

빠른 정답 찾기
서경 + 이곳에 궁궐을 세우고 옮겨 가시면 천하를 아우르게 됨 → 묘청의 서경 천도 운동

③ 이자겸의 난(1126) 이후 서경파인 묘청 등은 풍수지리설을 내세워 인종에게 서경으로 수도를 옮길 것을 주장하였다. 그러나 서경 천도에 실패하자, 묘청 일파는 서경에서 난을 일으켰으나 실패하였다(묘청의 난, 1135).

12 [고려 시대] 여진에 대한 고려의 대응 　　정답 ⑤

빠른 정답 찾기
윤관 + 동북 9성 → 여진에 대한 고려의 대응

⑤ 12세기 초 고려 숙종 때 윤관이 신기군, 신보군, 항마군 등으로 구성된 별무반을 조직하였으며, 이후 예종 때 여진족을 정벌하고 동북 9성을 쌓았다.

오답 체크
① 화통도감을 두어 화포를 제작하였다. → 왜구에 대한 고려의 대응
② 박위를 파견하여 근거지를 토벌하였다. → 왜구에 대한 고려의 대응
③ 연개소문을 보내어 천리장성을 축조하였다. → 당에 대한 고구려의 대응
④ 대장도감을 설치하여 팔만대장경을 간행하였다. → 몽골에 대한 고려의 대응

13 [고려 시대] 위화도 회군과 조선 건국 사이의 사실 　　정답 ②

빠른 정답 찾기
(가) 위화도 + 태조(이성계)가 회군함 → 위화도 회군(1388)
(나) 태조 + 왕위에 오름 → 조선 건국(1392)

② 이성계는 위화도 회군으로 정권을 장악한 후 혁명파 사대부인 조준 등의 건의로 과전법을 제정(1391)하였다.

오답 체크
① 녹읍을 폐지하고 관료전을 지급하였다. → 통일 신라 신문왕, (가) 이전
③ 양지아문을 설치하여 양전 사업을 실시하였다. → 대한 제국, (나) 이후
④ 공로와 인품에 따라 역분전을 차등 지급하였다. → 고려 태조 왕건, (가) 이전
⑤ 직전법을 실시하여 현직 관리에게만 수조권을 지급하였다. → 조선 세조, (나) 이후

14 [고려 시대]『제왕운기』 　　정답 ③

빠른 정답 찾기
이승휴 + 중국과 구별되는 우리 역사의 독자성을 강조함 →『제왕운기』

③『제왕운기』는 단군의 고조선 건국 이야기를 포함하여 단군 조선부터 고려 충렬왕 때까지의 역사를 서사시로 정리한 책이다.

오답 체크
① 남북국이라는 용어를 처음 사용하였다. →『발해고』(조선)
②「사초」와『시정기』를 바탕으로 편찬하였다. →『조선왕조실록』(조선)
④ 청주 흥덕사에서 금속 활자본으로 간행되었다. →『직지심체요절』(고려)
⑤ 유교 사관에 입각하여 기전체 형식으로 서술하였다. →『삼국사기』(고려)

15 [고려 시대]『삼국유사』 　　정답 ①

빠른 정답 찾기
일연이 저술 →『삼국유사』

①『삼국유사』에는 고조선의 시조인 단군의 건국 이야기가 수록되어 있다.

오답 체크
②「사초」,『시정기』등을 바탕으로 편찬되었다. →『조선왕조실록』(조선)
③ 왕명에 의해 고승들의 전기를 기록하였다. →『해동고승전』(고려)
④ 본기, 열전 등 기전체 형식으로 서술되었다. →『삼국사기』(고려) 등
⑤ 서사시 형태로 고구려 계승 의식이 반영되었다. →『동명왕편』(고려)

16 다음 정책을 추진한 왕의 업적으로 옳은 것은? [2점]

> ○ 왕은 우리나라에 서적이 대단히 적어서 유생들이 널리 볼 수 없는 것을 염려하여 주자소를 설치하고 구리로 글자 자형을 떠서 활자를 만드는 대로 인출(印出)하게 하였다.
> ○ 왕이 시경·서경·좌전의 고주본(古註本)을 자본(字本)으로 삼아 이직 등에게 십만 자를 주조하게 하였는데, 이것이 계미자이다.

① 『경국대전』을 완성하여 법령을 정비하였다.
② 청과 국경을 정하는 백두산 정계비를 세웠다.
③ 문하부 낭사를 분리하여 사간원으로 독립시켰다.
④ 신해통공을 실시하여 시전 상인의 특권을 축소하였다.
⑤ 함길도 토착 세력이 일으킨 이시애의 난을 진압하였다.

17 (가)~(라) 사건을 일어난 순서대로 옳게 나열한 것은? [3점]

> (가) 갑자년 봄에, 임금은 어머니가 비명에 죽은 것을 분하게 여겨 그 당시 논의에 참여하고 명을 수행한 신하를 모두 대역죄로 추죄(追罪)하여 팔촌까지 연좌시켰다.
> (나) 정문형, 한치례 등이 의논하기를, "지금 김종직의 「조의제문」을 보니, 차마 읽을 수도 볼 수도 없습니다. …… 마땅히 대역의 죄로 논단하고 부관참시해서 그 죄를 분명히 밝혀 신하들과 백성들의 분을 씻는 것이 사리에 맞는 일이옵니다."라고 하였다.
> (다) 정유년 이후부터 조정 신하들 사이에는 대윤이니 소윤이니 하는 말들이 있었다. …… 자전(慈殿)*은 밀지를 윤원형에게 내렸다. 이에 이기, 임백령 등이 고변하여 큰 화를 만들어 냈다.
> (라) 언문으로 쓴 밀지에 이르기를, "조광조가 현량과를 설치하자고 청한 것도 처음에는 인재를 얻기 위해서라고 생각했더니 …… 경들은 먼저 그를 없앤 뒤에 보고하라."라고 하였다.
> *자전(慈殿): 임금의 어머니

① (가) - (나) - (다) - (라)
② (가) - (나) - (라) - (다)
③ (나) - (가) - (라) - (다)
④ (나) - (다) - (가) - (라)
⑤ (다) - (라) - (나) - (가)

18 (가)~(다) 학생이 발표한 내용을 일어난 순서대로 옳게 나열한 것은? [2점]

① (가) - (나) - (다)
② (가) - (다) - (나)
③ (나) - (가) - (다)
④ (나) - (다) - (가)
⑤ (다) - (가) - (나)

19 (가)에 들어갈 문화유산으로 옳은 것은? [2점]

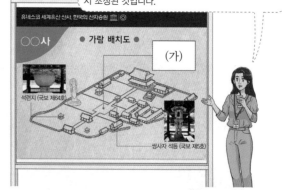

①
마곡사 대웅보전

②
금산사 미륵전

③
화엄사 각황전

④
무량사 극락전

⑤
법주사 팔상전

20 (가) 왕의 재위 기간에 있었던 사실로 옳은 것은? [3점]

이 책은 이승원이 무신난(戊申亂)의 전개 과정을 기록한 일기로, 경상도 거창에서 반란군을 이끌던 정희량 세력의 활동 내용 등이 기록되어 있다. 무신난은 이인좌, 정희량 등이 세제(世弟)였던 　(가)　의 즉위 과정에 의혹을 제기하며 일으킨 반란이다.

「통정공 무신일기」

① 허적과 윤휴 등 남인들이 대거 축출되었다.
② 박규수의 건의로 삼정이정청이 설치되었다.
③ 자의 대비의 복상 문제로 예송이 전개되었다.
④ 붕당의 폐해를 경계하기 위한 탕평비가 건립되었다.
⑤ 왕조의 통치 규범을 재정비한 『대전통편』이 편찬되었다.

정답 및 해설

16 [조선 전기] 태종
정답 ③

빠른 정답 찾기
주자소를 설치함 + 계미자 → 태종

③ 태종은 언론 기능을 담당한 문하부 낭사를 사간원으로 독립시켰다.

오답 체크
① 『경국대전』을 완성하여 법령을 정비하였다. → 성종
② 청과 국경을 정하는 백두산 정계비를 세웠다. → 숙종
④ 신해통공을 실시하여 시전 상인의 특권을 축소하였다. → 정조
⑤ 함길도 토착 세력이 일으킨 이시애의 난을 진압하였다. → 세조

17 [조선 전기] 사화의 전개
정답 ③

빠른 정답 찾기
(가) 갑자년 + 임금이 어머니가 죽은 것을 분하게 여김 → 갑자사화 (연산군, 1504)
(나) 김종직의 「조의제문」 → 무오사화(연산군, 1498)
(다) 대윤 + 소윤 + 윤원형 → 을사사화(명종, 1545)
(라) 조광조 + 현량과 + 그를 없앤 뒤에 보고 → 기묘사화(중종, 1519)

③ 순서대로 나열하면 (나) 무오사화(연산군, 1498) – (가) 갑자사화(연산군, 1504) – (라) 기묘사화(중종, 1519) – (다) 을사사화(명종, 1545)이다.
(나) 무오사화: 연산군 때 김일손이 『실록』의 자료가 되는 「사초」에 김종직의 「조의제문」을 실은 것을 계기로 발생하였다(1498).
(가) 갑자사화: 연산군은 자신의 생모인 폐비 윤씨 사사 사건을 주도한 훈구와 김굉필 등의 일부 사림 세력을 제거하였다(1504).
(라) 기묘사화: 중종에 의해 등용된 조광조가 반정 공신의 위훈(거짓 공훈) 삭제를 주장하였다가 제거되었다(1519).
(다) 을사사화: 명종의 외척인 윤원형 등의 소윤은 인종의 외척인 대윤과 연관된 사림들을 숙청하였다(1545).

18 [조선 전기] 임진왜란 때 수군의 활약
정답 ①

빠른 정답 찾기
(가) 옥포 + 적선을 격파 → 옥포 해전(1592. 5.)
(나) 한산도 앞바다 + 학익진 전술 → 한산도 대첩(1592. 7.)
(다) 명량에서 대승 → 명량 해전(1597)

① 일어난 순서대로 나열하면 (가) 옥포 해전(1592. 5.) – (나) 한산도 대첩(1592. 7.) – (다) 명량 해전(1597)이다.
(가) 옥포 해전: 임진왜란이 발발하자 이순신이 옥포(거제)에서 적선을 격파하며 왜군을 상대로 첫 승리를 거두었다(1592. 5.).
(나) 한산도 대첩: 옥포 해전 이후 이순신은 한산도 앞바다에서 학익진 전술로 크게 승리하였다(1592. 7.).
(다) 명량 해전: 휴전 협상이 결렬되어 왜군이 다시 조선에 침입하자(정유재란), 이순신이 명량에서 대승을 거두었다(1597).

19 [조선 후기] 보은 법주사 팔상전
정답 ⑤

빠른 정답 찾기
현존하는 유일의 조선 시대 목탑 → 보은 법주사 팔상전

⑤ 보은 법주사 팔상전은 현존하는 유일의 조선 시대 목탑이다.

오답 체크
① 공주 마곡사 대웅보전 → 조선 후기의 건축물
② 김제 금산사 미륵전 → 조선 후기의 건축물
③ 구례 화엄사 각황전 → 조선 후기의 건축물
④ 부여 무량사 극락전 → 조선 중기의 건축물

20 [조선 후기] 영조 재위 기간의 사실
정답 ④

빠른 정답 찾기
이인좌 + 세제(왕위를 이어받을 동생) → 영조

④ 영조는 붕당의 폐해를 경계하기 위해 성균관 입구에 탕평비를 건립하여 탕평에 대한 의지를 표명하였다.

오답 체크
① 허적과 윤휴 등 남인들이 대거 축출되었다. → 숙종
② 박규수의 건의로 삼정이정청이 설치되었다. → 철종
③ 자의 대비의 복상 문제로 예송이 전개되었다. → 현종
⑤ 왕조의 통치 규범을 재정비한 『대전통편』이 편찬되었다. → 정조

21 밑줄 그은 '대책'으로 옳은 것은? [2점]

양역의 폐단을 개선하기 위해 논의한 호포와 결포는 여러 문제점이 있다고 하니, 그렇다면 군포를 1필로 줄이는 법을 시행하는 것으로 하라. 경들은 1필로 줄였을 때 생기는 세입 감소분을 채울 수 있는 대책을 강구하라.

분부를 받들겠습니다.

① 수신전과 휼양전을 폐지하였다.
② 토지 1결당 미곡 12두를 부과하였다.
③ 양전 사업을 시행하여 지계를 발급하였다.
④ 풍흉에 따라 9등급으로 전세를 부과하였다.
⑤ 어장세, 염세 등을 국가 재정으로 귀속하였다.

23 (가) 인물에 대한 설명으로 옳은 것은? [2점]

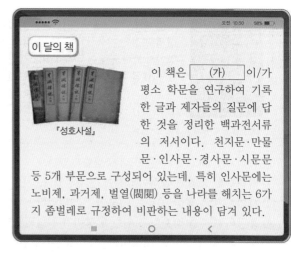

이 책은 (가) 이/가 평소 학문을 연구하여 기록한 글과 제자들의 질문에 답한 것을 정리한 백과전서류의 저서이다. 천지문·만물문·인사문·경사문·시문문 등 5개 부문으로 구성되어 있는데, 특히 인사문에는 노비제, 과거제, 벌열(閥閱) 등을 나라를 해치는 6가지 좀벌레로 규정하여 비판하는 내용이 담겨 있다.

『성호사설』

① 북경에 다녀온 후 연행록을 남겼다.
② 양명학을 연구하여 강화 학파를 형성하였다.
③ 북한산비가 진흥왕 순수비임을 고증하였다.
④ 토지 매매를 제한하는 한전론을 제시하였다.
⑤ 『북학의』를 저술하여 절약보다 소비를 권장하였다.

22 (가) 신분에 대한 설명으로 옳은 것은? [1점]

변승업은 사역원 소속의 일본어 역관으로 큰 부자가 된 인물이야.

『허생전』에 나오는 변 부자는 조선 시대 역관 변승업의 할아버지를 모델로 하고 있다고 해.

변승업과 같은 역관들이 속한 신분을 (가) (이)라고 하는데, 여기에는 의관, 천문관, 율관 등도 포함되었어.

① 소속 관청에 신공(身貢)을 바쳤다.
② 매매, 상속, 증여의 대상이 되었다.
③ 원칙적으로 과거에 응시할 수 없었다.
④ 장례원(掌隷院)을 통해 국가의 관리를 받았다.
⑤ 조선 후기 시사(詩社)를 조직해 위항 문학 활동을 하였다.

24 (가) 시기에 있었던 사실로 옳은 것은? [3점]

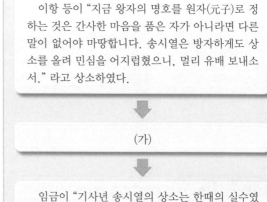

이항 등이 "지금 왕자의 명호를 원자(元子)로 정하는 것은 간사한 마음을 품은 자가 아니라면 다른 말이 없어야 마땅합니다. 송시열은 방자하게도 상소를 올려 민심을 어지럽혔으니, 멀리 유배 보내소서."라고 상소하였다.

↓

(가)

↓

임금이 "기사년 송시열의 상소는 한때의 실수였을 뿐 그가 어찌 다른 뜻을 가졌겠는가. 이제 그동안 잘못된 일이 다 해결되었으니 특별히 그의 관직을 회복하고 제사를 지내게 하라."라고 하교하였다.

① 자의 대비의 복상 문제로 예송이 전개되었다.
② 공신 책봉에 불만을 품고 이괄이 반란을 일으켰다.
③ 정여립 모반 사건으로 인해 기축옥사가 발생하였다.
④ 붕당의 폐해를 경계하기 위해 탕평비가 건립되었다.
⑤ 남인이 권력을 장악하고 희빈 장씨가 왕비로 책봉되었다.

25 (가) 인물에 대한 설명으로 옳은 것은? [2점]

> ○ 왕이 말하기를, "요즘 각 고을 백성의 생활 형편이 매우 좋지 않다고 한다. 작년부터 (가) 이/가 분부를 내려 양반 호(戶)는 노비의 이름으로 포(布)를 내게 하였고, 일반 백성들은 신포(身布)로 내게 하였다. …… 의정부에서는 각 도에 알려 이를 만년의 법식으로 삼는 것이 좋겠다."라고 하였다.
> ○ 왕이 말하기를, "요즘에 서원마다 사무를 자손들이 주관하고 붕당을 각기 주장하니, 이로 인한 폐해가 백성들에게 미치는 경우가 많다고 한다. …… 서원을 훼철(毁撤)*하고 신주를 땅에 묻어 버리는 등의 절차를 (가) 의 분부대로 거행하도록 해당 관청에서 팔도(八道)와 사도(四都)에 알리라."라고 하였다.
> *훼철(毁撤): 헐어서 치워 버림
> – 『승정원일기』

① 통리기무아문과 12사를 설치하였다.
② 양전 사업을 실시하여 지계를 발급하였다.
③ 나선 정벌을 위해 조총 부대를 파견하였다.
④ 교육의 기본 방향을 제시한 교육 입국 조서를 반포하였다.
⑤ 환곡의 폐단을 시정하기 위해 사창제를 전국적으로 시행하였다.

정답 및 해설

21 [조선 후기] 균역법　　　정답 ⑤

빠른 정답 찾기
양역의 폐단을 개선 + 군포를 1필로 줄이는 법 → 균역법

⑤ 균역법의 시행으로 부족해진 재정은 어장세, 염세, 선박세 등의 잡세 수입을 국가 재정으로 귀속시킴으로써 보충하였다.

오답 체크
① 수신전과 휼양전을 폐지하였다. → 직전법
② 토지 1결당 미곡 12두를 부과하였다. → 대동법
③ 양전 사업을 시행하여 지계를 발급하였다. → 대한 제국의 양전·지계 사업
④ 풍흉에 따라 9등급으로 전세를 부과하였다. → 연분 9등법

22 [조선 후기] 기술직 중인　　　정답 ⑤

빠른 정답 찾기
역관 + 의관, 천문관, 율관 등도 포함 → 기술직 중인

⑤ 기술직 중인은 조선 후기에 문예 모임인 시사를 조직하여 위항 문학 활동을 하였다.

오답 체크
① 소속 관청에 신공(身貢)을 바쳤다. → 공노비(납공 노비)
② 매매, 상속, 증여의 대상이 되었다. → 노비
③ 원칙적으로 과거에 응시할 수 없었다. → 서얼
④ 장례원(掌隷院)을 통해 국가의 관리를 받았다. → 노비

23 [조선 후기] 성호 이익　　　정답 ④

빠른 정답 찾기
『성호사설』 + 나라를 해치는 6가지 좀벌레 → 성호 이익

④ 이익은 토지 개혁론으로 토지 소유의 하한선을 설정하여 토지 매매를 제한하는 한전론을 제시하였다.

오답 체크
① 북경에 다녀온 후 연행록을 남겼다. → 홍대용
② 양명학을 연구하여 강화 학파를 형성하였다. → 정제두
③ 북한산비가 진흥왕 순수비임을 고증하였다. → 김정희
⑤ 『북학의』를 저술하여 절약보다 소비를 권장하였다. → 박제가

24 [조선 후기] 기사환국과 갑술환국 사이의 사실　정답 ⑤

빠른 정답 찾기
· 왕자의 명호를 원자로 정하는 것 + 송시열이 상소 → 기사환국(숙종)
· 송시열 + 관직을 회복함 → 갑술환국(숙종)

⑤ 숙종 때 일어난 기사환국의 결과 서인 계열의 인현 왕후가 폐위되고, 남인 계열의 희빈 장씨가 왕비로 책봉되었다.

오답 체크
① 자의 대비의 복상 문제로 예송이 전개되었다. → 현종
② 공신 책봉에 불만을 품고 이괄이 반란을 일으켰다. → 인조
③ 정여립 모반 사건으로 인해 기축옥사가 발생하였다. → 선조
④ 붕당의 폐해를 경계하기 위해 탕평비가 건립되었다. → 영조

25 [근대] 흥선 대원군　　　정답 ⑤

빠른 정답 찾기
○ 양반도 포를 내게 함 → 호포제
○ 서원을 훼철(헐어서 치워 버림) → 서원 철폐 → 흥선 대원군

⑤ 흥선 대원군은 환곡의 폐단을 시정하기 위해 향촌민들이 자체적으로 운영하는 사창제를 전국적으로 시행하였다.

오답 체크
① 통리기무아문과 12사를 설치하였다. → 조선 정부의 초기 개화 정책
② 양전 사업을 실시하여 지계를 발급하였다. → 대한 제국의 양전·지계 사업
③ 나선 정벌을 위해 조총 부대를 파견하였다. → 효종
④ 교육의 기본 방향을 제시한 교육 입국 조서를 반포하였다. → 고종

26 (가), (나) 조약에 대한 설명으로 옳은 것을 <보기>에서 고른 것은? [3점]

> (가) **제5관** 미국 상인과 상선이 조선에 와서 무역을 할 때 입출항하는 화물은 모두 세금을 바쳐야 하며, 세금을 거두는 권한은 조선이 자주적으로 행사한다.
>
> (나) **제37관** 조선국에서 가뭄과 홍수, 전쟁 등의 일로 국내에 양식이 부족할 것을 우려하여 일시 쌀 수출을 금지하려고 할 때에는 1개월 전에 지방관이 일본 영사관에 통지하고, 미리 그 기간을 항구에 있는 일본 상인들에게 전달하여 일률적으로 준수하는 데 편리하게 한다.

---〈보기〉---
ㄱ. (가) - 최혜국 대우 내용을 포함하였다.
ㄴ. (가) - 갑신정변의 영향으로 체결되었다.
ㄷ. (나) - 방곡령 시행에 대한 규정을 명시하였다.
ㄹ. (나) - 재정 고문을 두도록 하는 조항을 담고 있다.

① ㄱ, ㄴ   ② ㄱ, ㄷ   ③ ㄴ, ㄷ
④ ㄴ, ㄹ   ⑤ ㄷ, ㄹ

27 (가) 운동에 대한 설명으로 옳은 것은? [2점]

> 이곳은 공주 우금치 전적으로 (가) 당시 남접과 북접 연합군이 북상하던 중 관군과 일본군을 상대로 격전을 벌인 장소입니다. 우금치는 도성으로 올라가는 길목으로 전략상 매우 중요한 지역이었습니다.

① 이소응, 유인석 등이 주도하였다.
② 황토현에서 전라 감영군을 격파하였다.
③ 한성 조약이 체결되는 결과를 가져왔다.
④ 관민 공동회를 개최하여 헌의 6조를 결의하였다.
⑤ 사건 수습을 위하여 박규수가 안핵사로 파견되었다.

28 밑줄 그은 '관계'가 발급되던 시기에 볼 수 있는 모습으로 가장 적절한 것은? [2점]

> 이제 지계사무(地契事務)를 강원도에서 실시하여 영동은 울진군부터 시작하고, 영서는 춘천군부터 시작하여 토지를 개량(改量)한 후 관계(官契)를 발급합니다. 서울과 지방을 막론하고 전답가사(田畓家舍)를 강원도에 두고 있는 인민은 구권(舊券)을 가지고 음력 8월 15일 내로 토지가 있는 군에 가서 관계로 바꾸어 가시기 바랍니다. 광무 ○년 ○○월 ○○일 지계아문

① 영남 만인소에 동참하는 유생
② 원수부에서 업무를 처리하는 관리
③ 남연군 묘를 도굴하려는 독일 상인
④ 제너럴셔먼호를 불태우는 평양 관민
⑤ 통신사를 수행해 일본으로 가는 역관

29 다음 사건이 전개된 결과로 옳은 것은? [2점]

사건 일지

11월 10일 이토, 고종에게 일왕의 친서 전달
11월 15일 이토, 고종을 접견하고 협상 초안 제출
11월 16일 이토, 대한 제국 대신들에게 조약 체결 강요
11월 17일 일본군을 동원한 강압적 분위기 속에서 조약 체결 진행
11월 18일 이토, 외부인(外部印)을 탈취하여 고종의 윤허 없이 조인

① 대한국 국제가 반포되었다.
② 별기군 교관으로 일본인이 임명되었다.
③ 외교권이 박탈되고 통감부가 설치되었다.
④ 고종이 러시아 공사관으로 거처를 옮겼다.
⑤ 제물포에서 러시아 함대가 일본 해군에게 격침되었다.

30 밑줄 그은 ㉠ 사건 이후의 사실로 옳은 것은?   [3점]

이 문서는 에디슨이 설립한 전기 회사가 프레이저를 자사의 조선 총대리인으로 위촉한다는 내용을 담고 있다. 이 회사는 총대리인을 통해 경복궁 내의 전등 가설 공사를 수주하였다. 이에 따라 경복궁 내에 발전 설비를 마련하고, ㉠건청궁에 조선 최초의 전등을 가설하였다.

① 알렌의 건의로 광혜원이 세워졌다.
② 박문국에서 한성순보가 발행되었다.
③ 무기 제조 공장인 기기창이 설립되었다.
④ 정부가 외국어 교육 기관인 동문학을 세웠다.
⑤ 노량진에서 제물포를 잇는 경인선이 개통되었다.

정답 및 해설

26 [근대] 조·미 수호 통상 조약과 조·일 통상 장정 개정
정답 ②

빠른 정답 찾기
(가) 미국 상인과 상선이 조선에 와서 무역을 할 때 + 세금을 바쳐야 함 → 조·미 수호 통상 조약
(나) 일시 쌀 수출을 금지하려고 할 때에는 1개월 전에 통지함 → 조·일 통상 장정 개정

② 옳은 것을 모두 고르면 ㄱ, ㄷ이다.
ㄱ. 조·미 수호 통상 조약은 최혜국 대우를 처음으로 규정하였다.
ㄷ. 조·일 통상 장정 개정에는 방곡령 시행에 대한 규정을 명시하였다.

오답 체크
ㄴ. 갑신정변의 영향으로 체결되었다. → 한성 조약, 톈진 조약
ㄹ. 재정 고문을 두도록 하는 조항을 담고 있다. → 제1차 한·일 협약

27 [근대] 동학 농민 운동
정답 ②

빠른 정답 찾기
공주 우금치 + 남접과 북접 연합군 → 동학 농민 운동

② 제1차 동학 농민 운동 당시, 동학 농민군은 황토현에서 관군에 승리를 거두었다.

오답 체크
① 이소응, 유인석 등이 주도하였다. → 을미의병
③ 한성 조약이 체결되는 결과를 가져왔다. → 갑신정변
④ 관민 공동회를 개최하여 헌의 6조를 결의하였다. → 독립 협회
⑤ 사건 수습을 위하여 박규수가 안핵사로 파견되었다. → 임술 농민 봉기

28 [근대] 지계 발급 시기의 모습
정답 ②

빠른 정답 찾기
지계사무 + 관계를 발급함 → 지계 발급 → 지계 발급 시기(1901~1904)

② 원수부는 대한 제국 시기인 1899년에 설치되어 지계가 발급되던 시기인 1904년까지 운영되었다.

오답 체크
① 영남 만인소에 동참하는 유생 → 1881년
③ 남연군 묘를 도굴하려는 독일 상인 → 1868년
④ 제너럴셔먼호를 불태우는 평양 관민 → 1866년
⑤ 통신사를 수행해 일본으로 가는 역관 → 1607~1811년

29 [근대] 을사늑약
정답 ③

빠른 정답 찾기
이토 + 고종의 윤허 없이 조인 → 을사늑약(1905)

③ 을사늑약(1905)의 결과, 대한 제국의 외교권이 박탈되고 통감부가 설치되었다.

오답 체크
모두 을사늑약(1905) 체결 이전의 사실이다.
① 대한국 국제가 반포되었다. → 1899년
② 별기군 교관으로 일본인이 임명되었다. → 1881년
④ 고종이 러시아 공사관으로 거처를 옮겼다. → 1896년
⑤ 제물포에서 러시아 함대가 일본 해군에게 격침되었다. → 1904년

30 [근대] 전등 가설 이후의 사실
정답 ⑤

빠른 정답 찾기
건청궁에 조선 최초의 전등을 가설함 → 전등 가설(1887)

⑤ 경복궁 건청궁에 전등이 가설(1887)된 이후, 1899년에 노량진에서 제물포를 잇는 경인선이 개통되었다.

오답 체크
① 알렌의 건의로 광혜원이 세워졌다. → 1885년
② 박문국에서 한성순보가 발행되었다. → 1883년
③ 무기 제조 공장인 기기창이 설립되었다. → 1883년
④ 정부가 외국어 교육 기관인 동문학을 세웠다. → 1883년

3일

일제 강점기 ~ 현대&통합

구석기 시대 시작 약 70만년 전	삼국 건국 기원전 1세기경	고려 건국 918년
○	○	○
선사 시대	**고대**	**고려 시대**

■ 최근 5개년 시험(62~38회) 출제 비율

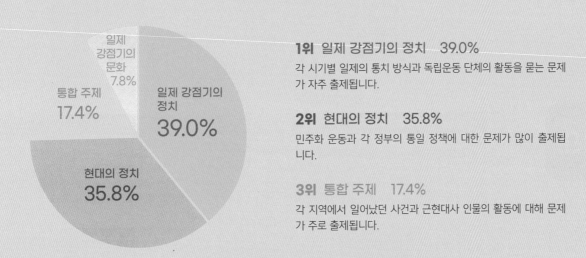

일제
강점기의
문화
7.8%

통합 주제
17.4%

일제 강점기의
정치
39.0%

현대의 정치
35.8%

1위 일제 강점기의 정치　39.0%
각 시기별 일제의 통치 방식과 독립운동 단체의 활동을 묻는 문제
가 자주 출제됩니다.

2위 현대의 정치　35.8%
민주화 운동과 각 정부의 통일 정책에 대한 문제가 많이 출제됩
니다.

3위 통합 주제　17.4%
각 지역에서 일어났던 사건과 근현대사 인물의 활동에 대해 문제
가 주로 출제됩니다.

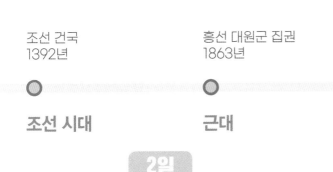

조선 건국
1392년

조선 시대

흥선 대원군 집권
1863년

근대

2일

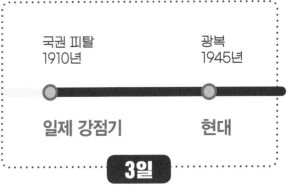

국권 피탈
1910년

광복
1945년

일제 강점기

현대

3일

시대 흐름 3분 컷 일제 강점기 ~ 현대&통합

일제 강점기

무단 통치 실시

대한 제국의 국권을 강제로 빼앗은 일제는 1910년 대에 무력으로 다스리는 무단 통치를 실시하였습니다. 일제의 헌병 경찰은 한국인을 억압하며 공포 분위기를 조성하였고, 기본권도 박탈하였습니다.

헌병 경찰의 모습

3·1 운동 발발

일제의 무단 통치가 계속되자, 우리 민족의 분노는 점차 커져갔습니다. 결국 1919년 3월 1일, 우리 민족은 고종의 인산일(장례일)을 계기로 만세 운동을 펼쳐 독립 의지를 전세계에 널리 알렸습니다.

3·1 운동 당시의 민중들의 모습

봉오동·청산리 전투 승리

3·1 운동 이후 만주와 연해주를 중심으로 독립군 부대가 활발한 항일 무장 투쟁을 벌였습니다. 그리하여 독립군 부대는 봉오동 전투와 청산리 전투에서 일본군에 크게 승리하였습니다.

청산리 전투를 승리로 이끈 김좌진 장군

6·10 만세 운동 발발

3·1 운동이 보여 주었던 만세 운동의 불씨는 순종의 인산일인 6월 10일에 다시 타올랐습니다. 6·10 만세 운동은 3·1 운동처럼 전국적으로 확산되지는 못하였지만, 준비 과정에서 민족주의 계열과 사회주의 계열의 연대 가능성이 발견되었습니다.

6·10 만세 운동 당시 모습

현대

광복과 정부 수립 노력

1945년 8월 15일, 우리 민족은 광복을 맞이하였으나, 점차 분단의 조짐이 나타났습니다. 이에 우리 민족은 남북 분단을 막기 위해 좌·우 합작 운동을 전개하고 북측 지도자와 남북 협상을 펼쳤습니다.

광복 다음 날의 모습

대한민국 정부 수립

1948년 5월 10일, 결국 남한에서만 단독 총선거가 실시되었습니다. 이 선거를 통해 제헌 국회가 구성되었고, 제헌 국회에서 이승만을 대통령으로 선출함에 따라 대한민국 정부가 수립되었습니다.

대한민국 정부 수립 선포식의 모습

박정희 정부

5·16 군사 정변 이후 수립된 박정희 정부는 정권의 정당성을 확보하고자 경제 개발에 주력하였습니다. 박정희 정부는 경제 개발에 필요한 자금을 마련하기 위해 일본과의 국교를 정상화하기도 하였습니다.

유신 체제의 성립

장기 집권을 꾀하였던 박정희 대통령은 막강한 권한을 부여하는 유신 체제를 성립하였습니다. 그러나 강압적인 유신 체제에 대한 국민들의 저항이 계속되었고, 결국 10·26 사태로 박정희가 시해되면서 유신 체제는 붕괴되었습니다.

유신 헌법이 공포되는 모습

대한민국 임시 정부 수립

우리 민족은 3·1 운동을 계기로 통일된 독립운동을 전개하기 위해 중국 상하이에 대한민국 임시 정부를 수립하였습니다. 대한민국 임시 정부는 비밀 조직을 두고 국내와 연락하며 독립운동을 이끌었고, 외교 활동에도 힘썼습니다.

상하이에 수립된 대한민국 임시 정부의 청사

광주 학생 항일 운동 발발

6·10 만세 운동의 열기가 가시기 전, 광주에서 일어난 한국 학생과 일본 학생의 충돌 사건이 일본인 학생에게 유리하게 처리되었습니다. 이에 광주의 학생들이 운동을 펼쳤고, 이는 곧 전국적인 항일 운동으로 확대되었습니다.

6·25 전쟁 발발

1950년 6월 25일, 북한의 기습적인 남침으로 전쟁이 발발하였습니다. 남한에게 불리했던 전세는 인천 상륙 작전으로 역전되었지만, 전쟁이 장기화되자 휴전 회담이 시작되어 휴전 협정이 체결되었습니다.

6·25 전쟁 당시의 모습

전두환 정부 ~ 노태우 정부

10·26 사태로 신군부 세력이 권력을 장악하자, 5·18 민주화 운동이 일어났습니다. 전두환 정부 수립 후에는 정부의 4·13 호헌 조치에 반발하여 6월 민주 항쟁이 일어났습니다. 민주화 운동으로 이뤄낸 대통령 직선제로 실시된 선거의 결과, 노태우 정부가 수립되었습니다.

문화 통치 실시

3·1 운동 이후, 1920년대에 일제는 우리 민족의 문화와 관습을 존중한다는 구실로 이른바 문화 통치를 실시하였습니다. 그러나 문화 통치는 친일파를 양성하는 등 우리 민족을 이간시키기 위한 정책에 불과하였습니다.

민족 말살 통치 실시

1930년대에 일제는 침략 전쟁을 통해 경제 공황에서 벗어나고자 하였습니다. 이를 위해 우리나라를 병참 기지로 삼고 자원을 수탈하였습니다. 또한 우리 민족을 본격적으로 전쟁에 동원하고자, 민족성을 말살시키기 위한 정책도 실시하였습니다.

4·19 혁명 발발

이승만 정부는 장기 집권을 위해 3·15 부정 선거를 자행하였습니다. 이러한 이승만 정부의 장기 독재와 부정부패에 대한 반발은 4·19 혁명으로 이어졌고, 그 결과 이승만 대통령이 하야하였습니다.

4·19 혁명의 모습

김영삼 정부 ~ 노무현 정부

김영삼 정부는 금융 실명제 등을 시행하였지만, 임기 말 외환 위기를 초래하였습니다. 이후 수립된 김대중 정부는 외환 위기를 극복하고 분단 이후 최초로 남북 정상 회담을 가졌습니다. 이후 노무현 정부도 제2차 남북 정상 회담을 개최하였습니다.

6·15 남북 정상 회담의 모습

01
일제 강점기의 정치 ①

1 1910년대 일제의 정책
2 1910년대 국내·외 독립운동

최빈출 절대 선택지
TOP 7
(62~38회 기준)

1위 [총 13번 출제]
· 임병찬이 고종의 밀지를 받아 독립 의군부를 조직하였다.

2위 [총 11번 출제]
· 서간도 - 신흥 강습소(신흥 무관 학교)를 설립하여 독립군을 양성하였다.

공동 **3위** [총 9번 출제]
· 일본 도쿄 - 조선 청년 독립단을 결성하여 2·8 독립 선언서를 배포하였다.
· 중국 상하이 - 신한 청년당이 파리 강화 회의에 독립 청원서를 제출하였다.

공동 **5위** [총 8번 출제]
· 박상진이 대한 광복회를 조직하여 친일파를 처단하였다.
· 연해주 - 권업회를 조직하고 대한 광복군 정부를 수립하였다.

7위 [총 7번 출제]
· 미주 - 대조선 국민 군단을 조직하여 무장 투쟁을 준비하였다.

1 1910년대 일제의 정책 핵심 선택지

(1) 무단 통치 [62·38회에서 총 15번 출제]
· 강압적 통치를 목적으로 헌병 경찰제가 실시되었다. [51·47·42·34회]
· 범죄 즉결례에 의해 한국인을 처벌하였다. [46회]
· 한국인에 한해 적용되는 조선 태형령을 공포하였다. [49·45·43·42·38회]
· 식민지 교육 방침을 규정한 제1차 조선 교육령을 제정하였다. [43·39·38회]

(2) 경제 수탈 [62~38회에서 총 17번 출제]
· 근대적 토지 소유권 확립을 명분으로 토지 조사 사업을 실시하였다. [49·47·43·38·35회]
· 기한 내에 소유지를 신고하게 하는 토지 조사령을 제정하였다. [48·42·33회]
· 회사 설립 시 총독의 허가를 받도록 하는 회사령이 제정되었다. [61·50·49·45·44회]

2 1910년대 국내·외 독립운동 핵심 선택지

(1) 국내의 독립운동 [62~38회에서 총 32번 출제]
· 임병찬이 고종의 밀지를 받아 독립 의군부를 조직하였다. [55·51·50·49·48회]
· 독립 의군부 - 복벽주의를 내세우며 의병 전쟁을 준비하였다. [45·32회]
· 독립 의군부 - 조선 총독부에 국권 반환 요구서를 발송하려 하였다. [46·45·43·42·40회]
· 박상진이 대한 광복회를 조직하여 친일파를 처단하였다. [51·50·49·46·42회]
· 대한 광복회 - 공화 정체의 국가 건설을 지향하였다. [45·39회]

(2) 국외의 독립운동 [62~38회에서 총 78번 출제]
· 서간도 - 신흥 강습소(신흥 무관 학교)를 설립하여 독립군을 양성하였다. [56·51·49·46·45회]
· 북간도 - 중광단을 결성하여 항일 투쟁을 전개하였다. [48회]
· 북간도 - 민족 교육을 위해 서전서숙을 설립하였다. [51·46·41·40·35회]
· 연해주 - 해조신문, 권업신문 등을 발간하였습니다. [51·49·46·42·41회]
· 연해주 - 권업회를 조직하고 대한 광복군 정부를 수립하였다. [56·51·49·48·41회]
· 연해주 - 대한 광복군 정부가 이상설, 이동휘를 정·부통령에 선임하였다. [45·42회]
· 중국 상하이 - 신한 청년당이 파리 강화 회의에 독립 청원서를 제출하였다. [50·48·47·46·45회]
· 중국 상하이 - 신규식 등이 대동 단결 선언을 발표하였다. [50회]
· 미주 - 대한인 국민회를 중심으로 외교 활동을 전개하였다. [49·46·41·38·35회]
· 미주 - 안창호가 샌프란시스코에서 흥사단을 창립하였다. [50·48·42·38·35회]
· 미주 - 대조선 국민 군단을 조직하여 무장 투쟁을 준비하였다. [58·51·50·49·45회]
· 미주 - 숭무 학교를 설립하여 독립군을 양성하였다. [50·49·48·42·41회]
· 일본 도쿄 - 조선 청년 독립단을 결성하여 2·8 독립 선언서를 배포하였다. [61·50·49·48·42회]

✓ 기출 선택지 초성 퀴즈

먼저 하단 선택지들의 초성을 모두 채운 다음, 문제에 맞는 정답을 모두 고르세요.

01 다음 법령이 시행된 시기에 있었던 사실로 옳은 것을 모두 고르세요. [51회]

> **제2조** 즉결은 정식 재판을 하지 않으며 피고인의 진술을 듣고 증빙을 취조한 후 곧바로 언도해야 한다.
> **제11조** 제8조, 제9조에 의한 유치 일수는 구류의 형기에 산입하고, 태형의 언도를 받은 자에 대하여는 1일을 태 5로 절산하여 태 수에 산입하며, 벌금 또는 과료의 언도를 받은 자에 대하여는 1일을 1원으로 절산하여 그 금액에 산입한다.

① 강압적 통치를 목적으로 ㅎㅂ ㄱㅊㅈ가 실시되었다. [51·47·42·34회]
② 군 통수권 장악을 위한 ㅇㅅㅂ가 설치되었다. [57·49·47·46·41회]
③ 박문국에서 ㅎㅅㅅㅂ가 발행되었다. [62·51·50·46·44회]
④ ㅌㅈ ㅈㅅ ㅅㅇㅇ이 실시되었다. [49·47·43·38·35회]
⑤ 근대적 개혁 추진을 위해 ㄱㄱㄱㅁㅊ가 설치되었다. [51·49·33·30회]
⑥ ㅈㅊ ㅈㅅ ㄱㅇㄹ이 발표되었다. [43·39·38회]
⑦ 메가타가 주도한 ㅎㅍ ㅈㄹ ㅅㅇㅇ이 시작되었다. [45·44·39·35·34회]
⑧ ㅎㅅㄹ이 제정되었다. [61·50·49·45·44회]

02 (가) 단체에 대한 설명으로 옳은 것을 모두 고르세요. [46회]

> 이것은 임병찬의 순지비(殉趾碑)입니다. 임병찬은 스승인 최익현과 함께 의병을 일으켰다가 체포되어 쓰시마 섬으로 끌려갔습니다. 유배에서 돌아와 의병 봉기를 도모하던 중 고종의 밀지를 받아 (가) 을/를 조직하였습니다.

① 조선 총독부에 ㄱㄱ ㅂㅎ ㅇㄱㅅ를 제출하려 하였다. [46·45·43·42·40회]
② 일제가 조작한 105ㅇ ㅅㄱ으로 조직이 해체되었다. [60·48·47·46·45회]
③ 13ㄷ ㅊㅇㄱ을 결성하여 서울 진공 작전을 전개하였다. [49·48·47·46·43회]
④ ㄱㅎ ㅈㅊ의 국민 국가 수립을 목표로 삼았다. [45·39회]
⑤ ㅂㅂㅈㅇ를 내세우며 의병 전쟁을 준비하였다. [45·32회]
⑥ ㅇㅅㅅ과 이동휘를 정·부통령으로 선임하였다. [45·42회]
⑦ ㅈㅊㅇ 개편을 통해 의회 설립을 추진하였다. [49·46·45·40·39회]
⑧ ㅌㄱ ㅅㄱ을 설립하여 조선 광문회에서 발간한 서적을 보급하였다. [51·43·40·39·38회]
⑨ ㅅㅎ ㄱㅅㅅ를 설립하여 독립군을 양성하였다. [56·51·49·46·43회]

키워드 해설

> 즉결 + 태형 → 조선 태형령 → **무단 통치 시기**
> 정답 ①, ④, ⑥, ⑧

① 헌병 경찰제 [무단 통치 시기] ② 원수부 [대한 제국 시기] ③ 한성순보 [개항기] ④ 토지 조사 사업 [무단 통치 시기] ⑤ 군국기무처 [제1차 갑오개혁] ⑥ 제1차 조선 교육령 [무단 통치 시기] ⑦ 화폐 정리 사업 [대한 제국 시기] ⑧ 회사령 [무단 통치 시기]

키워드 해설

> 임병찬 + 고종의 밀지를 받아 조직 → **독립 의군부**
> 정답 ①, ⑤

① 국권 반환 요구서 [독립 의군부] ② 105인 사건 [신민회] ③ 13도 창의군 [정미의병] ④ 공화 정체 [대한 광복회] ⑤ 복벽주의 [독립 의군부] ⑥ 이상설 [대한 광복군 정부] ⑦ 중추원 [독립 협회] ⑧ 태극 서관 [신민회] ⑨ 신흥 강습소 [신민회 인사들의 서간도에서의 독립운동]

01
일제 강점기의 정치 ②

1 3·1운동
2 대한민국 임시 정부

최빈출 절대 선택지
TOP 7
(62~38회 기준)

1위 [총 10번 출제]
· 3·1 운동 - 일제가 이른바 문화 통치를 실시하는 배경이 되었다.

공동 2위 [총 9번 출제]
· 조선 청년 독립단이 2·8 독립 선언서를 작성하여 발표하였다.
· 신한 청년당이 파리 강화 회의에 독립 청원서를 제출하였다.
· 3·1 운동 - 대한민국 임시 정부 수립의 계기가 되었다.

5위 [총 7번 출제]
· 대한민국 임시 정부 - 임시 사료 편찬회를 두어 『한·일관계사료집』을 간행하였다.

6위 [총 5번 출제]
· 대한민국 임시 정부 - 독립운동 자금 마련을 위해 독립 공채를 발행하였다.

7위 [총 4번 출제]
· 대한민국 임시 정부 - 독립운동의 방략을 논의하기 위하여 국민 대표 회의가 개최되었다.

1 3·1운동 핵심 선택지

(1) 배경 [62~38회에서 송 19번 출세]
· 미국 대통령 윌슨이 민족 자결주의를 제창하였다. [35회]
· 신한 청년당이 파리 강화 회의에 독립 청원서를 제출하였다. [50·48·47·46·45회]
· 조선 청년 독립단이 2·8 독립 선언서를 작성하여 발표하였다. [61·50·49·48·42회]

(2) 전개 [62~38회에서 총 8번 출제]
· 고종의 인산(因山)을 기회로 삼아 대규모 시위를 전개하였다. [36·30회]
· 민족 대표 33인 명의의 독립 선언서가 발표되었다. [51·36회]
· 3·1 운동이 전국적으로 전개되었다. [39·31회]
· 전개 과정에서 일제가 제암리 학살 등을 자행하였다. [48·46회]

(3) 영향 [62~38회에서 총 22번 출제]
· 일제가 이른바 문화 통치를 실시하는 배경이 되었다. [61·51·49·45·40회]
· 대한민국 임시 정부 수립의 계기가 되었다. [55·50·49·47·45회]
· 중국의 5·4 운동에 영향을 주었다. [38·37·30회]

2 대한민국 임시 정부 핵심 선택지

(1) 수립 [62~38회에서 총 4번 출제]
· 한성, 상하이, 연해주 지역의 임시 정부가 통합되었다. [44회]
· 이승만이 대한민국 임시 정부 대통령으로 활동하였다. [37·32회]
· 이동녕이 대한민국 임시 의정원의 초대 의장을 맡았다. [50회]

(2) 활동 [62~38회에서 총 24번 출제]
· 파리 강화 회의에 김규식을 통해 독립 청원서를 제출하였다. [50·48·47·46·45회]
· 연통제를 통해 독립운동 자금을 모았다. [45·35·31회]
· 이륭양행에 교통국을 설치하여 국내와 연락을 취하였다. [39·38회]
· 독립운동 자금 마련을 위해 독립 공채를 발행하였다. [48·46·40·36·35회]
· 구미 위원부를 설치하여 외교 활동을 전개하였다. [47·45·39·36회]
· 임시 사료 편찬회를 두어 『한·일관계사료집』을 간행하였다. [57·51·43·42·40회]
· 독립군 비행사 육성을 위해 한인 비행 학교를 세웠다. [46·45·41회]

(3) 국민 대표 회의(1920년대) [62~38회에서 총 5번 출제]
· 배경 - 이승만이 국제 연맹에 위임 통치 청원을 시도하였다. [33회]
· 독립운동의 방략을 논의하기 위하여 국민 대표 회의가 개최되었다. [50·47·46·43회]

기출 선택지 초성 퀴즈

먼저 하단 선택지들의 초성을 모두 채운 다음, 문제에 맞는 정답을 모두 고르세요.

01 다음 자료에 나타난 민족 운동에 대한 설명으로 옳은 것을 모두 고르세요.
[47회]

> 문: 오늘 종로 1가 사거리 큰 길에서 모인 동기를 진술하라.
> 답: 나는 어제 오후 5시 무렵 경성부 남대문로에 있었는데, 자동차에서 뿌린 독립 선언서를 습득하였다. 나는 그 선언서를 읽고 우리 조선국이 독립되었다고 생각하고 기쁨을 참지 못하였다. 그래서 오늘 오후 1시 무렵 종로 1가 사거리 큰 길 중앙에서 독립 만세를 큰 소리로 계속 외쳤더니 5백 명 가량의 군중이 내 주위에 모여 들었고, 함께 모자를 흔들면서 만세를 계속 부르며 행진하였다.
> 문: 그 선언서의 내용을 진술하라.
> 답: 우리 조선이 독립국임과 조선인이 자주민인 것을 선언함 등의 내용이었다. 그리고 조선 민족 대표자 33인의 성명을 기재하고 있었다.
> — ○○○ 신문조서

① ㅅㅅㄷ, 김광제 등의 발의로 본격화되었다.
[47·46·37·32회]

② 전개 과정에서 일제가 ㅈㅇㄹ 학살 등을 자행하였다.
[48·46회]

③ 일제가 이른바 ㅁㅎ ㅌㅊ를 실시하는 결과를 가져왔다.
[61·51·49·45·40회]

④ 중국의 5·4 ㅇㄷ에 영향을 주었다. [38·37·30회]

⑤ ㄷㅎㅁㄱ ㅇㅅ ㅈㅂ가 수립되는 계기가 되었다.
[55·50·49·47·45회]

⑥ ㄴㅈ과 ㅂㅈ이 연합하여 전개되었다.
[48·46·42·36·34회]

⑦ ㄷㅎㅁㅇㅅㅂ의 후원을 받아 전국적으로 확산되었다.
[61·48·46·45·43회]

02 (가)에 대한 설명으로 옳지 **않은** 것을 모두 고르세요.
[27회]

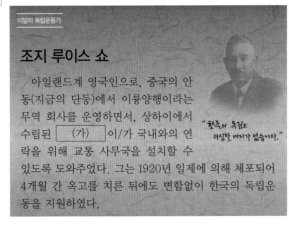

> 이달의 독립운동가
> **조지 루이스 쇼**
> 아일랜드계 영국인으로, 중국의 안동(지금의 단둥)에서 이륭양행이라는 무역 회사를 운영하면서, 상하이에서 수립된 **(가)** 이/가 국내와의 연락을 위해 교통 사무국을 설치할 수 있도록 도와주었다. 그는 1920년 일제에 의해 체포되어 4개월 간 옥고를 치른 뒤에도 변함없이 한국의 독립운동을 지원하였다.
> "한족의 독립을 의심할 여지가 없습니다."

① ㄷㄹ ㄱㅊ를 발행하여 자금을 마련하였다.
[48·46·40·36·35회]

② 임시 사료 편찬회에서 『ㅎ·ㅇㄱ ㄱㅅㄹㅈ』을 편찬하였다. [57·51·43·42·40회]

③ 외교 활동을 펼치기 위해 ㄱㅁ ㅇㅇㅂ를 설치하였다. [47·45·39·36회]

④ ㅂㅂㅈㅇ 이념에 따라 전국적으로 의병을 일으키고자 하였다. [45·32회]

⑤ 독립군 비행사 양성을 위해 ㅎㅇ ㅂㅎ ㅎㄱ를 설립하였다. [46·45·41회]

⑥ 비밀 행정 조직으로 ㅇㅌㅈ를 실시하였다.
[44·35·31회]

⑦ 2·8 ㄷㄹ ㅅㅇㅅ를 작성하여 발표하였다.
[50·49·48·42·41회]

⑧ 민족 교육을 위해 ㅇㅅ ㅎㄱ를 설립하였다.
[51·49·47·46·45회]

⑨ 파리 강화 회의에 김규식을 통해 ㄷㄹ ㅊㅇㅅ를 제출하였다. [50·48·47·46·45회]

키워드 해설

독립 선언서 + 만세 + 민족 대표자 33인 → **3·1 운동**
정답 ②, ③, ④, ⑤

① 서상돈 [국채 보상 운동] ② 제암리 [3·1운동] ③ 문화 통치 [3·1 운동] ④ 5·4 운동 [3·1 운동] ⑤ 대한민국 임시 정부 [3·1 운동] ⑥ 남접, 북접 [동학 농민 운동] ⑦ 대한매일신보 [국채 보상 운동]

키워드 해설

이륭양행 + 교통 사무국 → **대한민국 임시 정부**
정답 ④, ⑦, ⑧

① 독립 공채 [대한민국 임시 정부] ② 한·일관계사료집 [대한민국 임시 정부] ③ 구미 위원부 [대한민국 임시 정부] ④ 복벽주의 [독립 의군부] ⑤ 한인 비행 학교 [대한민국 임시 정부] ⑥ 연통제 [대한민국 임시 정부] ⑦ 2·8 독립 선언서 [조선 청년 독립단] ⑧ 오산 학교 [신민회] ⑨ 독립 청원서 [대한민국 임시 정부]

01

일제 강점기의 정치 ③

1 1920년대 일제의 정책
2 1920년대 의열·무장 투쟁

최빈출 절대 선택지 TOP 7
(62~38회 기준)

1위 [총 12번 출제]
· 의열단 - 「조선혁명선언」을 활동 지침으로 삼았다.

2위 [총 11번 출제]
· 북로 군정서(김좌진)가 홍범도 부대와 연합하여 청산리에서 일본군과 교전하였다.

3위 [총 8번 출제]
· 대한 독립군(홍범도)이 대한 국민회군과 연합하여 봉오동 전투에서 승리하였다.

4위 [총 7번 출제]
· 대한 독립 군단이 간도 참변 이후 조직을 정비하고 자유시로 이동하였다.

공동 **5위** [총 5번 출제]
· 신채호가 의열단의 활동 지침인 「조선혁명선언」을 작성하였다.
· 의열단 - 조선 혁명 간부 학교를 세워 독립군을 양성하였다.
· 대한 독립 군단이 자유시 참변으로 큰 타격을 입었다.

---

1 1920년대 일제의 정책 핵심 선택지

(1) 문화 통치 [62~38회에서 총 3번 출제]
· 도 평의회, 부·면 협의회 등의 자문 기구를 설치하였다. [44회]
· 제2차 조선 교육령을 시행하였다. [46회]
· 사회주의 운동을 탄압하기 위한 치안 유지법이 마련되었다. [42회]

(2) 경제 수탈 [62~38회에서 총 3번 출제]
· 쌀 수탈을 목적으로 하는 산미 증식 계획을 실시하였다. [50·45회]
· 회사령이 철폐되었다. [38회]

2 1920년대 의열·무장 투쟁 핵심 선택지

(1) 의열단의 투쟁 [62~38회에서 총 35번 출제]
· 김원봉이 의열단을 조직하여 단장으로 활동하였다. [49·42·38회]
· 신채호가 의열단의 활동 지침인 「조선혁명선언」을 작성하였다. [50·49·40·34·30회]
· 「조선혁명선언」을 활동 지침으로 삼았다. [62·51·48·47·46회]
· 김익상, 김상옥 등이 단원으로 활동하였다. [38·32회]
· 김상옥이 종로 경찰서에 폭탄을 투척하였다. [51·44회]
· 나석주가 동양 척식 주식회사에 폭탄을 투척하였다. [49·48·46·38회]
· 단원 일부가 황푸(황포) 군관 학교에 입학해 군사 훈련을 받았다. [43·30회]
· 조선 혁명 간부 학교를 세워 독립군을 양성하였다. [50·47·46·42·40회]

(2) 국외 무장 투쟁 [62~38회에서 총 41번 출제]
· 1920년 6월 - 대한 독립군(홍범도)이 대한 국민회군과 연합하여 봉오동 전투에서 승리하였다. [59·49·45·43·41회]
· 1920년 10월 - 북로 군정서(김좌진)가 홍범도 부대와 연합하여 청산리에서 일본군과 교전하였다. [51·50·48·47·45회]
· 1920년 10월 - 일본군의 보복으로 간도 참변이 발생하였다. [48·39회]
· 1921년 - 대한 독립 군단이 간도 참변 이후 조직을 정비하고 자유시로 이동하였다. [48·46·44·43·41회]
· 1921년 - 대한 독립 군단이 자유시 참변으로 큰 타격을 입었다. [47·44·37·35·31회]
· 1923~1925년 - 참의부, 신민부, 정의부가 만주 지역에 성립되었다. [47·46·43·33회]
· 1925년 - 일제가 중국 군벌과 미쓰야 협정을 체결하였다. [47·46·39·35회]

기출 선택지 초성 퀴즈

먼저 하단 선택지들의 초성을 모두 채운 다음, 문제에 맞는 정답을 모두 고르세요.

01 다음 문서가 작성된 시기에 있었던 사실로 옳은 것을 모두 고르세요.
[45회]

> 안으로는 세계적 불안의 여파를 받아서 우리 조선 내부의 민심도 안정되지 못하였다. …… 다른 한편으로는 지방 자치를 실시하여 민의 창달의 길을 강구하고, 교육 제도를 개정하여 교화 보급의 신기원을 이루었고, 게다가 위생적 시설의 개선을 촉진하였다. …… 일본인과 조선인 사이의 차별 대우를 철폐하고 동시에 조선인 소장층 중 유력자를 발탁하는 방법을 강구하여, 군수·학교장 등에 발탁된 자가 적지 않다.
> – 사이토 마코토, 「조선 통치에 대하여」

① 강압적 통치를 목적으로 ㅎㅂ ㄱㅊㅈ가 실시되었다. [51·47·42·34회]

② ㅅㅁ ㅈㅅ ㄱㅎ이 실시되었다. [50·45회]

③ 회사 설립 시 총독의 허가를 받도록 하는 ㅎㅅㄹ이 발표되었다. [50·49·45·44·43회]

④ 기한 내에 토지를 신고하게 하는 ㅌㅈ ㅈㅅㄹ이 제정되었다. [48·42·33회]

⑤ 사회주의 운동을 탄압하기 위한 ㅊㅇ ㅇㅈㅂ이 마련되었다. [42회]

⑥ ㅈ2ㅊ ㅈㅅ ㄱㅇㄹ을 시행하였다. [46회]

⑦ ㄷ ㅍㅇㅎ, ㅂ·ㅁ ㅎㅇㅎ 등의 자문 기구를 설치하였다. [44회]

⑧ ㅂㅈ ㅈㄱㄹ에 의해 한국인을 처벌하였다. [46회]

⑨ 한국인에 한하여 적용하는 ㅈㅅ ㅌㅎㄹ을 시행하였다. [49·45·43·42·38회]

02 (가) 단체의 활동으로 옳은 것을 모두 고르세요.
[47회]

> 이 동상은 박재혁 의사의 1920년 의거를 기념하여 세운 것입니다. 그는 김원봉, 윤세주 등이 만주 지린성에서 창설한 (가) 에 가입한 후, 고서상으로 위장하여 부산 경찰서에 들어가 폭탄을 터뜨렸습니다.

① 신채호의 「ㅈㅅㅎㅁㅅㅇ」을 활동 지침으로 삼았다. [62·51·48·47·46회]

② ㄱㅁ ㄷㅍ ㅎㅇ를 개최하여 독립운동의 방향을 논의하였다. [50·47·46·43회]

③ ㄷ ㅊㅅ ㅈㅅㅎㅅ에 폭탄을 투척하였다. [49·48·46·38회]

④ 중국 국민당 정부의 지원을 받아 ㅈㅅ ㅎㅁ ㄱㅂㅎ ㄱ를 설립하였다. [50·47·46·42·40회]

⑤ 이륭양행에 ㄱㅌㄱ을 설치하여 국내와 연락을 취하였다. [39·38회]

⑥ 일본군의 공세를 피해 ㅈㅇㅅ로 이동하였다. [48·46·44·43·41회]

⑦ ㅊㅅㄹ에서 일본군에 맞서 대승을 거두었다. [51·50·48·47·45회]

⑧ ㅂㅇㄷ ㅈㅌ에서 일본군을 격파하였다. [49·45·43·41·40회]

키워드 해설

지방 자치를 실시 + 일본인과 조선인 사이의 차별 대우를 철폐 + 사이토 마코토 → **문화 통치 시기**

정답 ②, ⑤, ⑥, ⑦

① 헌병 경찰제 [무단 통치 시기] ② 산미 증식 계획 [문화 통치 시기] ③ 회사령 [무단 통치 시기] ④ 토지 조사령 [무단 통치 시기] ⑤ **치안 유지법** [문화 통치 시기] ⑥ 제2차 조선 교육령 [문화 통치 시기] ⑦ **도 평의회, 부·면 협의회** [문화 통치 시기] ⑧ 범죄 즉결례 [무단 통치 시기] ⑨ 조선 태형령 [무단 통치 시기]

키워드 해설

박재혁 + 김원봉 + 만주 지린성에서 창설 → **의열단**

정답 ①, ③, ④

① 조선혁명선언 [의열단] ② 국민 대표 회의 [대한민국 임시 정부] ③ 동양 척식 주식회사 [의열단] ④ 조선 혁명 간부 학교 [의열단] ⑤ 교통국 [대한민국 임시 정부] ⑥ 자유시 [대한 독립 군단] ⑦ 청산리 [북로 군정서 등] ⑧ 봉오동 전투 [대한 독립군 등]

01

일제 강점기의 정치 ④

1 1920년대 대중 투쟁
2 1920~1930년대 민족 운동

최빈출 절대 선택지
TOP 7
(62~38회 기준)

1위 [총 11번 출제]
• 광주 학생 항일 운동 - 신간회에서 진상 조사단을 파견하였다.

공동 2위 [총 9번 출제]
• 이상재 등의 주도로 민립 대학 설립 운동을 전개하였다.
• 천도교 소년회가 『어린이』 등의 잡지를 발간하여 소년 운동을 주도하였다.

4위 [총 8번 출제]
• 6·10 만세 운동 - 순종의 인산일을 기회로 삼아 추진되었다.

공동 5위 [총 7번 출제]
• 민족 유일당 운동의 일환으로 신간회가 창립되었다.
• 물산 장려 운동 - 조만식 등의 주도로 평양에서 시작되었다.

7위 [총 6번 출제]
• 형평 운동 - 조선 형평사의 주도로 전개되었다.

1 1920년대 대중 투쟁 핵심 선택지

(1) 6·10 만세 운동 [62~38회에서 총 14번 출제]
• 순종의 인산일을 기회로 삼아 추진되었다. [55·45·42·41·38회]
• 민족주의 진영과 사회주의 진영이 함께 준비하였다. [49·36·32회]
• 국내에서 민족 유일당 운동이 전개되는 계기가 되었다. [43·40·34회]

(2) 신간회 창립 [62~38회에서 총 13번 출제]
• 창립 배경 - 사회주의 세력의 활동 방향을 밝힌 정우회 선언이 발표되었다. [46·45·44·41·36회]
• 민족 유일당 운동의 일환으로 신간회가 창립되었다. [45·42·41·40·39회]

(3) 광주 학생 항일 운동 [62~38회에서 총 15번 출제]
• 한국인 학생과 일본인 학생 간의 충돌에서 비롯되었다. [47·46·33·32회]
• 신간회에서 진상 조사단을 파견하였다. [57·55·51·50·49회]

2 1920~1930년대 민족 운동 핵심 선택지

(1) 물산 장려 운동 [62~38회에서 총 15번 출제]
• 조만식 등의 주도로 평양에서 시작되었다. [47·46·41·37·36회]
• 토산품 애용을 위한 조선 물산 장려회가 발족되었다. [50·39회]
• 자작회, 토산 애용 부인회 등의 단체가 활동하였다. [48·46·36회]
• '조선 사람 조선 것' 등의 구호를 내세웠다. [40·36·32회]

(2) 민립 대학 설립 운동 [62~38회에서 총 12번 출제]
• 이상재 등의 주도로 민립 대학 설립 운동을 전개하였다. [54·51·44·40·38회]
• 결과 - 일제에 의해 경성 제국 대학이 설립되었다. [47·42·39회]

(3) 농민·노동 운동 [62~38회에서 총 19번 출제]
• 고액 소작료에 반발하여 암태도 소작 쟁의가 발생하였다. [44·31회]
• 조선 노동 총동맹과 조선 농민 총동맹이 창립되었다. [50·49·45·41·39회]
• 일본인 감독의 한국인 구타 사건을 계기로 원산 총파업이 일어났다. [51·50·45·36회]
• 원산 총파업은 일본, 프랑스 등의 노동 단체로부터 격려 전문을 받았다. [48·46·44·37회]
• 노동자 강주룡이 을밀대 지붕에서 고공 농성을 전개하였다. [48·41·39회]

(4) 소년·여성·형평 운동 [62~38회에서 총 26번 출제]
• 소년 운동 - 김기전, 방정환 등이 주도하였다. [39·30회]
• 천도교 소년회가 『어린이』 등의 잡지를 발간하여 소년 운동을 주도하였다. [51·50·48·47·44회]
• 여성 운동 - 근우회의 주도로 여성의 권익을 옹호하였다. [48·42·38·32회]
• 형평 운동 - 백정에 대한 사회적 차별 철폐를 목적으로 하였다. [48·46·40·39·36회]
• 형평 운동 - 조선 형평사의 주도로 전개되었다. [51·48·44·42·37회]

기출 선택지 초성 퀴즈

먼저 하단 선택지들의 초성을 모두 채운 다음, 문제에 맞는 정답을 모두 고르세요.

01 (가) 단체의 활동으로 옳은 것을 고르세요.
[50회]

> [역사 다큐멘터리 기획안]
>
> **(가) , 좌우가 힘을 합쳐 창립하다**
>
> ■ 기획 의도
> 　일제 강점기 최대 규모의 사회 단체인 (가) 에 대한 다큐멘터리를 제작하여 그 역사적 의미를 살펴본다.
>
> ■ 장면별 구성 내용
> 　– 정우회 선언을 작성하는 장면
> 　– 이상재가 회장으로 추대되는 장면
> 　– 전국 주요 도시에 지회가 설립되는 장면
> 　– 순회 강연단을 조직하고 농민 운동을 지원하는
> 　　장면

① 평양에 ㅈㄱ ㅎㅅ를 설립하였다. [50·38회]

② 2·8 ㄷㄹ ㅅㅇㅅ를 작성하여 발표하였다.
[50·49·48·42·41회]

③ ㅈㄱㅅㅁ을 발행하여 민중 계몽에 힘썼다. [50회]

④ 어린이날을 제정하고 잡지 『ㅇㄹㅇ』를 간행하였다.
[51·50·48·47·44회]

⑤ ㄱㅈ ㅎㅅ ㅎㅇ ㅇㄷ에 진상 조사단을 파견하였다.
[57·51·50회]

⑥ 인재 육성의 일환으로 ㅁㄹ ㄷㅎ ㅅㄹ ㅇㄷ을 전개하였다. [51·44·40·38·36회]

⑦ ㄱㅈ의 강제 퇴위에 반대하는 시위를 주도하였다.
[49·43·41·40·36회]

02 다음 자료에 나타난 민족 운동에 대한 설명으로 옳은 것을 모두 고르세요.
[48회]

> 　표어 모집으로 말하면 조선에 있어서는 처음 일이라 그래서 그 내용도 시원치 못하여 일등이라고 할 만한 것이 하나도 없었음은 매우 유감된 일이라 하며 이번에 당선된 것으로 말하면 이등이 셋, 삼등 넷이라는데 그중 한두 가지를 소개하면 아래와 같다.
> 　　2등 내 살림은 내 것으로
> 　　2등 조선 사람 조선 것
> 　　3등 우리 것으로만 살기

① ㅍㅇ에서 시작하여 전국으로 확산되었다.
[47·46·41·37·36회]

② ㅇㅅㅈ 등이 주도하여 모금 활동을 전개하였다.
[54·38회]

③ ㅈㅈㅎ, ㅌㅅ ㅇㅇ ㅂㅇㅎ 등이 활동하였다.
[48·46·36회]

④ ㅂㅈ에 대한 사회적 차별 철폐를 목표로 하였다.
[48·46·40·39·36회]

⑤ ㄱㅇㅎ를 중심으로 진행되었다. [48·42·38·32회]

⑥ ㅁㅈㅇ 진영과 ㅅㅎㅈㅇ 진영이 함께 준비하였다. [49·36·32회]

⑦ ㅈㅅ ㄴㄷ ㅊㄷㅁ 결성으로 이어졌다.
[50·49·45·41·39회]

⑧ 신간회에서 ㅈㅅ ㅈㅅㄷ을 파견하였다.
[55·51·50·49·48회]

키워드 해설

좌우가 힘을 합쳐 창립함 + 일제 강점기 최대 규모의 사회 단체 + 정우회 선언 → **신간회**

정답 ⑤

① 자기 회사 [신민회] ② 2·8 독립 선언서 [조선 청년 독립단] ③ 제국신문 [이종일 등] ④ 어린이 [천도교 소년회] ⑤ **광주 학생 항일 운동 [신간회]** ⑥ 민립 대학 설립 운동 [조선 민립 대학 기성회] ⑦ 고종 [대한 자강회]

키워드 해설

조선 사람 조선 것 → 물산 장려 운동

정답 ①, ③

① 평양 **[물산 장려 운동]** ② 이상재 [민립 대학 설립 운동] ③ **자작회, 토산 애용 부인회 [물산 장려 운동]** ④ 백정 [형평 운동] ⑤ 근우회 [여성 운동] ⑥ 민족주의, 사회주의 [6·10 만세 운동] ⑦ 조선 노동 총동맹 [노동 운동] ⑧ 진상 조사단 [광주 학생 항일 운동]

01

일제 강점기의
정치 ⑤

1 1930년 이후 일제의 정책
2 1930년 이후의 독립운동

최빈출 절대 선택지
T⚙P 7
(62~38회 기준)

1위 [총 10번 출제]
• 조선 의용대 - 중국 관내(關內)에서 결성된 최초의 한인 무장 부대였다.

공동 2위 [총 9번 출제]
• 삼균주의에 입각한 대한민국 건국 강령이 발표되었다.
• 조선 혁명군 - 양세봉이 중국군과 함께 영릉가 전투에서 큰 전과를 올렸다.

공동 4위 [총 8번 출제]
• 한국 독립군 - 지청천이 쌍성보 전투에서 한·중 연합 작전을 전개하였다.
• 한국 독립군이 대전자령 전투에서 일본군을 격퇴하였다.

공동 6위 [총 7번 출제]
• 한인 애국단 - 이봉창이 일왕의 행렬에 폭탄을 투척하였다.
• 한국광복군 - 미국과 연계하여 국내 진공 작전을 계획하였다.

---

1 1930년 이후 일제의 정책 핵심 선택지

(1) 민족 말살 통치 [62~38회에서 총 7번 출제]
• 독립운동 탄압을 위한 조선 사상범 보호 관찰령을 공포하였다. [45·44회]
• 조선 사상범 예방 구금령을 통해 독립운동을 탄압하였다. [59·48·47·46·43회]

(2) 경제 수탈 [62~38회에서 총 17번 출제]
• 농민의 자력갱생을 내세운 농촌 진흥 운동을 실시하였다. [46·33회]
• 국가 총동원법을 제정하여 인력과 물자를 강제 동원하였다. [60·46·44회]
• 식량 배급 및 미곡 공출 제도를 시행하였다. [62·48회]
• 금속류 회수령이 공포되었다. [50회]
• 학도 지원병 제도가 실시되었다. [49·33회]
• 노동력 동원을 위해 국민 징용령을 시행하였다. [45·33회]
• 여자 정신 근로령을 공포하였다. [48·38회]

2 1930년 이후의 독립운동 핵심 선택지

(1) 국외 무장 투쟁 [62~38회에서 총 47번 출제]
• 한국 독립군 - 지청천이 쌍성보 전투에서 한·중 연합 작전을 전개하였다. [59·50·46·45·44회]
• 한국 독립군이 대전자령 전투에서 일본군을 격퇴하였다. [62·51·50·49·48회]
• 조선 혁명군 - 조선 혁명당의 군사 조직으로 남만주 지역에서 활약하였다. [44·36회]
• 조선 혁명군 - 양세봉이 중국군과 함께 영릉가 전투에서 큰 전과를 올렸다. [58·47·46·45·42회]
• 조선 혁명군 - 흥경성에서 일본군을 격퇴하였다. [51·48회]
• 동북 인민 혁명군 - 동북 항일 연군으로 개편되어 유격전을 펼쳤다. [46·44회]
• 조선 독립 동맹을 창립하여 대일 항전을 준비하였다. [48·46회]
• 조선 의용군 - 중국 팔로군에 편제되어 항일 전선에 참여하였다. [51회]
• 김원봉이 중국 국민당과 협력하여 조선 의용대를 창설하였다. [38·32·30회]
• 조선 의용대 - 중국 관내(關內)에서 결성된 최초의 한인 무장 부대였다. [58·48·46·44·43회]

(2) 대한민국 임시 정부의 활동 [62~38회에서 총 43번 출제]
• 김구가 한인 애국단을 결성하여 의거 활동을 전개하였다. [51·48·46·39·33회]
• 한인 애국단 - 김구에 의해 상하이에서 결성되었다. [41·38·32회]
• 한인 애국단 - 이봉창이 일왕의 행렬에 폭탄을 투척하였다. [58·51·47·45·36회]
• 한인 애국단 - 윤봉길이 상하이 훙커우 공원에서 의거를 일으켰다. [47·45·42·41회]
• 충칭에서 지청천을 총사령관으로 하는 한국광복군이 창설되었다. [50·45회]
• 대한민국 임시 정부가 대일 선전 성명서를 공표하였다. [50회]
• 한국광복군 - 영국군의 요청으로 인도, 미얀마 전선에 투입되었다. [51·47·42·40·35회]
• 한국광복군 - 미국과 연계하여 국내 진공 작전을 계획하였다. [61·48·46·44·43회]
• 삼균주의에 입각한 대한민국 건국 강령이 발표되었다. [62·51·48·47·46회]

기출 선택지 초성 퀴즈

먼저 하단 선택지들의 초성을 모두 채운 다음, 문제에 맞는 정답을 모두 고르세요.

01 밑줄 그은 '시기'에 볼 수 있는 모습으로 적절하지 않
[49회] 은 것을 모두 고르세요.

역사 속 오늘 — 8월 14일, 일본군 '위안부' 피해자 기림의 날

1991년 8월 14일은 고(故) 김학순 할머니가 국내에서 처음으로 일본군 '위안부' 피해 사실을 공개 증언한 날이다. 그의 용기 있는 행동은 일본군 '위안부' 문제가 국제 사회에 알려지는 계기가 되었다. 정부는 이날을 〈일본군 '위안부' 피해자 기림의 날〉로 제정하여 2018년부터 매년 국가 기념일로 기리고 있다. 김학순 할머니는 일제가 국가 총동원법을 적용하여 인적·물적 자원을 수탈하던 <u>시기</u>에 일본군 '위안부'로 끌려가 참혹한 고통을 겪었다.

① ㅌㅎ을 집행하는 헌병 경찰 [49·45·43·42·38회]

② ㅅㄱㅎ 창립 대회에 참여하는 청년 [45·42·41·40·39회]

③ ㅇㅅㅊㅍㅇ에 동참하는 공장 노동자 [51·50·45·36회]

④ ㅎㄷ병 출전 권고 연설을 하는 친일파 인사 [49·33회]

⑤ ㄱㅊ을 강요하는 면사무소 서기 [62·48회]

⑥ ㄱㅇㅎ가 개최한 강연회에서 연설하는 여성
[48·42·38·32회]

⑦ ㅌㅈ ㅈㅅㄹ을 발표하는 총독부 관리 [48·42·33회]

02 밑줄 그은 '의거'를 일으킨 단체에 대한 설명으로 옳은
[51회] 것을 모두 고르세요.

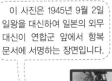

이 사진은 1945년 9월 2일 일왕을 대신하여 일본의 외무 대신이 연합군 앞에서 항복 문서에 서명하는 장면입니다.

서명하는 인물은 시게미쓰 마모루인데, 그는 윤봉길의 상하이 훙커우 공원 의거 당시 폭탄에 맞아 다리를 다쳤습니다.

① 신채호의 「ㅈㅅㅎㅁㅅㅇ」을 활동 지침으로 삼았다.
[62·51·48·47·46회]

② ㄱㄱ에 의해 상하이에서 결성되었다. [41·38·32회]

③ 중국군과 함께 ㅇㄹㄱ 전투에서 큰 전과를 올렸다.
[58·47·46·45·42회]

④ 김상옥이 ㅈㄹ ㄱㅊㅅ에 폭탄을 투척하였다.
[51·44회]

⑤ 단원 일부가 ㅎㅍ ㄱㄱ ㅎㄱ에 입학해 군사 훈련을 받았다. [43·30회]

⑥ 단원인 ㅇㅂㅊ이 일왕의 행렬에 폭탄을 투척하였다. [58·51·47·45·36회]

⑦ 연합군과 함께 ㅇㄷ·ㅁㅇㅁ 전선에서 활동하였다.
[51·47·42·40·35회]

⑧ ㅈㄱ ㄱㄴ(關內)에서 결성된 최초의 한인 무장 부대였다. [58·48·46·44·43회]

⑨ ㅅㄱㅈㅇ에 바탕을 둔 건국 강령을 발표하였다.
[62·51·48·47·46회]

키워드 해설

위안부 + 국가 총동원법 → **민족 말살 통치 시기**

정답 ①, ②, ③, ⑥, ⑦

① 태형 [무단 통치 시기] ② 신간회 [문화 통치 시기] ③ 원산 총파업 [문화 통치 시기] ④ 학도 [민족 말살 통치 시기] ⑤ 공출 [민족 말살 통치 시기] ⑥ 근우회 [문화 통치 시기] ⑦ 토지 조사령 [무단 통치 시기]

키워드 해설

윤봉길 + 상하이 훙커우 공원 의거 → **한인 애국단**

정답 ②, ⑥

① 조선혁명선언 [의열단] ② 김구 [한인 애국단] ③ 영릉가 [조선 혁명군] ④ 종로 경찰서 [의열단] ⑤ 황푸(황포) 군관 학교 [의열단] ⑥ 이봉창 [한인 애국단] ⑦ 인도·미얀마 [한국광복군] ⑧ 중국 관내 [조선 의용대] ⑨ 삼균주의 [대한민국 임시 정부]

02
일제 강점기의 문화

1 민족 문화 수호 운동
2 문화 활동

최빈출 절대 선택지
TOP 7
(62~38회 기준)

1위 [총 8번 출제]
• 박은식 - 「한국독립운동지혈사」에서 독립 투쟁 과정을 서술하였다.

공동 **2위** [총 7번 출제]
• 나운규가 제작한 영화 아리랑이 처음 개봉되었다.
• 백남운 - 「조선사회경제사」에서 식민 사학의 정체성 이론을 반박하였다.
• 천도교 - 「개벽」, 「신여성」 등의 잡지를 발행하였다.
• 정인보, 문일평, 안재홍 등 - 조선학 운동을 전개하여 「여유당전서」를 간행하였다.

공동 **6위** [총 6번 출제]
• 박은식 - 일본의 침략 과정을 서술한 「한국통사」를 저술하였다.
• 동아일보가 농촌 계몽을 위해 브나로드 운동을 전개하였다.

1 민족 문화 수호 운동 핵심 선택지

(1) 한국사 연구 [62~38회에서 총 39번 출제]
• 박은식 - 「한국독립운동지혈사」에서 독립 투쟁 과정을 서술하였다. [50·47·43·42·41회]
• 박은식 - 일본의 침략 과정을 서술한 「한국통사」를 저술하였다. [61·51·49·48·39회]
• 신채호 - 「독사신론」을 발표하여 민족을 역사 서술의 중심에 두었다. [41·38·37회]
• 신채호 - 고대사 연구를 바탕으로 「조선상고사」를 저술하였습니다. [50·32회]
• 정인보, 문일평, 안재홍 등 - 조선학 운동을 전개하여 「여유당전서」를 간행하였다. [61·44·42·41·40회]
• 정인보 - 민족의 얼을 강조하고 조선학 운동을 추진하였다. [48·46회]
• 백남운 - 「조선사회경제사」에서 식민 사학의 정체성 이론을 반박하였다. [60·50·48·46·41회]
• 이병도, 손진태 등 - 진단 학회를 설립하여 실증주의 사학을 발전시켰다. [48·42·41·38회]

(2) 국어 연구 [62~38회에서 총 15번 출제]
• 조선어 연구회 - 가갸날을 제정하고 기관지인 「한글」을 발행하였다. [46·39·38·33·30회]
• 조선어 학회 - 한글 맞춤법 통일안과 표준어를 제정하였다. [50·46·44·38·36회]
• 조선어 학회 사건으로 최현배, 이극로 등이 투옥되었다. [46·42·41·38·34회]

2 문화 활동 핵심 선택지

(1) 종교 활동 [62~38회에서 총 27번 출제]
• 천도교 - 「개벽」, 「신여성」 등의 잡지를 발행하였다. [56·46·45·44·42회]
• 대종교 - 단군을 숭배의 대상으로 하였다. [45·42회]
• 대종교 - 항일 무장 단체인 중광단을 결성하였다. [45·41·38·37회]
• 불교 - 일제의 통제에 맞서 사찰령 폐지 운동을 벌였다. [48·44·38회]
• 천주교 - 경향신문을 발간하여 민중 계몽에 힘썼다. [42·38·37회]
• 천주교 - 만주에서 의민단을 조직하여 독립 전쟁을 전개하였다. [46·42·41·37회]
• 원불교 - 박중빈을 중심으로 새 생활 운동을 추진하였다. [48·46·45·44회]

(2) 언론 활동 [62~38회에서 총 7번 출제]
• 동아일보가 농촌 계몽을 위해 브나로드 운동을 전개하였다. [44·42·39·36·33회]
• 조선 중앙일보와 동아일보가 일장기를 삭제한 손기정 사진을 게재하였다. [47회]

(3) 문학·예술 활동 [51~30회에서 총 19번 출제]
• 근대극 형식을 도입한 토월회를 조직하였습니다. [50·31회]
• 신경향파 작가들이 카프(KAPF)를 결성하였다. [43·42·40·39·31회]
• 나운규가 제작한 영화 아리랑이 처음 개봉되었다. [51·50·42·40·39회]
• 이기영이 일제 강점기 농촌 현실을 묘사한 소설 「고향」을 연재하였습니다. [50·41회]
• 이육사가 저항시 「광야」, 「절정」 등을 발표하였다. [51·41·31회]

✓ 기출 선택지 초성 퀴즈

먼저 하단 선택지들의 초성을 모두 채운 다음, 문제에 맞는 정답을 모두 고르세요.

01 다음 가상 인터뷰의 주인공에 대한 설명으로 옳은 것을 고르세요. [48회]

선생께서 『한국독립운동지혈사』를 저술하신 동기를 말씀해 주시겠습니까?

일제의 침략과 탄압에 맞선 우리 독립 투쟁의 역사를 구체적인 자료를 통해 보여 주고, 한국인의 긍지와 민족의식을 고양시키고자 책을 쓰게 되었습니다.

① 「ㄷㅅㅅㄹ」을 저술하여 민족주의 사관의 기초를 마련하였다. [41·38·37회]

② 유물 사관을 바탕으로 『ㅈㅅㅅㅎㄱㅈㅅ』를 저술하였다. [60·50·48·46·41회]

③ 민족의 ㅇ을 강조하고 ㅈㅅㅎ ㅇㄷ을 추진하였다. [48·46회]

④ 『ㅎㄱㅌㅅ』를 저술하고 민족주의 사학의 기초를 닦았다. [61·51·49·48·39회]

⑤ 저항시 「ㄱㅇ」, 「ㅈㅈ」 등을 발표하였다. [51·41·31회]

⑥ 『ㅇㅇㄷㅈㅅ』를 간행하고 조선학 운동을 주도하였다. [61·44·42·41·40회]

⑦ 실증주의 사학의 연구를 위해 ㅈㄷ ㅎㅎ를 창립하였다. [48·42·41·38회]

02 (가) 종교에 대한 설명으로 옳은 것을 모두 고르세요. [46회]

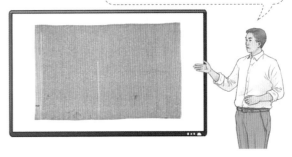

이것은 황사영이 쓴 백서입니다. 백서에는 [(가)]에 대한 정부의 탄압 상황과 신앙의 자유를 얻기 위해 외국 군대의 출병을 요청하는 내용 등이 쓰여 있습니다.

① 어린이날을 제정하고 잡지 『ㅇㄹㅇ』 등을 발간하였다. [51·50·48·47·44회]

② 만주에서 ㅇㅁㄷ을 조직하여 무장 투쟁을 전개하였다. [46·42·41·37회]

③ 간척 사업을 추진하고 ㅅ ㅅㅎ ㅇㄷ을 전개하였다. [48·46·45·44회]

④ 항일 단체인 ㅈㄱㄷ의 결성을 주도하였다. [45·41·38·37회]

⑤ ㅅㅊㄹ 폐지 운동을 전개하였다. [48·44·38회]

⑥ 『ㄱㅂ』, 『ㅅㅇㅅ』 등의 잡지를 간행하여 민족의식을 높였다. [56·46·45·44·42회]

⑦ ㄱㅎㅅㅁ을 발간하여 민중 계몽에 기여하였다. [42·38·37회]

⑧ 『ㄷㄱㄷㅈ』과 『용담유사』를 경전으로 삼았다. [46·45·42회]

키워드 해설

『한국독립운동지혈사』를 저술 → **박은식**

정답 ④

① 독사신론 [신채호] ② 조선사회경제사 [백남운] ③ 얼, 조선학 운동 [정인보] ④ **한국통사 [박은식]** ⑤ 광야, 절정 [이육사] ⑥ 여유당전서 [정인보, 문일평, 안재홍 등] ⑦ 진단 학회 [이병도, 손진태 등]

키워드 해설

황사영이 쓴 백서 + 정부의 탄압 → **천주교**

정답 ②, ⑦

① 어린이 [천도교] ② **의민단 [천주교]** ③ 새 생활 운동 [원불교] ④ 중광단 [대종교] ⑤ 사찰령 [불교] ⑥ 개벽, 신여성 [천도교] ⑦ **경향신문 [천주교]** ⑧ 동경대전 [동학]

03
현대의 정치 ①

1 광복 전후의 정치 상황
2 대한민국 정부 수립 과정

최빈출 절대 선택지
T♡P 7
(62~38회 기준)

1위 [총 10번 출제]
· 일제의 패망과 광복에 대비하여 조선 건국 동맹을 결성하였다.

2위 [총 6번 출제]
· 김구, 김규식 등이 남북 협상에 참석하였다.

3위 [총 5번 출제]
· 좌·우 합작 위원회에서 좌·우 합작 7원칙을 발표하였다.

4위 [총 4번 출제]
· 우리나라 최초의 보통 선거인 5·10 총선거가 실시되었다.

공동 **5위** [총 3번 출제]
· 모스크바 3국 외상 회의가 개최되었다.
· 여운형이 중심이 되어 조선 건국 준비 위원회를 조직하였다.
· 이승만이 정읍에서 남한만의 단독 정부 수립을 주장하였다.

1 광복 전후의 정치 상황 핵심 선택지

(1) 광복 전후 국내 정세(1944~1945. 9.) [62~38회에서 총 14번 출제]
· 1944년 - 일제의 패망과 광복에 대비하여 조선 건국 동맹을 결성하였다. [57·50·49·45·43회]
· 1945년 8월 - 여운형이 중심이 되어 조선 건국 준비 위원회를 조직하였다. [48·44·43회]
· 1945년 9월 - 조선 건국 준비 위원회가 조선 인민 공화국을 수립하고 전국 각 지역에 인민 위원회를 조직하였다. [47회]

(2) 모스크바 3국 외상 회의(1945. 12.) [62~38회에서 총 4번 출제]
· 모스크바 3국 외상 회의가 개최되었다. [60·51·43회]
· 영향 - 이승만, 김구 등이 신탁 통치에 반대하는 운동을 전개하였다. [33회]

2 대한민국 정부 수립 과정 핵심 선택지

(1) 제1차 미·소 공동 위원회(1946. 3.~1946. 5.) [62~38회에서 총 2번 출제]
· 임시 민주 정부 수립을 위한 협의에 참여할 단체의 범위를 두고 논쟁하였다. [47회]
· 1946년 5월 - 제1차 미·소 공동 위원회가 결렬되었다. [51회]

(2) 정읍 발언(1946. 6.) [62~38회에서 총 3번 출제]
· 이승만이 정읍에서 남한만의 단독 정부 수립을 주장하였다. [54·48·44회]

(3) 좌·우 합작 위원회의 활동(1946. 7.~1947. 10.) [62~38회에서 총 8번 출제]
· 1946년 7월 - 여운형, 김규식 등 중도 세력을 중심으로 결성되었다. [38·37·33회]
· 1946년 10월 - 좌·우 합작 위원회에서 좌·우 합작 7원칙을 발표하였다. [60·51·49·47·44회]

(4) 유엔(국제 연합)의 한반도 문제 논의(1947. 9.~1948. 2.) [62~38회에서 총 4번 출제]
· 1947년 11월 - 유엔 총회에서 인구 비례에 의한 남북 총선거가 의결되었다. [60·48회]
· 1947년 11월 - 유엔 한국 임시 위원단이 설치되었다. [49회]
· 1948년 2월 - 유엔 소총회에서 남한만의 단독 총선거가 결의되었다. [51회]

(5) 제주 4·3 사건(1948. 4.) [62~38회에서 총 1번 출제]
· 제주도에서 4·3 사건으로 많은 주민이 희생되었다. [50회]

(6) 남북 협상(1948. 4.) [62~38회에서 총 6번 출제]
· 김구, 김규식 등이 남북 협상에 참석하였다. [54·47·42·38·37회]

(7) 5·10 총선거(1948. 5. 10.) [62~38회에서 총 5번 출제]
· 우리나라 최초의 보통 선거인 5·10 총선거가 실시되었다. [55·47·45·44·38회]
· 2년 임기의 국회의원이 선출되었다. [46회]

(8) 제헌 헌법 공포(1948. 7.) [62~38회에서 총 1번 출제]
· 제헌 헌법이 제헌 국회에서 제정되었다. [50회]

✅ 기출 선택지 초성 퀴즈

먼저 하단 선택지들의 초성을 모두 채운 다음, 문제에 맞는 정답을 모두 고르세요.

01 (가), (나) 사이의 시기에 있었던 사실로 옳은 것을 모두 고르세요.
[47회]

> (가) 모스크바 삼상 회의에서 결정한 조선에 관한 제3조 제2항에 의거하여 구성된 미·소 공동 위원회가 3천만의 큰 희망 속에 20일 드디어 덕수궁 석조전에서 출범하였다. 조선의 진로를 좌우하는 중대한 관건을 쥐고 있는 만큼 그 추이는 자못 3천만 민중의 주목을 받고 있다.
>
> (나) 조선인이 다 아는 것과 같이 미·소 공동 위원회가 난관에 봉착함으로 인하여 미국 측은 조선의 독립과 통일 문제를 유엔 총회에 제출하였다. 그리고 대다수의 세계 각국은 41대 6으로 이 문제를 유엔 총회에 상정시키기로 가결하였다. …… 조선인에게 권고하고 싶은 것은 이 중요한 시간에 유엔 총회가 조선 문제를 해결할 수 있다는 믿음을 가지고 평화를 애호하는 세계의 모든 국가가 모인 유엔 총회의 결정을 전적으로 지지하여야 할 것이다.

① 김구, 김규식 등이 ㄴㅂㅎㅅ에 참석하였다.
[54·47·42·38·37회]

② 우리나라 최초의 보통 선거인 5·10 ㅊㅅㄱ가 실시되었다. [55·47·45·44·38회]

③ 좌·우 합작 위원회에서 ㅈ·ㅇ ㅎㅈ 7ㅇㅊ을 발표하였다. [60·51·49·47·44회]

④ 조선 건국 준비 위원회가 ㅈㅅ ㅇㅁ ㄱㅎㄱ을 수립하고 전국 각 지역에 인민 위원회를 조직하였다.
[47회]

⑤ 4·3 ㅅㄱ으로 많은 주민이 희생되었다. [50회]

⑥ 남한만의 ㄷㄷ ㅈㅂ 수립을 주장한 정읍 발언이 제기되었다. [54·48·44회]

⑦ ㅇㅇ ㅎㄱ ㅇㅅ ㅇㅇㄷ이 설치되었다. [49회]

⑧ 유엔 ㅅㅊㅎ에서 ㄴㅎ만의 단독 총선거가 결의되었다. [51회]

02 다음 결의문이 채택된 이후의 사실을 모두 고르세요.
[46회]

> 총회가 당면하고 있는 한국 문제는 근본적으로 한국민 자체의 문제이며 그 자유와 독립에 관련된 문제이므로 …… 총회는 한국 대표가 한국 주재 군정 당국에 의하여 지명된 자가 아니라 한국민에 의하여 실제로 정당하게 선출된 자라는 것을 감시하기 위하여, 조속히 유엔 한국 임시 위원단을 설치하여 한국에 주재케 하고, 이 위원단에게 한국 전체를 여행·감시·협의할 수 있는 권한을 부여할 것을 결의한다.

① ㅈ·ㅇ ㅎㅈ 7ㅇㅊ이 발표되었다. [60·51·49·47·44회]

② ㅈㅅ ㄱㄱ ㅈㅂ ㅇㅇㅎ가 결성되었다. [48·44·43회]

③ 우리나라 최초의 보통 선거인 5·10 ㅊㅅㄱ가 실시되었다. [55·47·45·44·38회]

④ ㅁㅅㅋㅂ 3ㄱ ㅇㅅ 회의가 개최되었다. [60·51·43회]

⑤ 김구, 김규식 등이 ㄴㅂ ㅎㅅ에 참석하였다.
[54·47·42·38·37회]

⑥ ㅈㅊ ㅁㅅ ㄱㄷ ㅇㅇㅎ가 결렬되었다. [51회]

⑦ ㅈㅅ ㄱㄱ ㄷㅁ이 결성되었다. [57·50·49·45·43회]

⑧ 남한만의 ㄷㄷ ㅈㅂ 수립을 주장한 정읍 발언이 제기되었다. [48·44·38회]

키워드 해설

> (가) 모스크바 삼상 회의에서 결정 + 덕수궁 석조전에서 출범 → **제1차 미·소 공동 위원회 개최**(1946. 3.)
> (나) 미국 측은 조선의 독립과 통일 문제를 유엔 총회에 제출 + 유엔 총회 상정 → **한반도 문제의 유엔 이관 및 상정**(1947. 9.)
>
> 정답 ③, ⑥

① 남북 협상 [1948년 4월] ② 5·10 총선거 [1948년 5월] ③ 좌·우 합작 7원칙 [1946년 10월] ④ 조선 인민 공화국 [1945년 9월] ⑤ 4·3 사건 [1948년 4월] ⑥ 단독 정부 [1946년 6월] ⑦ 유엔 한국 임시 위원단 [1947년 11월] ⑧ 소총회, 남한 [1948년 2월]

키워드 해설

> 총회 + 유엔 한국 임시 위원단을 설치함 → **유엔 총회의 남·북한 총선거 결의안 채택**(1947. 11.)
>
> 정답 ③, ⑤

① 좌·우 합작 7원칙 [1946년 10월] ② 조선 건국 준비 위원회 [1945년 8월] ③ 5·10 총선거 [1948년 5월] ④ 모스크바 3국 외상 [1945년 12월] ⑤ 남북 협상 [1948년 4월] ⑥ 제1차 미·소 공동 위원회 [1946년 5월] ⑦ 조선 건국 동맹 [1944년] ⑧ 단독 정부 [1946년 6월]

03
현대의 정치 ②

1 제헌 국회의 활동
2 6·25 전쟁

최빈출 절대 선택지
TOP 7
(62~38회 기준)

1위 [총 8번 출제]
• 유상 매수, 유상 분배 원칙의 농지 개혁법이 제정되었다.

2위 [총 6번 출제]
• 반민족 행위 특별 조사 위원회가 구성되었다.

3위 [총 5번 출제]
• 일제가 남긴 재산 처리를 위하여 귀속 재산 처리법이 제정되었다.

공동 **4위** [총 4번 출제]
• 한·미 상호 방위 조약이 체결되었다.
• 원조 물자를 가공하는 삼백 산업이 발달하였다.

공동 **6위** [총 2번 출제]
• 반민족 행위 처벌법이 제정되었다.
• 경찰이 반민족 행위 특별 조사 위원회를 습격하였다.

1 제헌 국회의 활동 핵심 선택지

(1) 제헌 헌법 제정 [62~38회에서 총 3번 출제]
• 대통령을 행정부 수반으로 규정한 헌법을 제정하였다. [33회]
• 대통령 선출 방식으로 간선제를 채택하였다. [34·30회]

(2) 반민족 행위 처벌법 제정 [62~38회에서 총 10번 출제]
• 반민족 행위 처벌법이 제정되었다. [62·46회]
• 반민족 행위 특별 조사 위원회가 구성되었다. [51·49·47·43·40회]
• 한계 - 경찰이 반민족 행위 특별 조사 위원회를 습격하였다. [45·44회]

(3) 농지 개혁법 제정 [62~38회에서 총 9번 출제]
• 유상 매수, 유상 분배 원칙의 농지 개혁법이 제정되었다. [58·48·47·45·43회]
• 경자유전의 원칙에 따른 농지 개혁법이 제정되었다. [40회]

(4) 귀속 재산 처리법 제정 [62~38회에서 총 5번 출제]
• 일제가 남긴 재산 처리를 위하여 귀속 재산 처리법이 제정되었다. [51·44·40·37·33회]

2 6·25 전쟁 핵심 선택지

(1) 전쟁 이전의 상황 [62~38회에서 총 2번 출제]
• 애치슨 선언이 발표되었다. [51회]
• 미국과 한·미 상호 방위 원조 협정이 체결되었다. [50회]

(2) 전개 과정 [62~38회에서 총 4번 출제]
• 1950년 6월 - 북한의 전면적인 남침으로 6·25 전쟁이 발발하였다. [44회]
• 1950년 9월 - 인천 상륙 작전 [61회]
• 1950년 12월 - 흥남 철수 작전이 전개되었다. [51회]
• 1953년 6월 - 이승만 정부가 반공 포로를 석방하였다. [50회]

(3) 정전 협정 체결 [62~38회에서 총 3번 출제]
• 1953년 7월 - 판문점에서 6·25 전쟁 정전 협정이 조인되었다. [50회]
• 군사 분계선을 확정하고 비무장 지대를 설정하였다. [42회]
• 포로 송환 문제로 인해 체결이 지연되었다. [42회]

(4) 전쟁 이후의 상황 [62~38회에서 총 10번 출제]
• 한·미 상호 방위 조약이 체결되었다. [59·51·45·42회]
• 원조 물자를 가공하는 삼백 산업이 발달하였다. [60·48·36·32회]
• 문맹국민 완전퇴치 5개년 계획을 수립하여 추진하였다. [48회]
• 유엔 한국 재건단의 지원으로 문경 시멘트 공장이 건설되었다. [40회]

✅ 기출 선택지 초성 퀴즈

먼저 하단 선택지들의 초성을 모두 채운 다음, 문제에 맞는 정답을 모두 고르세요.

01 밑줄 그은 '국회'에 대한 설명으로 옳은 것을 모두 고르세요. [42회]

> 지난 5·10 총선을 통해 구성된 국회가 반민족 행위자를 처벌할 수 있는 법안을 통과시켰습니다. 이 법의 적용을 받는 자는 한·일 합방에 협력한 자, 한국의 주권을 침해하는 데 도움을 준 자, 일본 치하 독립운동자나 그 가족을 살상·박해한 자 등입니다. 아울러 반민족 행위를 예비 조사하기 위해 특별 조사 위원회를 설치하기로 했습니다.

① ○ㅅ ㅁㅈ ㅈㅂ 수립을 위한 협의에 참여할 단체의 범위를 두고 논쟁하였다. [47회]

② 일제가 남긴 재산 처리를 위한 ㄱㅅ ㅈㅅ ㅊㄹㅂ을 제정하였다. [51·44·40·37·33회]

③ 우리나라 최초의 ㅂㅌ ㅅㄱ를 통해 구성되었다. [47·45·44·38회]

④ ○○ㅎ, ㄱㄱㅅ 등 중도 세력을 중심으로 결성되었다. [38·37·33회]

⑤ 유상 매수·유상 분배의 ㄴㅈ ㄱㅎㅂ이 제정되었다. [58·48·47·45·43회]

⑥ ㅈㅅ ○ㅁ ㄱㅎㄱ을 수립하고 전국 각 지역에 인민 위원회를 조직하였다. [47회]

02 밑줄 그은 '이 작전'이 실행된 시기 이전의 사실을 모두 고르세요. [39회]

> 친애하는 ○○○ 귀하
>
> …… 말씀하신 대로 인천항은 많은 난점을 안고 있습니다. 이곳은 좁은 단일 수로로 대규모 함정의 진입이 불가능하고, 적이 기뢰를 매설할 경우 많은 피해가 예상됩니다. 이와 같은 어려운 조건 때문에 적군도 이 작전이 불가능하다고 판단할 것입니다. 하지만 바로 그 점이 적을 기습할 수 있는 충분한 요소라고 확신합니다. 우리는 이 작전으로 많은 인적·물적·시간적 손실을 최소화시킬 수 있을 것입니다.

① ○ㅊㅅ ㅅ○이 발표되었다. [51회]

② ㅎ·ㅁ ㅅㅎ ㅂ○ ㅈ○을 체결하였다. [59·51·45·42회]

③ 제분·제당·면방직의 ㅅㅂ ㅅ○이 성장하였다. [60·48·36·32회]

④ ㅎㄴ ㅊㅅ 작전이 전개되었다. [51회]

⑤ 판문점에서 6·25 전쟁 ㅈㅈ ㅎㅈ이 조인되었다. [50회]

⑥ 미국과 ㅎ·ㅁ ㅅㅎ ㅂ○ ○ㅈ ㅎㅈ이 체결되었다. [50회]

⑦ ㅂㅎ의 전면적인 ㄴㅊ으로 6·25 전쟁이 발발하였다. [44회]

⑧ 이승만 정부가 ㅂㄱ ㅍㄹ를 ㅅㅂ하였다. [50회]

키워드 해설

반민족 행위자 + 특별 조사 위원회를 설치 → **제헌 국회**

정답 ②, ③, ⑤

① 임시 민주 정부 [미·소 공동 위원회] ② 귀속 재산 처리법 [제헌 국회] ③ 보통 선거 [제헌 국회] ④ 여운형, 김규식 [좌·우 합작 위원회] ⑤ 농지 개혁법 [제헌 국회] ⑥ 조선 인민 공화국 [조선 건국 준비 위원회]

키워드 해설

인천 + 작전 → **인천 상륙 작전(1950. 9.)**

정답 ①, ⑥, ⑦

① 애치슨 선언 [전쟁 이전] ② 한·미 상호 방위 조약 [전쟁 이후] ③ 삼백 산업 [전쟁 이후] ④ 흥남 철수 [1950년 12월] ⑤ 정전 협정 [1953년 7월] ⑥ 한·미 상호 방위 원조 협정 [전쟁 이전] ⑦ 북한, 남침 [1950년 6월] ⑧ 반공 포로, 석방 [1953년 6월]

03

현대의 정치 ③

1 이승만 정부의 장기 집권 추진
2 4·19 혁명과 장면 내각

최빈출 절대 선택지
TOP 7
(62~38회 기준)

1위 [총 7번 출제]
· 4·19 혁명 - 3·15 부정 선거에 항의 하는 시위에서 시작되었다.

공동 **2위** [총 5번 출제]
· 4·19 혁명 - 장면 내각이 출범하는 배경이 되었다.
· 사사오입 개헌 - 개헌 당시의 대통령에 한하여 중임 제한이 철폐되었다.

공동 **4위** [총 4번 출제]
· 4·19 혁명 - 대통령 하야를 요구하는 대학 교수단의 시위 행진이 있었다.
· 3차 개헌 - 대통령 중심제가 내각 책임제로 바뀌었다.
· 평화 통일론을 주장한 진보당의 조봉암이 구속되었다.

7위 [총 3번 출제]
· 4·19 혁명 - 허정을 수반으로 하는 과도 정부가 수립되었다.

1 이승만 정부의 장기 집권 추진 핵심 선택지

(1) 장기 집권 추진 [62~38회에서 총 11번 출제]
· 발췌 개헌 - 임시 수도 부산에서 대통령 직선제 개헌안이 통과되었다. [51·38회]
· 발췌 개헌 - 계엄령 아래 국회에서 기립 표결로 통과되었다. [50·46회]
· 발췌 개헌 - 정·부통령 직접 선거를 주 내용으로 하는 개헌이 이루어졌다. [44·38회]
· 사사오입 개헌 - 개헌 당시의 대통령에 한하여 중임 제한이 철폐되었다.
[58·45·42·34·33회]

(2) 독재 체제 강화 [62~38회에서 총 6번 출제]
· 평화 통일론을 주장한 진보당의 조봉암이 구속되었다. [45·42·40·38회]
· 국가보안법 개정안을 통과시킨 이른바 보안법 파동이 발생하였다. [48·43회]

2 4·19 혁명과 장면 내각 핵심 선택지

(1) 3·15 부정 선거 [62~38회에서 총 4번 출제]
· 여당 부통령 후보 당선을 위한 3·15 부정 선거가 자행되었다. [46·39·38회]
· 3·15 부정 선거로 여당 부통령 후보가 당선되었다. [47회]

(2) 4·19 혁명 [62~38회에서 총 29번 출제]
· 3·15 부정 선거에 항의하는 시위에서 시작되었다. [60·58·45·42·39회]
· 부정 선거에 항거하는 4·19 혁명이 전국 각지에서 전개되었다. [44·41회]
· 대통령 하야를 요구하는 대학 교수단의 시위 행진이 있었다. [50·48·46·37회]
· 국민들의 요구에 굴복하여 대통령이 하야하는 결과를 가져왔다. [57회]
· 허정을 수반으로 하는 과도 정부가 수립되었다. [61·49·46·37회]
· 대통령 중심제에서 의원 내각제로 바뀌는 계기가 되었다. [48·43·31회]
· 양원제 국회가 출현하는 결과를 가져왔다. [40·38회]
· 장면 내각이 출범하는 배경이 되었다. [61·51·45·42·40회]
· 장면의 민주당 정권이 들어서는 계기가 되었다. [37회]

(3) 3차 개헌과 장면 내각 [62~38회에서 총 8번 출제]
· 3차 개헌 - 대통령 중심제가 내각 책임제로 바뀌었다. [47·45·36·34회]
· 3차 개헌 - 호헌 동지회 결성 이후 개정되었다. [50회]
· 장면 내각 - 국회가 민의원, 참의원의 양원으로 운영되었다. [46·42·30회]

☑ 기출 선택지 초성 퀴즈

먼저 하단 선택지들의 초성을 모두 채운 다음, 문제에 맞는 정답을 모두 고르세요.

01 밑줄 그은 '개헌안'의 시행 결과로 옳은 것을 고르세요. [45회]

> **政府, 改憲案通過도 認定**
> – 28日 國務會議後, 갈 處長 發表 –
>
> 27일 국회에서 개헌안에 대하여 135표의 찬성표가 던져졌다. 그런데 민의원 재적수 203석 중 찬성표 135, 반대표 60, 기권 7. 결석 1이었다. 60표의 반대표는 총수의 3분의 1이 훨씬 되지 못하다는 사실을 잘 주의해서 보아야 한다. 민의원의 3분의 2는 정확하게 계산할 때 $135\frac{1}{3}$인 것이다. 한국은 표결에 있어서 단수(端數)*를 계산하는 데에 전례가 없었으나 단수는 계산에 넣지 않아야 할 것이며 따라서 개헌안은 통과되었다는 것이 정부의 견해이다.
> *단수(端數): '일정한 수에 차고 남는 수'로, 여기에서는 소수점 이하의 수를 의미함

① ㅈㅎ ㄱㅎ에서 제정되었다. [50회]

② 개헌 당시의 대통령에 한하여 ㅈㅇ ㅈㅎ이 철폐되었다. [58·45·42·34·33회]

③ ㄱㅇㄹ 아래 국회에서 기립 표결로 통과되었다. [50·46회]

④ 정부 형태가 ㄴㄱ ㅊㅇㅈ로 바뀌게 되었다. [47·45·36·34회]

⑤ 임시 수도 ㅂㅅ에서 대통령 직선제 개헌안이 통과되었다. [51·38회]

⑥ ㅁㅇㅇ과 ㅊㅇㅇ의 양원으로 운영되었다. [46·42·30회]

⑦ 우리나라 최초의 보통 선거인 5·10 ㅊㅅㄱ가 실시되었다. [55·47·45·44·38회]

02 (가) 민주화 운동에 대한 설명으로 옳은 것을 모두 고르세요. [50회]

> 이것은 대전 지역의 고등학생들이 장면 부통령 후보 유세를 기회로 삼아 시작한 3·8 민주 의거를 기리는 탑입니다. 3·8 민주 의거는 대구의 2·28 민주 운동, 마산의 3·15 의거와 더불어 (가) 이/가 전국적으로 확산되는 계기가 되었습니다.

① ㄷㅎ ㄱㅅㄷ이 대통령 퇴진을 요구하며 시위 행진을 벌였다. [50·48·46·37회]

② ㅎㅈ 과도 정부가 구성되는 결과를 가져왔다. [61·49·46·37회]

③ ㄱㄱㅈ 등의 발의로 시작되었다. [47·46·37·32회]

④ ㅈㅁ의 민주당 정권이 들어서는 계기가 되었다. [61·51·45·42·40회]

⑤ ㅁㅈㅈㅇ 진영과 ㅅㅎㅈㅇ 진영이 함께 준비하였다. [49·36·32회]

⑥ 중국의 5·4 ㅇㄷ에 영향을 주었다. [38·37·30회]

⑦ ㅅㄱㅎ 중앙 본부가 진상 조사단을 파견하여 지원하였다. [51·50·49·48·46회]

⑧ 3·15 ㅂㅈ ㅅㄱ에 항의하는 시위에서 시작되었다. [60·58·45·42·39회]

키워드 해설

단수는 계산에 넣지 않아야 할 것 + 개헌안은 통과 → **사사오입 개헌 (2차 개헌)**

정답 ②

① 제헌 국회 [제헌 헌법] ② 중임 제한 [사사오입 개헌] ③ 계엄령 [발췌 개헌] ④ 내각 책임제 [3차 개헌] ⑤ 부산 [발췌 개헌] ⑥ 민의원, 참의원 [3차 개헌] ⑦ 5·10 총선거 [제헌 헌법 공포 이전]

키워드 해설

대구의 2·28 민주 운동 + 마산의 3·15 의거 → **4·19 혁명**

정답 ①, ②, ④, ⑧

① 대학 교수단 [4·19 혁명] ② 허정 [4·19 혁명] ③ 김광제[국채 보상 운동(근대)] ④ 장면 [4·19 혁명] ⑤ 민족주의, 사회주의 [6·10 만세 운동(일제 강점기)] ⑥ 5·4 운동 [3·1 운동(일제 강점기)] ⑦ 신간회 [광주 학생 항일 운동(일제 강점기)] ⑧ 3·15 부정 선거 [4·19 혁명]

03

현대의 정치 ④

1 박정희 정부 시기의
  정치 상황
2 박정희 정부의 경제·
  사회·통일 정책

최빈출 절대 선택지

T⊙P 7

(62~38회 기준)

1위 [총 12번 출제]
· 남북 조절 위원회를 구성하였다.

2위 [총 11번 출제]
· 통일의 3대 원칙을 명시한 7·4 남
  북 공동 성명을 발표하였다.

공동 3위 [총 10번 출제]
· 3·1 민주 구국 선언을 통해 긴급 조
  치 철폐 등을 요구하였다.
· 제1차 경제 개발 5개년 계획이 추진
  되었다.

5위 [총 9번 출제]
· 굴욕적 대일 외교 반대를 주장하는
  6·3 시위가 일어났다.

6위 [총 5번 출제]
· 통일 주체 국민회의에서 대통령이
  선출되었다.

7위 [총 4번 출제]
· 제2차 석유 파동으로 경제 불황이
  심화되었다.

---

1 박정희 정부 시기의 정치 상황 **핵심 선택지**

(1) 5·16 군사 정변과 박정희 정부 [62~38회에서 총 14번 출제]
  · 5·16 군사 정변 - 반공을 국시로 내건 혁명 공약을 발표하였다. [47회]
  ☆· 굴욕적 대일 외교 반대를 주장하는 6·3 시위가 일어났다. [61·50·45·44·43회]
  · 한·일 협정을 체결하여 국교 정상화를 추진하였다. [41회]
  · 베트남 파병에 관한 브라운 각서가 체결되었다. [50·49·39회]

(2) 장기 집권 추진과 유신 체제 [62~38회에서 총 11번 출제]
  · 장기 집권을 위한 3선 개헌안이 통과되었다. [49·39회]
  · 장기 독재를 가능하게 한 유신 헌법이 공포되었다. [38회]
  ☆· 통일 주체 국민회의에서 대통령이 선출되었다. [59·46·45·43·34회]
  · 통일 주체 국민회의에서 정수의 3분의 1에 해당하는 국회의원 선출권을 행사하였
    다. [47·42회]
  · 긴급 조치 9호가 발동되었다. [49회]

(3) 유신 체제에 대한 저항 [62~38회에서 총 14번 출제]
  · 3·1 민주 구국 선언을 통해 긴급 조치 철폐 등을 요구하였다. [51·50·47·45·44회]
  · YH 무역 노동자들이 폐업에 항의하며 농성하였다. [47·42·40회]
  · 부·마 민주 항쟁 - 유신 체제가 붕괴되는 배경이 되었다. [46회]

---

2 박정희 정부의 경제·사회·통일 정책 **핵심 선택지**

(1) 경제 정책 [62~38회에서 총 21번 출제]
  ☆· 제1차 경제 개발 5개년 계획이 추진되었다. [61·48·44·43·39회]
  · 한·독 정부 간의 협정에 따라 서독으로 광부가 파견되었다. [43·34·30회]
  · 경부 고속 도로가 개통되었어요. [51·48·36회]
  · 연간 수출액 100억 달러가 달성되었다. [61회]
  ☆· 한계 - 제2차 석유 파동으로 경제 불황이 심화되었다. [49·39·32·30회]

(2) 사회 정책 [62~38회에서 총 9번 출제]
  · 재건 국민 운동 본부를 중심으로 혼·분식 장려 운동이 전개되었다. [41회]
  · 국민 교육 헌장이 공포되었다. [49·39회]
  · 중학교 입시 제도를 폐지하고 무시험 추첨제를 실시하였다. [50·48회]
  · 허례허식을 없애기 위해 법령으로 가정 의례 준칙이 제정되었다. [41회]
  · 농촌 근대화를 표방한 새마을 운동이 전개되었다. [43·35·30회]

(3) 통일 정책 [62~38회에서 총 24번 출제]
  ☆· 통일의 3대 원칙을 명시한 7·4 남북 공동 성명을 발표하였다.
    [62·51·45·44·43회]
  ☆· 남북 조절 위원회를 구성하였다. [60·50·48·47·46회]
  · 제1차 남북 적십자 회담을 개최하였다. [49회]

✅ 기출 선택지 초성 퀴즈

먼저 하단 선택지들의 초성을 모두 채운 다음, 문제에 맞는 정답을 모두 고르세요.

01 다음 기사 내용이 보도된 정부 시기에 볼 수 있는 모
[45회] 습으로 옳은 것을 모두 고르세요.

□□신문

제△△호 　　　　　　　 ○○○○년 ○○월 ○○일

국내 대중 가요 222곡, 금지곡으로 선정

긴급 조치 제9호의 후속 조치로 수립된 「공연물 및 가요 정화 대책」에 따라 한국 예술 문화 윤리 위원회는 국내 대중 가요 222곡을 금지곡으로 선정하여 발표하였다. 한국 예술 문화 윤리 위원회는 국가 안보 위협, 왜색 풍, 창법 저속, 불신 풍조 조장, 퇴폐성 등이 금지곡 선정 이유라고 밝혔다. 대표적인 금지곡으로는 이미자의 '기러기 아빠', 김추자의 '거짓말이야', 이장희의 '그건 너', 신중현의 '미인' 등이 있다.

---

① 의원 정수 3분의 1이 ㅌㅇ ㅈㅊ ㄱㅁㅇ에서 선출되었다. [47·42회]

② ㅂㅁㅈ ㅎㅇ ㅌㅂ ㅈㅅ ㅇㅇㅎ가 출범하였다. [51·49·47·43·40회]

③ 국가보안법 개정안을 통과시킨 이른바 ㅂㅇㅂ ㅍㄷ이 일어났다. [48·43회]

④ 평화 통일론을 주장한 진보당의 ㅈㅂㅇ을 제거하였다. [45·42·40·38회]

⑤ 3·1 ㅁㅈ ㄱㄱ ㅅㅇ이 발표되었다. [51·50·47·45·44회]

⑥ 미국의 요청에 따라 ㅂㅌㄴ 파병이 시작되었다. [50·49·39회]

⑦ 부산에서 ㅂㅊ ㄱㅎㅇ이 통과되었다. [51·38회]

⑧ YH ㅁㅇ 노동자들이 폐업에 항의하며 농성하였다. [47·42·40회]

⑨ ㄴㅂ ㅈㅈ ㅇㅇㅎ를 구성하였다. [50·48·47·46·44회]

---

02 교사의 질문에 대한 학생의 답변으로 옳은 것을 모두
[51회] 고르세요.

> 이것은 제2차 경제 개발 5개년 계획 도표로서 분야별 주요 계획, 국토 건설 현황 등이 그림과 그래프로 표현되어 있습니다. 이 계획이 실시된 시기의 경제 상황에 대해 말해 볼까요?

① ㅅㅂ ㅅㅇ 중심의 소비재 산업이 발달하였다. [48·36·32·30회]

② ㄱㅅ ㅈㅅ ㅊㄹㅂ을 제정하여 일본인들이 남기고 간 재산을 처리하였다. [51·44·40·37·33회]

③ ㄱㅂ ㄱㅅ ㄷㄹ를 준공하였다. [51·48·36회]

④ 제2차 ㅅㅇ ㅍㄷ으로 경제 위기를 맞았다. [49·39·32·30회]

⑤ ㅅㄷ에 광부와 간호사가 파견되었다. [43·34·30회]

⑥ 농촌 근대화를 목표로 ㅅㅁㅇ 운동이 추진되었다. [43·35·30회]

⑦ 연간 수출액 100ㅇ ㄷㄹ가 달성되었다. [61회]

키워드 해설

긴급 조치 → 박정희 정부

정답 ①, ⑤, ⑥, ⑧, ⑨

① 통일 주체 국민회의 [박정희 정부] ② 반민족 행위 특별 조사 위원회 [이승만 정부] ③ 보안법 파동 [이승만 정부] ④ 조봉암 [이승만 정부] ⑤ 3·1 민주 구국 선언 [박정희 정부] ⑥ 베트남 [박정희 정부] ⑦ 발췌 개헌안 [이승만 정부] ⑧ YH 무역 [박정희 정부] ⑨ 남북 조절 위원회 [박정희 정부]

키워드 해설

제2차 경제 개발 5개년 계획 → 박정희 정부

정답 ③, ④, ⑤, ⑥, ⑦

① 삼백 산업 [이승만 정부] ② 귀속 재산 처리법 [이승만 정부] ③ 경부 고속 도로 [박정희 정부] ④ 석유 파동 [박정희 정부] ⑤ 서독 [박정희 정부] ⑥ 새마을 [박정희 정부] ⑦ 100억 달러 [박정희 정부]

03
현대의 정치 ⑤

1 신군부의 등장과
   5·18 민주화 운동
2 전두환 정부와 6월 민주
   항쟁

최빈출 절대 선택지
T⊙P 7
(62~38회 기준)

1위 [총 12번 출제]
· 전두환 정부 - 최초의 이산가족 고
  향 방문과 예술 공연단 교환을 실현
  하였다.

2위 [총 9번 출제]
· 6월 민주 항쟁 - 5년 단임의 대통령
  직선제 개헌을 이끌어 냈다.

^{공동} **3위** [총 7번 출제]
· 6월 민주 항쟁 - 4·13 호헌 조치의
  철폐를 요구하는 전 국민적인 저항
  이 벌어졌다.
· 6월 민주 항쟁 - 호헌 철폐와 독재
  타도 등의 구호를 내세웠다.

^{공동} **5위** [총 6번 출제]
· 5·18 민주화 운동 - 관련 기록물이
  유네스코 세계 기록유산으로 등재
  되었다.
· 5·18 민주화 운동 - 신군부의 비상
  계엄 확대가 원인이 되어 일어났다.

7위 [총 4번 출제]
· 5·18 민주화 운동 - 신군부의 계엄
  확대와 무력 진압에 저항하는 시위
  가 벌어졌다.

---

1 신군부의 등장과 5·18 민주화 운동 핵심 선택지

(1) 신군부의 등장 [62~38회에서 총 7번 출제]
· 신군부 세력이 쿠데타를 일으켜 권력을 장악하였다. [39회]
· 신군부에 의해 비상 계엄이 전국으로 확대 선포되었다. [49·47·31회]
· 국가 보위 비상 대책 위원회가 설치되었다. [49회]
· 신군부가 사회 정화를 명분으로 삼청 교육대를 설치하였다. [43·42회]

(2) 5·18 민주화 운동 [62~38회에서 총 20번 출제]
· 신군부의 비상 계엄 확대가 원인이 되어 일어났다. [45·40·39·38·32회]
· 신군부의 계엄 확대와 무력 진압에 저항하는 시위가 벌어졌다. [62·51·42·41·36회]
· 전개 과정에서 시민군이 자발적으로 조직되었다. [46·40·37회]
· 계엄군의 무력 진압으로 시민들이 희생되었다. [35회]
· 관련 기록물이 유네스코 세계 기록유산으로 등재되었다. [61·58·48·46·43회]

2 전두환 정부와 6월 민주 항쟁 핵심 선택지

(1) 전두환 정부 시기의 사실 [62~38회에서 총 27번 출제]
· 8차 개헌 - 대통령 선거인단에 의한 간접 선거제를 규정하였다. [50회]
· 선거인단이 선출하는 7년 단임의 대통령제가 실시되었다. [45·30회]
· 언론의 통폐합이 강제로 단행되고 언론 기본법이 제정되었다. [47·41회]
· 3저 호황으로 물가가 안정되고 수출이 증가하였다. [43·36회]
· 최저 임금법이 제정되었다. [38회]
· 과외 전면 금지와 대학 졸업 정원제를 시행하였다. [50·48·35회]
· 프로 야구단이 정식으로 창단되었다. [49·44·41·35회]
· 최초의 이산가족 고향 방문과 예술 공연단 교환을 실현하였다.
  [62·51·49·47·46회]

(2) 직선제 개헌 청원 운동 [62~38회에서 총 2번 출제]
· 김영삼과 김대중을 공동 의장으로 한 민주화 추진 협의회가 조직되었다. [44회]
· 직선제 개헌을 청원하는 1천만 명 서명 운동이 전개되었다. [47회]

(3) 6월 민주 항쟁 [62~38회에서 총 30번 출제]
· 배경 - 치안본부 대공 분실에서 박종철 고문 치사 사건이 발생하였다. [48·41회]
· 배경 - 전두환 정부가 국민의 직선제 요구를 거부한 4·13 호헌 조치를 발표하였다.
  [39회]
· 4·13 호헌 조치의 철폐를 요구하는 전 국민적인 저항이 벌어졌다.
  [51·44·43·37·36회]
· 호헌 철폐와 독재 타도 등의 구호를 내세웠다. [62·61·50·48·46회]
· 시위 도중 대학생 이한열이 희생되었다. [51·48회]
· 결과 - 호헌 철폐 등을 내세운 시위로 6·29 민주화 선언이 발표되었다. [46·30회]
· 결과 - 5년 단임의 대통령 직선제 개헌을 이끌어 냈다. [54·50·49·45·42회]

기출 선택지 초성 퀴즈

먼저 하단 선택지들의 초성을 모두 채운 다음, 문제에 맞는 정답을 모두 고르세요.

01 (가) 민주화 운동에 대한 설명으로 옳은 것을 모두 고르세요. [48회]

□□신문

제△△호 　2020년 ○○월 ○○일

경찰관 부당 징계 취소

경찰청은 ___(가)___ 40주기를 맞아 신군부의 명령을 거부하고 시민들을 보호했다는 이유 등으로 부당하게 징계를 받은 퇴직 경찰관 21명의 징계 처분을 직권 취소했다고 밝혔다. 당시 경찰관에 대한 징계는 국가 보위 비상 대책 위원회의 문책 지시에 따라 이루어졌다.

경찰청은 징계 처분이 재량권을 남용한 하자가 있는 행정 처분이라고 판단하였고, 중앙 징계 위원회를 개최하여 심의·의결을 거쳐 징계 처분을 직권 취소하게 되었다.

① ㅂㅈㅊ과 이한열의 희생으로 확산되었다. [51·48·41회]
② 6·29 ㅁㅈㅎ ㅅㅇ이 발표되었다. [46·30회]
③ 관련 기록물이 ㅇㄴㅅㅋ ㅅㄱ ㄱㄹㅇㅅ으로 등재되었다. [61·58·48·46·43회]
④ 대통령 중심제에서 ㅇㅇ ㄴㄱㅈ로 바뀌는 계기가 되었다. [48·43·31회]
⑤ ㄱㅇㄱ의 무력 진압으로 시민들이 희생되었다. [35회]
⑥ 3·1 ㅁㅈ ㄱㄱ ㅅㅇ을 통해 긴급 조치 철폐 등을 요구하였다. [51·50·47·45·44회]
⑦ 대통령 하야를 요구하며 ㄷㅎ ㄱㅅㄷ이 시위행진을 벌였다. [50·48·46·37회]
⑧ ㅅㄱㅂ의 비상 계엄 확대와 무력 진압에 저항하였다. [62·51·42·41·36회]

02 다음 기사에 보도된 민주화 운동에 대한 설명으로 옳은 것을 모두 고르세요. [49회]

□□신문

제△△호 　○○○○년 ○○월 ○○일

민주 헌법 쟁취를 위한 국민 대회 열려

경찰이 사상 최대 규모인 5만 8천여 명의 병력을 동원하여 전국 집회장을 원천 봉쇄한다는 방침을 밝힌 가운데 서울을 비롯한 전국 20여 개 도시에서 국민 대회가 열렸다.

민주 헌법 쟁취 국민 운동 본부는 "국민 합의를 배신한 4·13 호헌 조치는 무효임을 전 국민의 이름으로 선언한다."라고 발표하면서 민주 헌법 쟁취를 통한 민주 정부 수립 의지를 밝혔다.

① ㅇㅅ ㅊㅈ가 붕괴되는 배경이 되었다. [46회]
② 5ㄴ ㄷㅇ의 대통령 직선제 개헌이 이루어졌다. [54·50·49·45·42회]
③ ㅎㅈ 과도 정부가 구성되는 계기가 되었다. [49·46·37회]
④ 시위 도중 대학생 ㅇㅎㅇ이 희생되었다. [51·48회]
⑤ 3·15 ㅂㅈ ㅅㄱ에 항의하는 시위에서 비롯되었다. [45·42·39·37·34회]
⑥ ㅅㅁㄱ을 조직하여 계엄군에 대항하였다. [46·40·37회]
⑦ ㅎㅎ ㅊㅍ와 ㄷㅈ ㅌㄷ 등의 구호를 내세운 시위가 전개되었다. [62·61·50·48·46회]

키워드 해설

40주기(2020년) + 신군부 + 국가 보위 비상 대책 위원회
→ **5·18 민주화 운동**
정답 ③, ⑤, ⑧

① 박종철 [6월 민주 항쟁] ② 6·29 민주화 선언 [6월 민주 항쟁] ③ 유네스코 세계 기록유산 [5·18 민주화 운동] ④ 의원 내각제 [4·19 혁명] ⑤ 계엄군 [5·18 민주화 운동] ⑥ 3·1 민주 구국 선언 [유신 체제에 대한 저항] ⑦ 대학 교수단 [4·19 혁명] ⑧ 신군부 [5·18 민주화 운동]

키워드 해설

4·13 호헌 조치는 무효임 → **6월 민주 항쟁**
정답 ②, ④, ⑦

① 유신 체제 [부·마 민주 항쟁] ② 5년 단임 [6월 민주 항쟁] ③ 허정 [4·19 혁명] ④ 이한열 [6월 민주 항쟁] ⑤ 3·15 부정 선거 [4·19 혁명] ⑥ 시민군 [5·18 민주화 운동] ⑦ 호헌 철폐, 독재 타도 [6월 민주 항쟁]

03

현대의 정치 ⑥

1 노태우~김영삼 정부
2 김대중~노무현 정부

최빈출 절대 선택지

T⦾P 7

(62~38회 기준)

1위 [총 13번 출제]

• 노태우 정부 - 남북한 간 최초의 공식 합의서인 남북 기본 합의서를 교환하였다.

2위 [총 12번 출제]

• 김영삼 정부 - 경제 협력 개발 기구(OECD)에 가입하였다.

3위 [총 11번 출제]

• 김영삼 정부 - 대통령 긴급 명령으로 금융 실명제를 실시하였다.

4위 [총 10번 출제]

• 노태우 정부 - 남북한이 한반도 비핵화 공동 선언에 서명하였다.

공동 5위 [총 8번 출제]

• 노무현 정부 - 한·미 자유 무역 협정(FTA)을 체결하였다.
• 노무현 정부 - 10·4 남북 공동 선언을 채택하였다.

7위 [총 7번 출제]

• 김대중 정부 - 남북한의 교류 협력을 위한 개성 공업 지구 조성에 합의하였다.

---

1 노태우~김영삼 정부 핵심 선택지

(1) 노태우 정부 [62~38회에서 총 33번 출제]

• 3당 합당으로 민주 자유당이 창당되었다. [46회]
• 중화 인민 공화국과 국교를 수립하였다. [50·41회]
• 남북한 간 최초의 공식 합의서인 남북 기본 합의서를 교환하였다. [58·51·47·45·44회]
• 남북한이 유엔에 동시 가입하였다. [50·49·43·41·34회]
• 남북한이 한반도 비핵화 공동 선언에 서명하였다. [62·61·50·49·48회]

(2) 김영삼 정부 [62~38회에서 총 26번 출제]

• 대통령 긴급 명령으로 금융 실명제를 실시하였다. [55·51·49·47·44회]
• 지방 자치제가 전면 시행되었다. [49회]
• 경제 협력 개발 기구(OECD)에 가입하였다. [56·51·50·48·47회]
• 국민학교라는 명칭을 초등학교로 변경하였다. [48회]
• 국제 통화 기금(IMF)의 구제 금융을 받게 되었다. [46회]

2 김대중~노무현 정부 핵심 선택지

(1) 김대중 정부 [62~38회에서 총 24번 출제]

• 외환 위기 극복을 위해 금 모으기 운동이 전개되었다. [44·35회]
• 대통령 직속 자문 기구인 노사정 위원회가 구성되었다. [47회]
• 국민 기초 생활 보장법이 실시되었다. [50회]
• 분단 이후 최초로 남북 정상 회담을 성사시켰다. [51·35·32회]
• 6·15 남북 공동 선언을 채택하였다. [43·38·31회]
• 남북한의 교류 협력을 위한 개성 공업 지구 조성에 합의하였다. [60·51·48·46·42회]
• 금강산 해로 관광 사업을 시작하였다. [49·48·45·44·37회]

(2) 노무현 정부 [62~38회에서 총 31번 출제]

• 칠레와 자유 무역 협정(FTA)을 체결하였다. [48·43·41·37·31회]
• 한·미 자유 무역 협정(FTA)을 체결하였다. [61·51·49·47·42회]
• 노인 장기 요양 보험법이 제정되었다. [50회]
• 호주제가 폐지되었다. [50·35회]
• 제2차 남북 정상 회담을 개최하였다. [60·44회]
• 10·4 남북 공동 선언을 채택하였다. [50·48·47·46·45회]
• 남북한의 교류 협력을 위한 개성 공업 지구 건설에 착수하였다. [50·45·40·35회]

✓ 기출 선택지 초성 퀴즈

먼저 하단 선택지들의 초성을 모두 채운 다음, 문제에 맞는 정답을 모두 고르세요.

01 다음 뉴스의 사건이 일어난 정부 시기의 사실로 옳은 것을 모두 고르세요. [39회]

> 정부는 최근 겪고 있는 금융, 외환 시장에서의 어려움을 극복하기 위해 국제 통화 기금에 유동성 조절 자금을 지원해 줄 것을 요청하기로 결정했습니다.

국제 통화 기금(IMF)에 지원 요청

① ㅈㅣㅊ ㄱㅈ ㄱㅂ 5ㄱㄴ ㄱㅎㅇ이 추진되었다.
[61·48·44·43·39회]

② ㄱㅈ ㅎㄹ ㄱㅂ ㄱㄱ(OECD)에 가입하였다.
[56·51·50·48·47회]

③ ㅎ·ㅁ ㅈㅇ ㅁㅇ ㅎㅈ(FTA)이 체결되었다.
[61·51·49·47·42회]

④ ㅈ2ㅊ ㅅㅇ ㅍㄷ으로 경제 불황이 심화되었다.
[49·39·32·30회]

⑤ 유상 매수, 유상 분배의 ㄴㅈ ㄱㅎㅂ이 제정되었다.
[58·48·47·45·43회]

⑥ 3ㅈ ㅎㅎ으로 물가가 안정되고 수출이 증가하였다.
[43·36회]

⑦ 대통령 긴급 명령으로 ㄱㅇ ㅅㅁㅈ가 실시되었다.
[55·51·49·47·44회]

02 밑줄 그은 '정부'의 통일 노력으로 옳은 것을 모두 고르세요. [49회]

> 국민들은 금 모으기 운동에 자발적으로 동참하여 외환 위기 극복에 힘을 보탰습니다. 정부는 지금까지 어떤 노력을 해왔는지 말씀해 주십시오.

> 정부는 기업에 대한 강도 높은 구조 조정, 노사정 위원회 설치 등 다각적인 노력을 통해 국제 통화 기금(IMF)의 구제 금융 지원금을 예정보다 3년이나 빨리 상환하였습니다.

① ㄴㅂ ㄱㅂ ㅎㅇㅅ를 채택하였다.
[58·51·47·45·44회]

② ㄴㅂ ㅈㅈ ㅇㅇㅎ를 설치하여 통일 방안을 논의하였다. [60·50·48·47·46회]

③ ㄴㅂ ㅈㅅ ㅎㄷ을 처음으로 성사시켰다. [51·35·32회]

④ ㅇㅅㄱㅈ 고향 방문을 최초로 실현하였다.
[62·51·49·47·46회]

⑤ 남북한이 ㄱㅅ 공단 조성에 ㅎㅇ하였다.
[60·51·48·46·42회]

⑥ ㅎㅂㄷ ㅂㅎㅎ ㄱㄷ ㅅㅇ에 합의하였다.
[62·61·50·49·48회]

⑦ ㄱㄱㅅ 관광 사업을 시작하였다.
[49·48·45·44·37회]

⑧ 10·4 ㄴㅂ ㄱㄷ ㅅㅇ을 발표하였다.
[50·48·47·46·45회]

키워드 해설

국제 통화 기금(IMF)에 지원 요청 → **김영삼 정부**

정답 ②, ⑦

① 제1차 경제 개발 5개년 계획 [박정희 정부] ② **경제 협력 개발 기구 [김영삼 정부]** ③ 한·미 자유 무역 협정 [노무현 정부] ④ 제2차 석유 파동 [박정희 정부] ⑤ 농지 개혁법 [이승만 정부] ⑥ 3저 호황 [전두환 정부] ⑦ **금융 실명제 [김영삼 정부]**

키워드 해설

금 모으기 운동 + 노사정 위원회 → **김대중 정부**

정답 ③, ⑤, ⑦

① 남북 기본 합의서 [노태우 정부] ② 남북 조절 위원회 [박정희 정부] ③ **남북 정상 회담 [김대중 정부]** ④ 이산가족 [전두환 정부] ⑤ **개성, 합의 [김대중 정부]** ⑥ 한반도 비핵화 공동 선언 [노태우 정부] ⑦ **금강산 [김대중 정부]** ⑧ 10·4 남북 공동 선언 [노무현 정부]

04
통합 주제 ①

1 주요 지역의 역사

최빈출 절대 선택지
TOP 7
(62~38회 기준)

1위 [총 5번 출제]
• 평양 - 조만식 등을 중심으로 조선 물산 장려회가 발족되었다.

공동 2위 [총 4번 출제]
• 예산 - 오페르트가 남연군 묘 도굴을 시도하였다.
• 강화도 - 양헌수 부대가 적군을 물리쳤다.
• 흑산도 - 정약전이 『자산어보』를 저술한 섬이다.

공동 5위 [총 3번 출제]
• 서울 - 강우규가 사이토 총독에게 폭탄을 투척하였다.
• 암태도 - 지주 문재철의 횡포에 맞서 소작 쟁의가 발생하였다.
• 청주 - 『직지심체요절』이 금속 활자로 간행되었다.

---

1 주요 지역의 역사 핵심 선택지

(1) 한반도 북부 [62~38회에서 총 18번 출제]
• 개성 - 만적을 비롯한 노비들이 신분 해방을 도모하였다. [53·48·42회]
• 개성 - 정몽주가 이방원 세력에 의해 피살되었다. [37·35·30회]
• 개성 - 남북한 경제 협력 사업의 일환으로 공단이 건설되었다. [49·33·30회]
• 평양 - 미국 상선 제너럴셔먼호가 관민들에 의해 불태워졌다. [43·36회]
• 평양 - 조만식 등을 중심으로 조선 물산 장려회가 발족되었다. [43·38·35·31·30회]
• 평양 - 노동자 강주룡이 을밀대 지붕에서 고공 농성을 벌였다. [45·43회]

(2) 한반도 남부 [62~38회에서 총 28번 출제]
• 서울 - 강우규가 사이토 총독에게 폭탄을 투척하였다. [50·40·30회]
• 서울 - 전태일이 근로 기준법 준수를 외치며 분신하였다. [46회]
• 서울 - 제1차 미·소 공동 위원회가 개최되었다. [42·40·33회]
• 청주 - 『직지심체요절』이 금속 활자로 간행되었다. [48·46·42회]
• 충주 - 신립이 배수의 진을 치고 왜군에 항전하였다. [48·44·36회]
• 천안 - 아우내 장터에서 독립 만세 운동이 일어났다. [50회]
• 대구 - 김광제 등의 발의로 국채 보상 운동이 일어났다. [45·38회]
• 진주 - 백정에 대한 차별 철폐를 위해 조선 형평사가 창립되었다. [38·31회]
• 논산 - 백제와 신라 사이에 황산벌 전투가 벌어졌다. [46·33회]
• 괴산 - 명 신종의 제사를 지내는 만동묘가 건립되었다. [48회]
• 부안 - 유형원이 『반계수록』을 저술하였다. [46회]
• 익산 - 안승을 왕으로 하는 보덕국이 세워졌다. [46·31회]
• 예산 - 오페르트가 남연군 묘 도굴을 시도하였다. [50·48·45·42회]

(3) 섬 [62~38회에서 총 31번 출제]
• 강화도 - 양헌수 부대가 적군을 물리쳤다. [51·45·36·32회]
• 강화도 - 프랑스군이 『의궤』를 약탈하였다. [51·37회]
• 강화도 - 어재연 부대가 결사 항전하였다. [51·37회]
• 강화도 - 조·일 수호 조규가 체결되었다. [51회]
• 거문도 - 영국군이 불법으로 점령하였다. [51·40회]
• 독도 - 대한 제국 칙령 제41호에서 관할 영토로 명시한 곳이다. [45회]
• 독도 - 일본이 러·일 전쟁 중에 불법으로 편입하였다. [58회]
• 독도 - 안용복이 일본으로 건너간 배경을 조사한다. [58회]
• 암태도 - 지주 문재철의 횡포에 맞서 소작 쟁의가 발생하였다. [50·38·36회]
• 절영도 - 러시아가 저탄소 설치를 명분으로 조치를 요구하였다. [45·36·33회]
• 제주도 - 하멜 일행이 표류하다가 도착한 곳이다. [45·36·33회]
• 제주도 - 4·3 사건으로 많은 주민이 희생되었다. [50회]
• 진도 - 삼별초가 용장성을 쌓고 몽골에 대항하였다. [45·33회]
• 흑산도 - 정약전이 『자산어보』를 저술한 섬이다. [45·44·36·35회]

✓ 기출 선택지 초성 퀴즈

먼저 하단 선택지들의 초성을 모두 채운 다음, 문제에 맞는 정답을 모두 고르세요.

01 (가) 지역에서 있었던 사실로 옳지 않은 것을 모두 고르세요.
[43회]

① 남북한 경제 협력 사업의 일환으로 ㄱㄷ이 건설되었다. [49·33·30회]
② 토산품 애용을 위한 ㅈㅅ ㅁㅅ ㅈㄹㅎ가 발족되었다. [43·38·35·31·30회]
③ ㅈㅣㅊ ㅁㅅ ㄱㄷ ㅇㅇㅎ가 개최되었다. [42·40·33회]
④ ㅅㄹ이 배수의 진을 치고 왜군에 항전하였다. [48·44·36회]
⑤ 고무 공장 노동자 ㄱㅈㄹ이 노동 쟁의를 전개하였다. [45·43회]
⑥ 금속 활자로 『ㅈㅈㅅㅊㅇㅈ』이 간행되었다. [48·46·42회]
⑦ 미국 상선 ㅈㄴㄹㅅㅁㅎ가 관민들에 의해 불태워졌다. [43·36회]
⑧ ㅇㅍㄹㅌ가 남연군 묘 도굴을 시도하였다. [50·48·45·42회]

02 (가)에 해당하는 섬에 대한 설명으로 옳은 것을 모두 고르세요.
[45회]

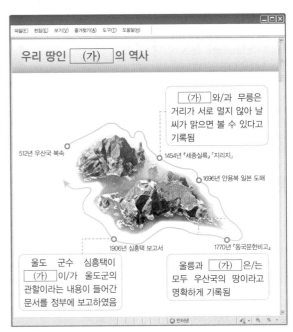

① 정약전이 섬의 어종을 조사하여 『ㅈㅅㅇㅂ』를 저술하였다. [45·44·36·35회]
② 네덜란드 상인인 ㅎㅁ 일행이 표류하여 도착하였다. [45·36·33회]
③ 프랑스군이 『ㅇㄱ』를 약탈하였다. [51·37회]
④ 대한 제국이 ㅊㄹ ㅈ41ㅎ를 통해 관할 영토임을 명시하였다. [45회]
⑤ ㅇㄱ군이 러시아 견제를 빌미로 불법 점령하였다. [51·40회]
⑥ ㅇㅈㅇ이 이끄는 부대가 미국군에 맞서 싸웠다. [51·37회]
⑦ 일본이 ㄹ·ㅇ ㅈㅈ 중에 불법으로 편입하였다. [58회]
⑧ ㅇㅎㅅ 부대가 적군을 물리쳤다. [51·45·36·32회]

키워드 해설

을밀대 + 안학궁 → **평양**

정답 ①, ③, ④, ⑥, ⑧

① 공단 [개성] ② 조선 물산 장려회 [평양] ③ **제1차 미·소 공동 위원회 [서울]** ④ 신립 [충주] ⑤ 강주룡 [평양] ⑥ 직지심체요절 [청주] ⑦ 제너럴셔먼호 [평양] ⑧ 오페르트 [예산]

키워드 해설

안용복 + 울도 군수 심흥택 → **독도**

정답 ④, ⑦

① 자산어보 [흑산도] ② 하멜 [제주도] ③ 의궤 [강화도] ④ **칙령 제41호 [독도]** ⑤ 영국 [거문도] ⑥ 어재연 [강화도] ⑦ **러·일 전쟁 [독도]** ⑧ 양헌수 [강화도]

04

통합 주제 ②

1 유네스코 세계 유산
2 서울의 문화유산

최빈출 절대 선택지
TOP 7
(62~38회 기준)

1위 [총 6번 출제]
• 「조선왕조실록」 - 「사초」, 「시정기」 등을 바탕으로 편찬되었다.

2위 [총 4번 출제]
• 덕수궁 석조전 - 제1차 미·소 공동 위원회가 개최되었다.

공동 **3위** [총 3번 출제]
• 경복궁 건천궁 - 명성 황후가 일본 낭인들에 의해 시해된 장소이다.
• 덕수궁 - 고종이 아관 파천 이후 환궁한 곳이다.

공동 **5위** [총 2번 출제]
• 「일성록」 - 정조가 세손 시절부터 쓴 일기에서 유래하였다.
• 「승정원일기」 - 국왕의 비서 기관에서 작성하였다.
• 경복궁 - 일제에 의해 궁궐 안에 조선 총독부 건물이 세워졌다.

1 유네스코 세계 유산 핵심 선택지

(1) 유네스코 세계 문화유산 [62~38회에서 총 6번 출제]
• 해인사 장경판전 [33회]

• 종묘 - 역대 국왕과 왕비의 신주를 모신 곳이다. [44·41회]
• 남한산성 - 인조가 피신하여 청군에 항전하였다. [42회]
• 백제 역사 유적 지구(공주 송산리 고분군) - 무령왕 부부의 무덤이 발견되었다. [41회]
• 백제 역사 유적 지구(부여 정림사지) - 백제의 대표적인 5층 석탑이 남아 있다. [41회]

(2) 유네스코 세계 기록유산 [62~38회에서 총 18번 출제]
• 「조선왕조실록」 - 연대순으로 기록하는 편년체로 서술되었다. [47·30회]
• 「조선왕조실록」 - 「사초」, 「시정기」 등을 바탕으로 실록청에서 편찬하였다. [51·50·43·38·34회]
• 「조선왕조실록」 - 춘추관 관원들이 편찬 업무에 참여하였다. [44회]
• 「직지심체요절」 - 청주 흥덕사에서 금속 활자본으로 간행되었다. [60·51회]
• 「직지심체요절」 - 현존하는 최고(最古)의 금속 활자본이다. [35·32회]
• 「일성록」 - 정조가 세손 시절부터 쓴 일기에서 유래하였다. [51·44회]
• 「승정원일기」 - 국왕의 비서 기관에서 발행한 관보이다. [51·44회]

2 서울의 문화유산 핵심 선택지

(1) 궁궐 [62~38회에서 총 17번 출제]
• 경복궁 - 태조 때 한양으로 천도하면서 창건되었다. [48회]
• 경복궁 건청궁 - 명성 황후가 일본 낭인들에 의해 시해된 장소이다. [49·48·44회]
• 경복궁 - 일제에 의해 궁궐 안에 조선 총독부 건물이 세워졌다. [48·41회]
• 경복궁 - 조선 물산 공진회 개최 장소로도 이용되었다. [48회]
• 덕수궁 - 고종이 아관 파천 이후 환궁한 곳이다. [48·44·39회]
• 덕수궁 석조전 - 제1차 미·소 공동 위원회가 개최되었다. [49·44·43·33회]
• 덕수궁 중명전 - 일제의 강압 속에 을사늑약이 체결된 현장입니다. [44회]
• 창경궁 - 일제에 의해 창경원으로 격하되기도 하였다. [39회]
• 창경궁 - 일제에 의해 동물원 등이 설치되었다. [33회]

(2) 건축물 [62~38회에서 총 6번 출제]
• 명동 성당 - 6월 민주 항쟁 당시 시위대가 농성하였다. [33회]
• 문묘 - 공자와 여러 성현들의 위패를 모셔 놓았다. [41회]
• 사직단 - 토지와 곡식의 신에게 제사를 지내는 공간이다. [41회]
• 동관왕묘 - 촉의 장수인 관우를 제사지내는 사당이다. [44회]
• 선농단 - 국왕이 신농, 후직에게 풍년을 기원하던 곳이다. [44·41회]

✅ 기출 선택지 초성 퀴즈

먼저 하단 선택지들의 초성을 모두 채운 다음, 문제에 맞는 정답을 모두 고르세요.

01 밑줄 그은 '이 자료'에 대한 설명으로 옳지 <u>않은</u> 것을 모두 고르세요. [26회]

이 자료는 조선 역대 왕들의 역사를 후대에 남기기 위해 실록청에서 편찬되었습니다.

① 국왕의 ㅂㅅ ㄱㄱ에서 작성하였다. [51·44회]

② 우리나라 ㅊㄱ(最古)의 역사서이다. [51·43·30회]

③ 『ㅅㅈㄱ』, 「ㅅㅊ」 등을 토대로 편찬되었다. [51·50·43·38·34회]

④ ㅊㅊㄱ 관원들이 편찬 업무에 참여하였다. [44회]

⑤ ㅅㄱ, ㅈ, ㅇㅈ 등으로 구성되었다. [51회]

⑥ ㅈㅈ가 세손 시절부터 쓴 일기에서 유래하였다. [51·44회]

⑦ 연대순으로 기록하는 ㅍㄴㅊ로 서술되었다. [47·30회]

02 (가)에 대한 설명으로 옳지 <u>않은</u> 것을 모두 고르세요. [48회]

조선의 법궁, (가)

■ 종목: 사적 제117호

■ 소개
이곳은 '군자가 만년토록 큰 복을 누린다.'라는 뜻을 지닌 궁궐입니다. 궁궐 안에는 국왕의 정무 공간과 왕실의 생활 공간 등이 조성되어 있습니다.

■ 주요 관람 경로
광화문 → 근정전 → 사정전 → 강녕전과 교태전 → 향원정 → 건청궁 → 경회루

■ 안내도
건청궁 / 향원정 / 강녕전과 교태전 / 경회루 / 사정전 / 근정전 / 광화문

① 일본 낭인들이 ㅁㅅ ㅎㅎ를 시해하였다. [49·48·44회]

② 고종이 ㅇㄱ ㅍㅊ 이후 ㅎㄱ하였다. [48·44·39회]

③ 일제에 의해 경내에 ㅈㅅ ㅊㄷㅂ 청사가 세워졌다. [48·41회]

④ ㅌㅈ 때 한양으로 천도하면서 창건되었다. [48회]

⑤ ㅈㅅ ㅁㅅ ㄱㅈㅎ 개최 장소로도 이용되었다. [48회]

⑥ 일제에 의해 ㅊㄱㅇ으로 격하되기도 하였다. [39회]

⑦ 두 차례의 ㅁ·ㅅ ㄱㄷ ㅇㅇㅎ가 개최되었다. [49·44·43·33회]

키워드 해설

실록청에서 편찬 → 『**조선왕조실록**』

정답 ①, ②, ⑤, ⑥

① 비서 기관 [『승정원일기』] ② 최고 [『삼국사기』] ③ 시정기, 사초 [『조선왕조실록』] ④ 춘추관 [『조선왕조실록』] ⑤ 세가, 지, 열전 [『고려사』] ⑥ 정조 [『일성록』] ⑦ 편년체 [『조선왕조실록』]

키워드 해설

군자가 만년토록 큰 복을 누린다 + 건청궁 → **경복궁**

정답 ②, ⑥, ⑦

① 명성 황후 [경복궁] ② 아관 파천, 환궁 [덕수궁] ③ 조선 총독부 [경복궁] ④ 태조 [경복궁] ⑤ 조선 물산 공진회 [경복궁] ⑥ 창경원 [창경궁] ⑦ 미·소 공동 위원회 [덕수궁]

04

통합 주제 ③

1 전근대 인물
2 근현대 인물

최빈출 절대 선택지
TOP 7

(62~38회 기준)

1위 [총 8번 출제]

• 여운형 - 일제의 패망과 광복에 대비하여 조선 건국 동맹을 결성하였다.

2위 [총 7번 출제]

• 임병찬 - 고종의 밀지를 받아 독립 의군부를 조직하였다.

공동 3위 [총 6번 출제]

• 안창호 - 재미 한인을 중심으로 흥사단을 창립하였다.
• 견훤 - 신라의 금성을 습격하여 경애왕을 죽게 하였다.
• 의천 - 국청사를 중심으로 해동 천태종을 창시하였다.

공동 6위 [총 5번 출제]

• 신돈 - 전민변정도감의 책임자로서 개혁을 이끌었다.
• 김홍집 - 황준헌이 쓴 『조선책략』을 국내에 들여왔다.

---

1 전근대 인물 핵심 선택지

(1) 고대의 인물 [62~38회에서 총 9번 출제]

• 의상 - 『화엄일승법계도』를 지어 화엄 사상을 정리하였다. [51·43·38회]
• 견훤 - 신라의 금성을 습격하여 경애왕을 죽게 하였다. [50·45·44·43·33회]

(2) 고려 시대의 인물 [62~38회에서 총 11번 출제]

• 의천 - 국청사를 중심으로 해동 천태종을 창시하였다. [62·51·43·42·41회]
• 신돈 - 전민변정도감의 책임자로서 개혁을 이끌었다. [51·50·39·36·31회]

(3) 조선 시대의 인물 [62~38회에서 총 22번 출제]

• 정도전 - 『불씨잡변』을 지어 불교를 비판하였다. [51·38·36·35·33회]
• 신숙주 - 일본에 다녀와서 『해동제국기』를 편찬하였다. [48·43·38·37·35회]
• 김종직 - 무오사화의 발단이 된 『조의제문』을 작성하였다. [50·45·44·41·39회]
• 조광조 - 현량과를 실시하여 신진 사림을 등용하고자 하였다. [47·43·35회]
• 송시열 - 기축봉사를 올려 명에 대한 의리를 내세웠다. [48·43·39·38회]

2 근현대 인물 핵심 선택지

(1) 근대의 인물 [62~38회에서 총 24번 출제]

• 유길준 - 『서유견문』을 집필하여 서양 근대 문물을 소개하였다. [49·44·37·32회]
• 김홍집 - 황준헌이 쓴 『조선책략』을 국내에 들여왔다. [51·49·43·39·33회]
• 박정양 - 독립 협회의 제안을 받아들여 중추원 관제 개편을 추진하였다. [48·44회]
• 이준, 이상설, 이위종 - 네덜란드 헤이그에서 열린 만국 평화 회의에 특사로 파견되었다. [50·44·41·32회]
• 안중근 - 하얼빈 역에서 이토 히로부미를 사살하였다. [49·48·46·45·42회]
• 이재명 - 명동 성당 앞에서 이완용을 습격하여 중상을 입혔다. [49·48·46·38회]

(2) 일제 강점기 ~ 현대의 인물 [62~38회에서 총 50번 출제]

• 임병찬 - 고종의 밀지를 받아 독립 의군부를 조직하였다. [55·50·49·48·41회]
• 안창호 - 재미 한인을 중심으로 흥사단을 창립하였다. [50·48·42·38·35회]
• 김원봉 - 의열단을 조직하여 단장으로 활동하였다. [49·42·38회]
• 신채호 - 의열단의 활동 지침인 『조선혁명선언』을 집필하였다. [50·49·40·34·30회]
• 나석주 - 동양 척식 주식회사에 폭탄을 투척하였다. [49·48·46·38회]
• 지청천 - 한국 독립군을 이끌고 쌍성보 전투에서 승리하였다. [49·46·45·41·38회]
• 조소앙 - 삼균주의를 제창하여 정치·경제·교육의 균등을 강조하였다. [50·40·37·35회]
• 여운형 - 일제의 패망과 광복에 대비하여 조선 건국 동맹을 결성하였다. [57·50·45·43·42회]
• 김구 - 한인 애국단을 결성하여 의거 활동을 전개하였다. [46·44·34·33회]
• 김규식 - 민족 자주 연맹을 이끌고 남북 협상에 참여하였다. [47·42·38·35회]

✓ 기출 선택지 초성 퀴즈

먼저 하단 선택지들의 초성을 모두 채운 다음, 문제에 맞는 정답을 모두 고르세요.

01 다음 검색창에 들어갈 인물에 대한 설명으로 옳은 것을 고르세요.
[45회]

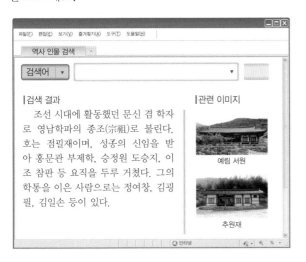

검색 결과	관련 이미지
조선 시대에 활동했던 문신 겸 학자로 영남학파의 종조(宗祖)로 불린다. 호는 점필재이며, 성종의 신임을 받아 홍문관 부제학, 승정원 도승지, 이조 참판 등 요직을 두루 거쳤다. 그의 학통을 이은 사람으로는 정여창, 김굉필, 김일손 등이 있다.	예림 서원 / 추원재

① ㅎㄹㄱ를 실시하여 신진 사림을 등용하고자 하였다. [47·43·35회]

② 무오사화의 발단이 된 「ㅈㅇㅈㅁ」을 작성하였다. [50·45·44·41·39회]

③ 일본에 다녀와서 『ㅎㄷㅈㄱㄱ』를 편찬하였다. [48·43·38·37·35회]

④ 신라의 금성을 습격하여 ㄱㅇㅇ을 죽게 하였다. [50·45·44·43·32회]

⑤ ㅈㅇㅂㅈㄷㄱ의 책임자로서 개혁을 이끌었다. [51·50·39·36·31회]

⑥ ㄱㅊㅂㅅ를 올려 명에 대한 의리를 내세웠다. [48·43·39·38회]

⑦ 『ㅂㅆㅈㅂ』을 지어 불교를 비판하였다. [51·38·36·35·33회]

⑧ 독립 협회의 제안을 받아들여 ㅈㅊㅇ 관제 개편을 추진하였다. [48·44회]

⑨ 국청사를 중심으로 해동 ㅊㅌㅈ을 창시하였다. [62·51·43·42·41회]

02 다음 인물의 활동으로 옳은 것을 고르세요.
[49회]

[이달의 독립운동가]
한국 광복군 창설의 주역
○○○ 장군

- 생몰: 1888년 ~ 1957년
- 주요 활동
  - 정의부 총사령관 역임
  - 한국 독립당 창당에 참여
  - 한국광복군 총사령관 역임
- 서훈 내용
  건국 훈장 대통령장 추서

① ㄷㅇ ㅊㅅ 주식회사에 폭탄을 투척하였다. [49·48·46·38회]

② 고종의 밀지를 받아 ㄷㄹ ㅇㄱㅂ를 조직하였다. [55·50·49·48·41회]

③ ㅆㅅㅂ, 대전자령 전투에서 일본군을 격파하였다. [49·46·45·41·38회]

④ 일제의 패망과 광복에 대비하여 ㅈㅅ ㄱㄱ ㄷㅁ을 결성하였다. [57·50·45·43·42회]

⑤ 민중의 직접 혁명을 주장하는 「ㅈㅅㅎㅁㅅㅇ」을 집필하였다. [50·49·40·34·30회]

⑥ 민족 자주 연맹을 이끌고 ㄴㅂ ㅎㅅ에 참여하였다. [47·42·38·35회]

⑦ ㅎㅇ ㅇㄱㄷ을 결성하여 의거 활동을 전개하였다. [46·44·34·33회]

⑧ 재미 한인을 중심으로 ㅎㅅㄷ을 창립하였다. [50·48·42·38·35회]

⑨ ㅅㄱㅈㅇ를 제창하여 정치·경제·교육의 균등을 강조하였다. [50·40·37·35회]

키워드 해설

영남 학파의 종조 + 성종의 신임 → **김종직**

정답 ②

① 현량과 [조광조] ② **조의제문 [김종직]** ③ 해동제국기 [신숙주] ④ 경애왕 [견훤]
⑤ 전민변정도감 [신돈] ⑥ 기축봉사 [송시열] ⑦ 불씨잡변 [정도전] ⑧ 중추원 [박정양] ⑨ 천태종 [의천]

키워드 해설

한국광복군 총사령관 → **지청천**

정답 ③

① 동양 척식 [나석주] ② 독립 의군부 [임병찬] ③ **쌍성보 [지청천]** ④ 조선 건국 동맹 [여운형] ⑤ 조선혁명선언 [신채호] ⑥ 남북 협상 [김규식] ⑦ 한인 애국단 [김구] ⑧ 흥사단 [안창호] ⑨ 삼균주의 [조소앙]

[49회]

01 (가)에 들어갈 내용으로 옳은 것은? [1점]

신지, 읍차 등의 지배자가 있었던 나라에 대해 발표해 볼까요?

벼농사가 발달하였고, 씨뿌리기가 끝난 5월과 추수를 마친 10월에 제천 행사를 열었습니다.

(가)

① 혼인 풍습으로 민며느리제가 있었습니다.
② 대가들이 사자, 조의, 선인을 거느렸습니다.
③ 제사장인 천군과 신성 지역인 소도가 있었습니다.
④ 남의 물건을 훔쳤을 때는 12배로 갚게 하였습니다.
⑤ 단궁, 과하마, 반어피 등이 특산물로 유명하였습니다.

[50회]

02 (가) 국가에 대한 설명으로 옳은 것은? [2점]

창사 특집 다큐멘터리

(가) , 남북국 시대를 열다

<1부> 동모산에 도읍하고 나라를 세우다
<2부> 당의 등주를 공격하고 요서에서 격돌하다
<3부> 일본에 국서를 보내어 고려 국왕이라 칭하다

2020년 10월 ○○일~○○일 밤 10시

① 9서당 10정의 군사 조직을 갖추었다.
② 정당성의 대내상이 국정을 총괄하였다.
③ 지방관을 감찰하기 위해 외사정을 파견하였다.
④ 위화부 등 13부를 두어 행정 업무를 분담하였다.
⑤ 마진이라는 국호와 무태라는 연호를 사용하였다.

[42회]

03 (가) 국가의 문화유산으로 옳은 것은? [2점]

□□신문

제△△호   ○○○○년 ○○월 ○○일

(가) 의 황후 묘지 발굴

중국 지린성 허룽시 룽하이촌 룽터우산 고분군에서 (가) 이/가 황제국이었음을 보여주는 제3대 문왕의 부인 효의황후와 제9대 간왕의 부인 순목황후의 묘지(墓誌)가 발굴되었다. 이와 함께 고구려 양식을 계승한 것으로 보이는 금제 관식도 출토되었다.

순목황후묘 실측도

①   ② ③

④   ⑤

[51회]

04 (가), (나) 사이의 시기에 있었던 사실로 옳은 것은? [2점]

(가) 날이 밝아오자 (여러 장수들이) 태조를 곡식더미 위에 앉히고는 군신의 예를 행하였다. 사람을 시켜 말을 달리며 "왕공(王公)께서 이미 의로운 깃발을 들어 올리셨다."라고 외치게 하였다. …… 궁예가 이 소식을 듣고는 어찌할 바를 몰라 미복(微服) 차림으로 북문을 빠져나갔다.
－ 『고려사절요』

(나) 여름 6월 견훤이 막내아들 능예와 딸 애복, 애첩 고비 등과 더불어 나주로 달아나 입조를 요청하였다. …… 도착하자 그를 상보(尙父)라 일컫고 남궁(南宮)을 객관(客館)으로 주었다. 지위를 백관의 위에 두고 양주를 식읍으로 주었다.
－ 『고려사』

① 견훤이 후백제를 건국하였다.
② 김흠돌이 반란을 도모하였다.
③ 장보고가 청해진을 설치하였다.
④ 신숭겸이 공산 전투에서 전사하였다.
⑤ 신검이 일리천에서 고려군에게 패배하였다.

05 다음 자료에 나타난 시기의 사실로 옳은 것은? [1점]

> 흔도·홍다구·김방경이 일본의 세계촌 대명포에 이르러 통사 김저로 하여금 격문으로 이들을 회유하게 하였다. 김 주정이 먼저 왜와 교전하자 여러 군사들이 모두 내려와 전투에 참여하였는데, 낭장 강언과 강사자 등이 전사하였다. 여러 군사가 일기도(一岐島)로 향할 때 수군 130명과 뱃사공 36명이 풍랑을 만나 행방을 잃었다.

① 왕조 교체를 예언하는 『정감록』이 유포되었다.
② 지배층을 중심으로 변발과 호복이 확산되었다.
③ 교정도감이 국정을 총괄하는 기구로 부상하였다.
④ 이자겸이 왕실의 외척이 되어 권력을 독점하였다.
⑤ 김사미와 효심이 가혹한 수탈에 저항하여 봉기하였다.

정답 및 해설

01 [선사 시대] 삼한
정답 ③

빠른 정답 찾기
신지, 읍차 + 벼농사가 발달 + 5월 + 10월에 제천 행사 → 삼한

③ 삼한에는 제사장인 천군과 천군이 다스리는 신성 지역인 소도가 있었다.

오답 체크
① 혼인 풍습으로 민며느리제가 있었습니다. → 옥저
② 대가들이 사자, 조의, 선인을 거느렸습니다. → 고구려
④ 남의 물건을 훔쳤을 때는 12배로 갚게 하였습니다. → 부여, 고구려
⑤ 단궁, 과하마, 반어피 등이 특산물로 유명하였습니다. → 동예

02 [고대] 발해
정답 ②

빠른 정답 찾기
동모산에 나라를 세움 + 당의 등주를 공격함 → 발해

② 발해의 중앙 정치 기구인 3성 중 정당성의 장관인 대내상이 발해의 국정을 총괄하였다.

오답 체크
① 9서당 10정의 군사 조직을 갖추었다. → 통일 신라
③ 지방관을 감찰하기 위해 외사정을 파견하였다. → 통일 신라
④ 위화부 등 13부를 두어 행정 업무를 분담하였다. → 통일 신라
⑤ 마진이라는 국호와 무태라는 연호를 사용하였다. → 후고구려

03 [고대] 발해의 문화유산
정답 ③

빠른 정답 찾기
제3대 문왕 + 고구려 양식을 계승 → 발해 → 발해의 문화유산

③ 발해 영광탑은 벽돌로 만들어진 발해의 전탑이다.

오답 체크
① 부여 정림사지 오층 석탑 → 백제
② 경주 불국사 다보탑 → 통일 신라
④ 경천사지 십층 석탑 → 고려
⑤ 원각사지 십층 석탑 → 조선 전기

04 [고려 시대] 태조 왕건 즉위와 견훤의 고려 투항 사이의 사실
정답 ④

빠른 정답 찾기
(가) 태조 + 군신의 예를 행함 → 태조 왕건 즉위(918)
(나) 견훤 + 나주로 달아나 입조를 요청 → 견훤의 고려 투항(935)

④ 왕건이 왕위에 올라 고려를 건국한(918) 이후 일어난 후백제와의 공산 전투에서 고려의 신숭겸이 전사하였다(927).

오답 체크
① 견훤이 후백제를 건국하였다. → 900년, (가) 이전
② 김흠돌이 반란을 도모하였다. → 681년, (가) 이전
③ 장보고가 청해진을 설치하였다. → 828년, (가) 이전
⑤ 신검이 일리천에서 고려군에게 패배하였다. → 936년, (나) 이후

05 [고려 시대] 원 간섭기의 사실
정답 ②

빠른 정답 찾기
홍다구(원나라의 장군) + 김방경(고려의 장군) + 왜와 교전 + 풍랑을 만나 행방을 잃음 → 원 간섭기의 일본 원정

② 원 간섭기에는 지배층을 중심으로 변발과 호복이 유행하였다.

오답 체크
① 왕조 교체를 예언하는 『정감록』이 유포되었다. → 조선 후기
③ 교정도감이 국정을 총괄하는 기구로 부상하였다. → 고려 무신 집권기
④ 이자겸이 왕실의 외척이 되어 권력을 독점하였다. → 고려 중기
⑤ 김사미와 효심이 가혹한 수탈에 저항하여 봉기하였다. → 고려 무신 집권기

06 (가)에 들어갈 내용으로 적절한 것은? [2점]

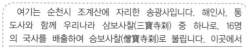

여기는 순천시 조계산에 자리한 송광사입니다. 해인사, 통도사와 함께 우리나라 삼보사찰(三寶寺刹) 중 하나로, 16명의 국사를 배출하여 승보사찰(僧寶寺刹)로 불립니다. 이곳에서 (가)

① 일연이 『삼국유사』를 집필하였습니다.
② 원효가 『금강삼매경론』을 저술하였습니다.
③ 의천이 『신편제종교장총록』을 편찬하였습니다.
④ 지눌이 정혜쌍수와 돈오점수를 내세웠습니다.
⑤ 요세가 법화 신앙을 바탕으로 백련 결사를 이끌었습니다.

07 다음 글을 쓴 인물에 대한 설명으로 옳은 것은? [2점]

선유(先儒)가 불씨(佛氏)의 지옥설을 논박하여 말하기를, "…… 불법(佛法)이 중국에 들어오기 전에도 죽었다가 다시 살아난 사람들이 있었는데, 어째서 한 사람도 지옥에 들어가 소위 시왕(十王)*이란 것을 본 자가 없단 말인가? 그 지옥이란 없기도 하거니와 믿을 수 없음이 명백하다."라고 하였다.
— 『삼봉집』
*시왕(十王): 저승에서 죽은 사람을 재판하는 열 명의 대왕

① 계유정난을 계기로 정계에서 축출되었다.
② 일본에 다녀와서 『해동제국기』를 편찬하였다.
③ 기축봉사를 올려 명에 대한 의리를 내세웠다.
④ 군주의 도를 도식으로 설명한 『성학십도』를 지었다.
⑤ 『조선경국전』을 저술하여 통치 제도 정비에 기여하였다.

08 (가) 인물에 대한 설명으로 옳은 것은? [3점]

이곳 파주 자운 서원에는 (가) 의 위패가 모셔져 있습니다. 그는 군주가 수양해야 할 덕목과 지식을 담은 『성학집요』를 집필하여 임금에게 바쳤으며, 해주 향약 등을 시행하였습니다.

① 『불씨잡변』을 지어 불교를 비판하였다.
② 노론의 영수로 북벌론을 주장하였다.
③ 양명학을 연구하여 강화 학파를 형성하였다.
④ 북한산비가 진흥왕 순수비임을 고증하였다.
⑤ 다양한 개혁 방안을 담은 『동호문답』을 저술하였다.

09 (가) 전쟁 이후에 있었던 사실로 옳은 것은? [2점]

이것은 (가) 의 결과 심양에 볼모로 잡혀간 봉림 대군이 쓴 한글 편지입니다. 편지에는 척화론을 내세우다 끌려와 함께 있던 김상헌에 대한 염려가 담겨 있습니다.

① 국경 지역에 4군 6진이 개척되었다.
② 나선 정벌에 조총 부대가 동원되었다.
③ 강홍립 부대가 사르후 전투에 참전하였다.
④ 정봉수와 이립이 용골산성에서 항전하였다.
⑤ 제한된 무역을 허용한 기유약조가 체결되었다.

10 (가)에 들어갈 내용으로 옳은 것은? [1점]

조선 시대 국왕을 알아 맞히는 문제입니다. 이제 5단계 힌트입니다.

한국사 퀴즈

5단계 힌트	(가)
4단계 힌트	규장각 설치
3단계 힌트	신해통공 실시
2단계 힌트	초계문신제 시행
1단계 힌트	조선의 제22대 국왕

① 훈련도감 설치
② 수원 화성 건설
③ 나선 정벌 단행
④ 간도 관리사 파견
⑤ 이인좌의 난 진압

정답 및 해설

06 [고려 시대] 지눌   정답 ④

빠른 정답 찾기
순천 송광사(수선사의 현재 이름) → 지눌

④ 지눌은 고려의 승려로, 선정과 지혜를 함께 닦아 수행해야 한다는 정혜쌍수와 불성을 깨달은 다음에도 꾸준히 수행해야 한다는 돈오점수를 주장하였다.

오답 체크
① 일연이 『삼국유사』를 집필하였습니다. → 일연(고려)
② 원효가 『금강삼매경론』을 저술하였습니다. → 원효(통일 신라)
③ 의천이 『신편제종교장총록』을 편찬하였습니다. → 의천(고려)
⑤ 요세가 법화 신앙을 바탕으로 백련 결사를 이끌었습니다. → 요세(고려)

07 [조선 전기] 정도전   정답 ⑤

빠른 정답 찾기
불씨(부처)의 지옥설을 논박함 + 삼봉 → 정도전

⑤ 정도전은 고려 말부터 활동한 혁명파 사대부로, 태조 이성계를 도와 조선의 건국을 주도하였으며, 『조선경국전』을 저술하여 통치 제도 정비에 기여하였다.

오답 체크
① 계유정난을 계기로 정계에서 축출되었다. → 김종서, 황보인 등
② 일본에 다녀와서 『해동제국기』를 편찬하였다. → 신숙주
③ 기축봉사를 올려 명에 대한 의리를 내세웠다. → 송시열
④ 군주의 도를 도식으로 설명한 『성학십도』를 지었다. → 이황

08 [조선 전기] 이이   정답 ⑤

빠른 정답 찾기
『성학집요』 + 해주 향약 → 이이

⑤ 이이는 『동호문답』을 저술하여 다양한 개혁 방안을 제시하였다.

오답 체크
① 『불씨잡변』을 지어 불교를 비판하였다. → 정도전
② 노론의 영수로 북벌론을 주장하였다. → 송시열
③ 양명학을 연구하여 강화 학파를 형성하였다. → 정제두
④ 북한산비가 진흥왕 순수비임을 고증하였다. → 김정희

09 [조선 후기] 병자호란 이후의 사실   정답 ②

빠른 정답 찾기
심양에 볼모로 잡혀간 봉림 대군 + 척화론 → 병자호란

② 병자호란 이후 즉위한 효종은 청의 요청에 따라 나선(러시아) 정벌을 단행하였다.

오답 체크
① 국경 지역에 4군 6진이 개척되었다. → 4군 6진 개척(세종)
③ 강홍립 부대가 사르후 전투에 참전하였다. → 사르후 전투(광해군)
④ 정봉수와 이립이 용골산성에서 항전하였다. → 정묘호란(인조)
⑤ 제한된 무역을 허용한 기유약조가 체결되었다. → 기유약조 체결(광해군)

10 [조선 후기] 정조   정답 ②

빠른 정답 찾기
규장각 설치 + 신해통공 + 초계문신제 → 정조

② 정조는 수원에 화성을 건립하여 정치적·군사적 기능을 부여하였다.

오답 체크
① 훈련도감 설치 → 선조
③ 나선 정벌 단행 → 효종
④ 간도 관리사 파견 → 고종
⑤ 이인좌의 난 진압 → 영조

11 밑줄 그은 '변란'에 대한 설명으로 옳은 것은? [2점]

경상도 안핵사 박규수 아뢰옵니다. 금번 진주의 백성들이 변란을 일으킨 것은 오로지 전 경상 우병사 백낙신이 탐욕을 부려 수탈하였기 때문입니다. 변란을 격발시킨 죄를 물어 그를 엄중히 처결하도록 하소서.

① 홍경래가 주도하여 봉기하였다.
② 청군이 파병되는 결과를 가져왔다.
③ 흥선 대원군 집권 시기에 일어났다.
④ 삼정이정청이 설치되는 계기가 되었다.
⑤ 보국안민, 제폭구민을 기치로 내걸었다.

12 (가) 인물의 활동으로 옳은 것은? [2점]

이곳은 (가) 이/가 제주도에 유배되어 머물렀던 장소입니다. 그는 이곳에서 세한도를 그렸습니다.

① 100리 척을 사용하여 동국지도를 제작하였다.
② 무한 우주론을 주장한 『의산문답』을 집필하였다.
③ 명에서 천리경, 자명종, 홍이포 등을 들여왔다.
④ 침구술을 집대성하여 『침구경험방』을 저술하였다.
⑤ 북한산비가 진흥왕 순수비임을 처음으로 고증하였다.

13 (가) 인물의 작품으로 옳은 것은? [1점]

이 그림은 조선 후기 풍속화가 (가) 이/가 그린 미인도인가요?

맞아요. (가) 은/는 이 그림 외에도 양반들의 풍류와 남녀 사이의 애정을 소재로 한 작품을 많이 남겼어요.

혜원 특별전

① ② ③

④ ⑤

14 다음 상황이 나타난 시기를 연표에서 옳게 고른 것은? [2점]

의정부에서 아뢰기를, "서양 오랑캐가 광성진을 침범하였을 때 진무 중군 어재연의 생사는 자세히 알 수 없었습니다. 하지만 지방 수령이 대신할 진무 중군을 임명해 달라고 이미 청한 것을 보면 절개를 지켜 싸우다 전사한 것 같습니다."라고 하였다.
－『고종실록』

1863	1866	1868	1873	1876	1882
(가)	(나)	(다)	(라)	(마)	
고종 즉위	병인박해	오페르트 도굴 사건	고종 친정	강화도 조약	조·미 수호 통상 조약

① (가) ② (나) ③ (다) ④ (라) ⑤ (마)

15 (가) 사건의 결과로 옳은 것은? [2점]

> 이것은 개화당이 [(가)] 당시 발표한 개혁 정강의 일부입니다. 개화당은 새로운 정부를 구성하고 이 정강을 내세웠습니다.

1. 대원군을 가까운 시일 안에 돌아오게 하고 청에 조공하는 허례를 폐지할 것.
2. 문벌을 폐지하여 인민 평등의 권리를 제정하고 능력에 따라 관리를 등용할 것.
13. 대신과 참찬은 합문 안 의정소에서 회의하고 왕에게 보고한 후 정령을 반포해서 시행할 것.

① 한성 조약이 체결되었다.
② 신식 군대인 별기군이 창설되었다.
③ 부산 외 두 곳의 항구가 개항되었다.
④ 김윤식이 청에 영선사로 파견되었다.
⑤ 개화 정책을 총괄하는 통리기무아문이 설치되었다.

정답 및 해설

11 [조선 후기] 임술 농민 봉기 정답 ④

빠른 정답 찾기
안핵사 박규수 + 진주의 백성들이 민란을 일으킴 + 경상 우병사 백낙신 → 임술 농민 봉기

④ 임술 농민 봉기를 수습하기 위해 파견된 박규수의 건의로 삼정의 문란을 시정하기 위한 삼정이정청이 설치되었다.

오답 체크
① 홍경래가 주도하여 봉기하였다. → 홍경래의 난
② 청군이 파병되는 결과를 가져왔다. → 임오군란, 갑신정변 등
③ 흥선 대원군 집권 시기에 일어났다. → x
⑤ 보국안민, 제폭구민을 기치로 내걸었다. → 동학 농민 운동

12 [조선 후기] 김정희 정답 ⑤

빠른 정답 찾기
제주도에 유배됨 + 세한도 → 김정희

⑤ 김정희는 『금석과안록』에서 북한산비가 진흥왕 순수비임을 최초로 고증하였다.

오답 체크
① 100리 척을 사용하여 동국지도를 제작하였다. → 정상기
② 무한 우주론을 주장한 『의산문답』을 집필하였다. → 홍대용
③ 명에서 천리경, 자명종, 홍이포 등을 들여왔다. → 정두원
④ 침구술을 집대성하여 『침구경험방』을 저술하였다. → 허임

13 [조선 후기] 신윤복 정답 ④

빠른 정답 찾기
혜원 + 미인도 → 신윤복

④ 조선 후기의 풍속화가 신윤복이 그린 '월하정인'으로, 달빛 속에서 연인이 만나 사랑을 속삭이는 장면을 묘사하였다.

오답 체크
① 씨름 → 김홍도(조선 후기)
② 고사관수도 → 강희안(조선 전기)
③ 파적도 → 김득신(조선 후기)
⑤ 영통동구도 → 강세황(조선 후기)

14 [근대] 신미양요 정답 ③

빠른 정답 찾기
서양 오랑캐가 광성진을 침범 + 어재연 → 신미양요(1871)

③ 오페르트 도굴 사건(1868) 이후 미국이 제너럴셔먼호 사건(1866)을 구실로 조선에 침입한 신미양요가 발생하였다(1871). 이때 어재연 부대가 광성진에서 미군에 맞서 항전하였고, 미군은 퇴각 과정에서 어재연 장군의 수자기 등을 약탈하였다.

15 [근대] 갑신정변 정답 ①

빠른 정답 찾기
개화당 + 청에 조공하는 허례를 폐지할 것 + 능력에 따라 관리를 등용할 것 → 갑신정변

① 갑신정변의 결과, 조선과 일본은 한성 조약을 체결하여 조선이 일본에게 배상금을 지불하고 일본 공사관의 신축 비용을 부담한다는 내용 등에 합의하였다.

오답 체크
② 신식 군대인 별기군이 창설되었다. → 초기 개화 정책
③ 부산 외 두 곳의 항구가 개항되었다. → 강화도 조약 체결(1876)의 결과
④ 김윤식이 청에 영선사로 파견되었다. → 초기 개화 정책
⑤ 개화 정책을 총괄하는 통리기무아문이 설치되었다. → 초기 개화 정책

16 밑줄 그은 '개혁'의 내용으로 옳지 <u>않은</u> 것은? [3점]

> 얼마 전에 정부가 교정청을 폐지하고 군국기무처를 설치하여 대대적인 개혁을 단행했다는군.

> 은본위제 채택을 포함한 여러 안건을 처리했다고 들었네.

① 과거제를 폐지하였다.
② 연좌제를 금지하였다.
③ 공·사 노비법을 혁파하였다.
④ 과부의 재가를 허용하였다.
⑤ 건양이라는 연호를 채택하였다.

17 교사의 질문에 대한 학생의 답변으로 옳은 것은? [2점]

> 이것은 한성 전기 회사가 공급하는 전기를 사용하여 서대문과 청량리 사이를 운행하던 전차입니다. 전차가 개통된 이후에 도입된 근대 문물에 대해 말해 볼까요?

① 박문국이 세워졌어요.
② 경부선이 완공되었어요.
③ 기기창이 설치되었어요.
④ 한성주보가 발행되었어요.
⑤ 육영 공원이 설립되었어요.

18 다음 퀴즈의 정답으로 옳은 것은? [1점]

> 덕원부의 관민이 힘을 합쳐 설립한 우리나라 최초의 근대 학교로, 외국어 교육 등을 실시한 이 교육 기관은 무엇일까요?

① 동문학
② 명동 학교
③ 원산 학사
④ 서전서숙
⑤ 배재 학당

19 (가) 지역에서 전개된 민족 운동에 대한 설명으로 옳은 것은? [2점]

국외 민족 운동 유적지 답사 사진전
우리 학교 역사 동아리에서는 [(가)] 지역의 민족 운동을 조명하는 답사 사진전을 개최합니다. 학생 여러분의 많은 관심과 참여 바랍니다.

명동 학교   삼종사 묘   봉오동 전투 전적비

■ 기간: 2020. ○○. ○○. ~ ○○. ○○.
■ 장소: 본관 2층 동아리실

① 권업회를 조직하여 기관지를 발행하였다.
② 중광단을 결성하여 항일 투쟁을 전개하였다.
③ 숭무 학교를 설립하여 독립군을 양성하였다.
④ 조선 독립 동맹을 창립하여 대일 항전을 준비하였다.
⑤ 조선 청년 독립단을 결성하여 2·8 독립 선언서를 배포하였다.

20 다음 법령이 시행된 시기에 볼 수 있는 모습으로 적절한 것은? [1점]

제1조 조선 주차(駐箚) 헌병은 치안 유지에 관한 경찰 및 군사 경찰을 담당한다.
제5조 헌병은 직무에 관해 정당한 직권을 가진 사람의 요구가 있을 때에는 즉시 응해야 한다.
제18조 헌병의 복무 및 헌병 보조원에 관한 규정은 조선 총독이 정한다.

① 경성 제국 대학에 다니는 학생
② 원산 총파업에 동참하는 노동자
③ 조선어 학회에서 활동하는 교사
④ 암태도 소작 쟁의에 참여하는 농민
⑤ 조선 태형령을 관보에 게재하는 관리

정답 및 해설

16 [근대] 제1차 갑오개혁　　　　　정답 ⑤

빠른 정답 찾기
군국기무처 + 은본위제 채택 → 제1차 갑오개혁(1894)

⑤ 을미개혁 때 '양력을 세운다'는 뜻의 건양이라는 연호를 새롭게 채택하였다.

오답 체크
① 과거제를 폐지하였다. → 제1차 갑오개혁
② 연좌제를 금지하였다. → 제1차 갑오개혁
③ 공·사 노비법을 혁파하였다. → 제1차 갑오개혁
④ 과부의 재가를 허용하였다. → 제1차 갑오개혁

17 [근대] 전차 개통 이후에 도입된 근대 문물　　　정답 ②

빠른 정답 찾기
한성 전기 회사 + 서대문과 청량리 사이를 운행하던 전차 → 전차 개통(1899)

② 서대문과 청량리 사이를 운행하던 전차가 개통(1899)된 이후, 1904년에 서울과 부산을 잇는 철도인 경부선이 완공되었다.

오답 체크
① 박문국이 세워졌어요. → 1883년
③ 기기창이 설치되었어요. → 1883년
④ 한성주보가 발행되었어요. → 1886년
⑤ 육영 공원이 설립되었어요. → 1886년

18 [근대] 원산 학사　　　　　정답 ③

빠른 정답 찾기
덕원부의 관민이 힘을 합쳐 설립함 + 우리나라 최초의 근대 학교 → 원산 학사

③ 원산 학사는 우리나라 최초의 근대 학교로, 외국어와 자연 과학 등의 근대 학문과 무술 등을 교육하였다.

오답 체크
① 동문학 → 외국어 교육 기관
② 명동 학교 → 북간도의 민족 교육 기관
④ 서전서숙 → 북간도의 교육 기관
⑤ 배재 학당 → 근대식 사립 학교

19 [일제 강점기] 북간도 지역의 독립운동　　　정답 ②

빠른 정답 찾기
명동 학교 + 봉오동 전투 → 북간도 지역의 독립운동

② 북간도에서는 대종교 신자들을 중심으로 독립운동 단체인 중광단이 결성되어 항일 투쟁을 전개하였다.

오답 체크
① 권업회를 조직하여 기관지를 발행하였다. → 연해주
③ 숭무 학교를 설립하여 독립군을 양성하였다. → 멕시코
④ 조선 독립 동맹을 창립하여 대일 항전을 준비하였다. → 중국 화북 지역
⑤ 조선 청년 독립단을 결성하여 2·8 독립 선언서를 배포하였다. → 일본 도쿄

20 [일제 강점기] 무단 통치 시기　　　정답 ⑤

빠른 정답 찾기
헌병이 치안 유지에 관한 경찰 및 군사 경찰을 담당함 → 헌병 경찰 제도 → 무단 통치 시기

⑤ 무단 통치 시기에 일제는 한국인에 한하여 태형을 적용하는 조선 태형령을 시행하였다.

오답 체크
① 경성 제국 대학에 다니는 학생 → 문화 통치 시기
② 원산 총파업에 동참하는 노동자 → 문화 통치 시기
③ 조선어 학회에서 활동하는 교사 → 민족 말살 통치 시기
④ 암태도 소작 쟁의에 참여하는 농민 → 문화 통치 시기

21 다음 자료에 나타난 민족 운동에 대한 설명으로 옳은 것은? [1점]

> 그날 오후 2시 10분 파고다 공원에 모였던 수백 명의 학생들이 10여 년간 억눌려 온 감정을 터뜨려 '만세, 독립 만세'를 외치자 뇌성 벽력 같은 소리에 공원 근처에 살던 시민들도 크게 놀랐다. 공원 문을 쏟아져 나온 학생들은 종로 거리를 달리며 몸에 숨겼던 선언서들을 길가에 뿌리며 거리를 누볐다. 윌슨 대통령이 주장한 약소민족의 자결권이 실현되는 신세계가 시작된 것이다. 시위 학생들은 덕수궁 문 앞에 당도하자 붕어하신 고종에게 조의를 표하고 잠시 멎었다.
> ─ 스코필드 기고문

① 조선 형평사의 주도로 전개되었다.
② 신간회에서 진상 조사단을 파견하였다.
③ 「조선혁명선언」을 활동 지침으로 삼았다.
④ 전개 과정에서 일제가 제암리 학살 등을 자행하였다.
⑤ 성진회와 각 학교 독서회에 의해 전국적으로 확산되었다.

22 다음 선언서가 발표된 시기를 연표에서 옳게 고른 것은? [2점]

> 본 국민 대표 회의는 이천만 민중의 공정한 뜻에 바탕을 둔 국민적 대회합으로 최고의 권위를 지녀 …… 독립을 완성하기를 기도하고 이에 선언하노라. …… 본 대표 등은 국민이 위탁한 사명을 받들어 국민적 대단결에 힘쓰며 독립운동이 나아갈 방향을 확립하여 통일적 기관 아래서 대업을 완성하고자 하노라.

1919	1925	1931	1935	1940	1945
(가)	(나)	(다)	(라)	(마)	
대한민국 임시 정부 수립	박은식 대통령 취임	한인 애국단 조직	한국 국민당 창당	김구 주석 취임	8·15 광복

① (가)   ② (나)   ③ (다)   ④ (라)   ⑤ (마)

23 (가) 전투에 대한 설명으로 옳은 것은? [2점]

> 이곳은 부산 해운대에 있는 '애국지사 강근호 길'입니다. 그는 1920년 10월 백운평, 어랑촌, 고동하 등지에서 일본군에 맞서 싸운 (가) 당시 북로 군정서 중대장으로 활약하였습니다.

① 중국 호로군과 협력하여 진행되었다.
② 미국 전략 정보국(OSS)의 지원을 받았다.
③ 대한민국 임시 정부 수립에 영향을 주었다.
④ 조국 광복회의 지원 아래 유격전으로 전개되었다.
⑤ 대한 독립군, 대한 국민군 등이 연합하여 참여하였다.

24 밑줄 그은 '사람'이 소속된 단체에 대한 설명으로 옳은 것은? [2점]

> 어제 12일 상오 10시 20분에 조선 총독부에 폭탄 두 개가 투척되었다. 비서과 분실 인사계실에 던진 한 개는 책상 위에 떨어져서 폭발되지 아니했으며, 다시 회계 과장실에 던진 한 개는 유리창에 맞아 즉시 폭발되어 유리창은 산산이 부서지고 마루에 떨어져서 주먹 하나가 들어갈 만한 구멍을 뚫었다. 폭탄을 던진 <u>사람</u>은 즉시 종적을 감추었으므로 지금 엄중 탐색 중이요, 폭발 소리가 돌연히 일어나자 총독부 안은 물 끓듯 하여 한바탕 아수라장을 이루었다더라.

① 「조선혁명선언」을 활동 지침으로 삼았다.
② 윤봉길, 이봉창 등이 단원으로 활동하였다.
③ 파리 강화 회의에 독립 청원서를 제출하였다.
④ 신흥 무관 학교를 세워 독립군을 양성하였다.
⑤ 독립군 비행사 육성을 위해 한인 비행 학교를 세웠다.

25 다음 자료에 나타난 민족 운동에 대한 설명으로 옳은 것을 〈보기〉에서 고른 것은? [1점]

◇ 살자는 부르짖음 ◇

우리의 소유는 점점 줄어가고 살림살이는 나날이 가난해 간다. …… 형제들이여 자매들이여, 이제 뜨겁고 간절한 마음으로 그 살길을 말하노니 아무쪼록 조선 물산을 몸에 걸고 조선 물산을 입에 넣고 조선 물산을 팔며 사고 조선 물산을 무엇에나 쓰라. 비싸도 그리하고 불편하여도 그리하며 곱지 못하여도 달지 아니하여도 아무렇든지 그리고 많이 만들기를 힘쓰라. 깨달은 동시에 실행하자.

〈보기〉

ㄱ. 조만식 등의 주도로 평양에서 시작되었다.
ㄴ. 자작회, 토산 애용 부인회 등이 활동하였다
ㄷ. 국채 보상 기성회를 중심으로 전개되었다.
ㄹ. 일본, 프랑스 등의 노동 단체로부터 격려 전문을 받았다.

① ㄱ, ㄴ   ② ㄱ, ㄷ   ③ ㄴ, ㄷ
④ ㄴ, ㄹ   ⑤ ㄷ, ㄹ

정답 및 해설

21 [일제 강점기] 3·1 운동   정답 ④

빠른 정답 찾기
파고다 공원 + 만세, 독립 만세 + 고종에게 조의를 표함 → 3·1 운동

④ 3·1 운동이 전개되는 과정에서 일제가 화성 제암리의 주민들을 교회에 불러 모은 후 학살을 자행하였다.

오답 체크
① 조선 형평사의 주도로 전개되었다. → 형평 운동
② 신간회에서 진상 조사단을 파견하였다. → 광주 학생 항일 운동
③ 「조선혁명선언」을 활동 지침으로 삼았다. → 의열단의 의거 활동
⑤ 성진회와 각 학교 독서회에 의해 전국적으로 확산되었다. → 학생 운동

22 [일제 강점기] 국민 대표 회의   정답 ①

빠른 정답 찾기
국민 대표 회의 + 독립운동이 나아갈 방향을 확립 → 국민 대표 회의(1923)

① 1919년에 수립된 대한민국 임시 정부는 독립운동 노선의 통일과 방향을 논의하기 위해 1923년 상하이에서 국민 대표 회의를 개최하였다.

23 [일제 강점기] 청산리 전투   정답 ⑤

빠른 정답 찾기
백운평, 어랑촌, 고동하 등지에서 일본군에 맞서 싸움 + 북로 군정서 → 청산리 전투

⑤ 청산리 전투에는 북로 군정서, 대한 독립군, 대한 국민군 등이 연합하여 참여하였다.

오답 체크
① 중국 호로군과 협력하여 진행되었다. → 쌍성보 전투 등
② 미국 전략 정보국(OSS)의 지원을 받았다. → 한국광복군
③ 대한민국 임시 정부 수립에 영향을 주었다. → 3·1 운동
④ 조국 광복회의 지원 아래 유격전으로 전개되었다. → 보천보 전투

24 [일제 강점기] 의열단   정답 ①

빠른 정답 찾기
조선 총독부에 폭탄 투척 → 김익상 → 의열단

① 의열단은 신채호의 「조선혁명선언」을 활동 지침으로 삼고 의열 투쟁을 전개하였다.

오답 체크
② 윤봉길, 이봉창 등이 단원으로 활동하였다. → 한인 애국단
③ 파리 강화 회의에 독립 청원서를 제출하였다. → 신한청년당
④ 신흥 무관 학교를 세워 독립군을 양성하였다. → 신민회
⑤ 독립군 비행사 육성을 위해 한인 비행 학교를 세웠다. → 대한민국 임시 정부

25 [일제 강점기] 물산 장려 운동   정답 ①

빠른 정답 찾기
조선 물산을 몸에 걸고, 입에 넣고, 팔며 삼 → 물산 장려 운동

① 옳은 것을 모두 고르면 ㄱ, ㄴ 이다.
ㄱ. 물산 장려 운동은 일제의 회사령 폐지와 일본 상품에 대한 관세 철폐로 민족 기업들이 위기감을 느끼자 조만식 등의 주도로 평양에서 시작되었다.
ㄴ. 물산 장려 운동 때 자작회, 토산 애용 부인회 등 전국적으로 다양한 단체가 활동하였다.

오답 체크
ㄷ. 국채 보상 기성회를 중심으로 전개되었다. → 국채 보상 운동
ㄹ. 일본, 프랑스 등의 노동 단체로부터 격려 전문을 받았다. → 원산 노동자 총파업

26 밑줄 그은 '이 운동'에 대한 설명으로 옳은 것은?   [1점]

진주에 있는 이곳은 독립운동가 강상호 선생의 묘입니다. 그는 '공평은 사회의 근본이요, 애정은 인류의 본령'이라는 취지 아래 백정에 대한 권익 보호를 목적으로 전개된 이 운동에 앞장섰습니다.

① 어린이날을 정하고 잡지 『어린이』를 발간하였다.
② 조선 형평사를 조직하여 사회적 차별에 맞섰다.
③ 계몽 서적의 보급을 위해 태극 서관을 설립하였다.
④ 일제가 이른바 문화 통치를 실시하는 결과를 가져왔다.
⑤ 라이징 선 석유 회사의 조선인 구타 사건을 계기로 시작되었다.

28 밑줄 그은 '이 시기'에 시행된 일제의 정책으로 옳지 <u>않은</u> 것은?   [2점]

일본 정부가 우리 역사를 왜곡한 산업유산정보센터를 도쿄에 개관하였습니다. 중·일 전쟁 이후 일제가 침략 전쟁을 확대하던 이 시기의 한국인 강제 동원 사실을 부정하는 전시를 하고 있어 큰 파장이 예상됩니다.

일본, 역사 왜곡 산업유산정보센터 개관

① 여자 정신 근로령을 공포하였다.
② 육군 특별 지원병제를 실시하였다.
③ 식량 배급 및 미곡 공출 제도를 시행하였다.
④ 조선 사상범 예방 구금령을 통해 독립운동을 탄압하였다.
⑤ 기한 내에 소유지를 신고하게 하는 토지 조사령을 제정하였다.

27 (가) 민족 운동에 대한 설명으로 옳은 것은?   [2점]

이것은 순종의 인산일에 일어난 (가) 당시 장례 행렬에 모인 사람들에게 뿌려진 격문의 일부입니다.

• 대한 독립운동가여 단결하라!
• 일체 납세를 거부하자!
• 일본 물자를 배척하자!
• 언론·출판·집회의 자유를!
• 보통 교육은 의무 교육으로!
• 교육 용어는 조선어로!

① 대구에서 시작되어 전국으로 확산되었다.
② 대한민국 임시 정부 수립에 영향을 주었다.
③ 민족주의 진영과 사회주의 진영이 함께 준비하였다.
④ 일제가 이른바 문화 통치를 실시하는 배경이 되었다.
⑤ 신간회 중앙 본부가 진상 조사단을 파견하여 지원하였다.

29 (가) 부대에 대한 설명으로 옳은 것은?   [2점]

30여 년이나 비밀리에 행동한 조선 혁명 청년은 지금도 중국 항일전에서 혁명 행동의 기회를 얻어, …… (가) 은/는 10월 10일 한구(漢口)에서 성립, 중앙군의 이동에 따라 계림(桂林)으로 왔다. 대장 진빈 선생[김원봉]은 금년 41세로서, 1919년 조선의 3월 운동 및 조선 총독부 파괴의 의열단 사건 등도 그들에 의한 것이다.
– 『국민공론』

① 청산리에서 일본군과 교전하였다.
② 대전자령 전투에서 일본군을 격퇴하였다.
③ 일본군의 공세를 피해 자유시로 이동하였다.
④ 중국 의용군과 연합하여 흥경성 전투를 이끌었다.
⑤ 중국 관내(關內)에서 결성된 최초의 한인 무장 부대였다.

30 (가) 부대의 활동으로 옳은 것은? [3점]

> ❀❀ **학술 대회 안내** ❀❀
>
> 우리 학회는 1929년 조직되어 남만주에서 항일 무장 투쟁을 전개하였던 <u>(가)</u> 을/를 조명하는 학술 대회를 개최합니다.
>
> ◈ **발표 주제** ◈
> 1. 영릉가 전투의 전개 과정
> 2. 1930년대 한중 항일 연합 작전의 성과
> 3. 총사령 양세봉에 대한 남과 북의 평가
>
> ▪일시: 2021년 ○○월 ○○일 13:00~17:00
> ▪장소: □□ 기념관 강당
> ▪주최: △△ 학회

① 흥경성에서 일본군을 격퇴하였다.
② 호가장 전투에서 크게 활약하였다.
③ 대전자령 전투에서 큰 전과를 올렸다.
④ 중국 팔로군에 편제되어 항일 전선에 참여하였다.
⑤ 연합군과 함께 인도·미얀마 전선에서 활동하였다.

정답 및 해설

26 [일제 강점기] 형평 운동　　　정답 ②

빠른 정답 찾기
진주 + 백정에 대한 권익 보호 → 형평 운동

② 형평 운동은 진주에서 조직된 조선 형평사를 중심으로 전개되었으며, 백정에 대한 사회적 차별 철폐를 목표로 하였다.

오답 체크
① 어린이날을 정하고 잡지 『어린이』를 발간하였다. → 소년 운동
③ 계몽 서적의 보급을 위해 태극 서관을 설립하였다. → 애국 계몽 운동
④ 일제가 이른바 문화 통치를 실시하는 결과를 가져왔다. → 3·1 운동
⑤ 라이징 선 석유 회사의 조선인 구타 사건을 계기로 시작되었다. → 원산 노동자 총파업

27 [일제 강점기] 6·10 만세 운동　　　정답 ③

빠른 정답 찾기
순종의 인산일에 일어남 → 6·10 만세 운동

③ 6·10 만세 운동은 천도교 계열의 민족주의 진영과 사회주의 진영이 함께 준비한 운동이다.

오답 체크
① 대구에서 시작되어 전국으로 확산되었다. → 국채 보상 운동
② 대한민국 임시 정부 수립에 영향을 주었다. → 3·1 운동
④ 일제가 이른바 문화 통치를 실시하는 배경이 되었다. → 3·1 운동
⑤ 신간회 중앙 본부가 진상 조사단을 파견하여 지원하였다. → 광주 학생 항일 운동

28 [일제 강점기] 민족 말살 통치 시기　　　정답 ⑤

빠른 정답 찾기
중·일 전쟁 이후 일제가 침략 전쟁을 확대하던 시기 + 한국인 강제 동원 → 민족 말살 통치 시기

⑤ 무단 통치 시기에 일제는 기한 내에 소유지를 신고하게 하는 토지 조사령을 제정하여 토지 조사 사업을 시행하였다.

오답 체크
① 여자 정신 근로령을 공포하였다. → 민족 말살 통치 시기
② 육군 특별 지원병제를 실시하였다. → 민족 말살 통치 시기
③ 식량 배급 및 미곡 공출 제도를 시행하였다. → 민족 말살 통치 시기
④ 조선 사상범 예방 구금령을 통해 독립운동을 탄압하였다. → 민족 말살 통치 시기

29 [일제 강점기] 조선 의용대　　　정답 ⑤

빠른 정답 찾기
한구(한커우)에서 성립 + 김원봉 → 조선 의용대

⑤ 조선 의용대는 조선 민족 전선 연맹 산하의 군사 조직으로, 중국 관내에서 결성된 최초의 한인 무장 부대였다.

오답 체크
① 청산리에서 일본군과 교전하였다. → 북로 군정서 등
② 대전자령 전투에서 일본군을 격퇴하였다. → 한국 독립군
③ 일본군의 공세를 피해 자유시로 이동하였다. → 대한 독립 군단
④ 중국 의용군과 연합하여 흥경성 전투를 이끌었다. → 조선 혁명군

30 [일제 강점기] 조선 혁명군　　　정답 ①

빠른 정답 찾기
영릉가 전투 + 양세봉 → 조선 혁명군

① 조선 혁명군은 조선 혁명당 산하의 독립군 부대로, 중국 의용군과 연합하여 흥경성 전투에서 일본군을 격퇴하였다.

오답 체크
② 호가장 전투에서 크게 활약하였다. → 조선 의용대 화북 지대
③ 대전자령 전투에서 큰 전과를 올렸다. → 한국 독립군
④ 중국 팔로군에 편제되어 항일 전선에 참여하였다. → 조선 의용군
⑤ 연합군과 함께 인도·미얀마 전선에서 활동하였다. → 한국광복군

31 (가)~(마)에 들어갈 내용으로 옳은 것은? [2점]

〈수행 평가 보고서〉

1 주제: 민족 문화 수호를 위한 노력
2 내용: 일제의 역사 왜곡과 동화(同化) 정책에 맞서 우리의 말과 역사를 지키고자 헌신한 인물들의 활동에 대하여 조사하였다.

인 물	활 동
신채호	(가)
백남운	(나)
정인보	(다)
이윤재	(라)
최현배	(마)

① (가) - 잡지 『한글』의 간행을 주도하였다.
② (나) - 한글 맞춤법 통일안 제정에 참여하였다.
③ (다) - 민족의 얼을 강조하고 조선학 운동을 추진하였다.
④ (라) - 애국심 고취를 위해 『을지문덕전』을 집필하였다.
⑤ (마) - 『조선사회경제사』에서 식민 사학의 정체성론을 반박하였다.

32 (가) 단체에 대한 설명으로 옳은 것은? [2점]

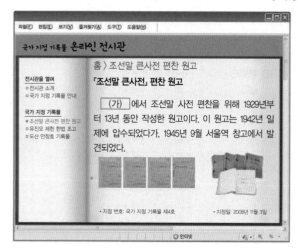

국가 지정 기록물 온라인 전시관

홈 〉 조선말 큰사전 편찬 원고

『조선말 큰사전』 편찬 원고

(가) 에서 조선말 사전 편찬을 위해 1929년부터 13년 동안 작성한 원고이다. 이 원고는 1942년 일제에 압수되었다가, 1945년 9월 서울역 창고에서 발견되었다.

· 지정 번호: 국가 지정 기록물 제4호 · 지정일: 2008년 11월 3일

① 국어 문법서인 『대한문전』을 편찬하였다.
② 한글 맞춤법 통일안과 표준어를 제정하였다.
③ 우리말 음운 연구서인 『언문지』를 저술하였다.
④ 한글 연구를 목적으로 학부 아래에 설립되었다.
⑤ 주시경을 중심으로 국문을 정리하고 철자법을 연구하였다.

33 다음 성명이 발표된 이후에 있었던 사실로 옳지 않은 것은? [3점]

북위 38도 이남의 조선에는 오직 한 정부가 있을 뿐이다. …… 자천자임(自薦自任)한 관리라든가 경찰이라든가 국민 전체를 대표하였노라는 대소 회합이라든가 조선 인민 공화국이라든지 조선 인민 공화국 내각은 권위와 세력과 실재가 전혀 없는 것이다.

- 미군정 장관 육군 소장 아놀드

① 조선 건국 동맹이 결성되었다.
② 좌·우 합작 7원칙이 발표되었다.
③ 유엔 한국 임시 위원단이 설치되었다.
④ 반민족 행위 특별 조사 위원회가 출범하였다.
⑤ 귀속 재산 처리를 위해 신한 공사가 설립되었다.

34 다음 조약에 대한 설명으로 옳은 것을 〈보기〉에서 고른 것은? [2점]

국제 연합군 총사령관을 한쪽 편으로 하고 조선 인민군 최고 사령관 및 중국 인민 지원군 사령원을 다른 쪽으로 하는 아래의 서명자들은 쌍방에 막대한 고통과 유혈을 초래한 한국에서의 충돌을 정지시키기 위하여, 최후적인 평화적 해결이 달성될 때까지 한국에서의 적대 행위와 일체 무장 행동의 완전한 정지를 보장하는 정전을 확립할 목적으로, 아래의 조항에 기재된 정전 조건과 규정을 접수하며 또 그 제약과 통제를 받는 데 각자 공동 상호 동의한다. 이 조건과 규정들의 의도는 순전히 군사적 성질에 속하는 것이며 이는 오직 한국에서의 교전 쌍방에만 적용한다.

〈보기〉

ㄱ. 포로 송환 문제로 인해 체결이 지연되었다.
ㄴ. 미국과 소련의 군정이 종식되는 계기가 되었다.
ㄷ. 군사 분계선을 확정하고 비무장 지대를 설정하였다.
ㄹ. 미국의 극동 방위선을 조정한 애치슨 선언에 영향을 주었다.

① ㄱ, ㄴ ② ㄱ, ㄷ ③ ㄴ, ㄷ
④ ㄴ, ㄹ ⑤ ㄷ, ㄹ

35 (가), (나) 사이의 시기에 있었던 사실로 옳은 것은? [2점]

> (가) 제31조 입법권은 국회가 행한다. 국회는 민의원과
>   참의원으로써 구성한다.
>   제53조 대통령과 부통령은 국민의 보통, 평등, 직
>   접, 비밀 투표에 의하여 각각 선거한다. ……
>   제55조 대통령과 부통령의 임기는 4년으로 한다.
>   단, 재선에 의하여 1차 중임할 수 있다. ……

> (나) 제7조의2 대한민국의 주권의 제약 또는 영토의 변
>   경을 가져올 국가 안위에 관한 중대 사
>   항은 국회의 가결을 거친 후에 국민 투표
>   에 부하여 민의원 의원 선거권자 3분지
>   2 이상의 투표와 유효 투표 3분지 2 이
>   상의 찬성을 얻어야 한다.
>   제55조 대통령과 부통령의 임기는 4년으로 한
>   다. 단, 재선에 의하여 1차 중임할 수 있
>   다. ……
>   부칙   …… 이 헌법 공포 당시의 대통령에 대하
>   여는 제55조 제1항 단서의 제한을 적용
>   하지 아니한다.

① 중화 인민 공화국과 국교를 수립하였다.
② 경제 협력 개발 기구(OECD)에 가입하였다.
③ 미국의 요청에 따라 베트남 파병이 시작되었다.
④ 판문점에서 6·25 전쟁 정전 협정이 조인되었다.
⑤ 미국과 한·미 상호 방위 원조 협정이 체결되었다.

---

32 [일제 강점기] 조선어 학회   정답 ②

빠른 정답 찾기
『조선말 큰사전』 → 조선어 학회

② 조선어 학회는 한글 맞춤법 통일안과 표준어를 제정하였다.

오답 체크
① 국어 문법서인 『대한문전』을 편찬하였다. → 유길준
③ 우리말 음운 연구서인 『언문지』를 저술하였다. → 유희
④ 한글 연구를 목적으로 학부 아래에 설립되었다. → 국문 연구소
⑤ 주시경을 중심으로 국문을 정리하고 철자법을 연구하였다. → 국문 동식회

33 [현대] 미 군정의 조선 인민 공화국 부인 성명 이후의 사실   정답 ①

빠른 정답 찾기
조선 인민 공화국 내각은 실재가 전혀 없는 것 → 미 군정의 조선 인민 공화국 부인 성명(1945. 10.)

① 광복 직전인 1944년 8월, 제2차 세계 대전에서 일본의 패망이 가까워지자 여운형을 중심으로 조선 건국 동맹이 결성되었다.

오답 체크
② 좌·우 합작 7원칙이 발표되었다. → 1946년 10월
③ 유엔 한국 임시 위원단이 설치되었다. → 1947년
④ 반민족 행위 특별 조사 위원회가 출범하였다. → 1948년 10월
⑤ 귀속 재산 처리를 위해 신한 공사가 설립되었다. → 1946년 3월

34 [현대] 정전(휴전) 협정   정답 ②

빠른 정답 찾기
국제 연합군 총사령관 + 조선 인민군 최고 사령관 + 한국 + 정전을 확립할 목적 → 정전(휴전) 협정

ㄱ. 정전 협정은 포로 송환 문제를 두고 양측의 이념적 차이로 인해 체결이 지연되었다.
ㄷ. 정전 협정의 체결로 한반도에는 군사 분계선이 확정되었고, 군사 분계선 남북으로 비무장 지대가 설정되었다.

오답 체크
ㄴ. 미국과 소련의 군정이 종식되는 계기가 되었다. → 6·25 전쟁 발발 이전
ㄹ. 미국의 극동 방위선을 조정한 애치슨 선언에 영향을 주었다. → 6·25 전쟁의 배경

35 [현대] 발췌 개헌과 사사오입 개헌 사이의 사실   정답 ④

빠른 정답 찾기
(가) 국민의 보통, 평등, 직접, 비밀 투표에 의하여 각각 선거 → 대통령 직선제 → 발췌 개헌안(제1차 개헌안, 1952)
(나) 헌법 공포 당시의 대통령에 대하여는 제55조 제1항 단서의 제한을 적용하지 아니함 → 초대 대통령 중임 제한 철폐 → 사사오입 개헌안(제2차 개헌안, 1954)

④ 발췌 개헌(1952) 이후인 1953년, 판문점에서 6·25 전쟁의 정전 협정이 조인되었다.

오답 체크
① 중화 인민 공화국과 국교를 수립하였다. → 노태우 정부, (나) 이후
② 경제 협력 개발 기구(OECD)에 가입하였다. → 김영삼 정부, (나) 이후
③ 미국의 요청에 따라 베트남 파병이 시작되었다. → 박정희 정부, (나) 이후
⑤ 미국과 한·미 상호 방위 원조 협정이 체결되었다. → 1950년, (가) 이전

정답 및 해설

31 [일제 강점기] 민족 문화 수호 운동   정답 ③

빠른 정답 찾기
민족 문화 수호를 위한 노력

③ 민족주의 사학자인 정인보는 민족의 '얼'을 강조하였으며, 문일평, 안재홍 등과 함께 조선학 운동을 전개하였다.

오답 체크
① (가) - 잡지 『한글』의 간행을 주도하였다. → 이윤재, 최현배 등
② (나) - 한글 맞춤법 통일안 제정에 참여하였다. → 이윤재, 최현배 등
④ (라) - 애국심 고취를 위해 『을지문덕전』을 집필하였다. → 신채호
⑤ (마) - 『조선사회경제사』에서 식민 사학의 정체성론을 반박하였다. → 백남운

36 다음 기념사를 발표한 정부 시기에 있었던 사실로 옳은 것은? [2점]

> 오늘 국민 교육 헌장 선포 1주년에 즈음하여, 나는 온 국민과 더불어 뜻깊은 이날을 경축하면서 헌장 이념의 구현을 위한 우리들의 결의를 새로이 하게 된 것을 매우 기쁘게 생각하는 바입니다. 국민 교육 헌장은 우리 민족이 지녀야 할 시대적 사명감과 윤리관을 정립한 역사적 장전이며, 조국 근대화의 물량적 성장을 보완, 촉진시켜 나갈 정신적 지표이며, 국가의 백년대계를 기약하는 국민 교육의 실천 지침인 것입니다.

① 국민학교라는 명칭을 초등학교로 변경하였다.
② 과외 전면 금지와 대학 졸업 정원제를 시행하였다.
③ 문맹국민 완전퇴치 5개년 계획을 수립하여 추진하였다.
④ 미국에서 시행되고 있던 6-3-3 학제를 처음 도입하였다.
⑤ 중학교 입시 제도를 폐지하고 무시험 추첨제를 실시하였다.

38 (가) 민주화 운동에 대한 설명으로 옳은 것은? [2점]

> **노래로 읽는 한국사**
>
> 임을 위한 행진곡
>
> 사랑도 명예도 이름도 남김없이
> 한평생 나가자던 뜨거운 맹세
> 동지는 간데 없고 깃발만 나부껴
> 새날이 올 때까지 흔들리지 말자
> 세월은 흘러가도 산천은 안다
> 깨어나서 외치는 뜨거운 함성
> 앞서서 나가니 산 자여 따르라
>
> [해설]
> 이 곡은 ◯(가)◯ 당시 계엄군에 맞서 시민군으로 활동하다 희생된 고(故) 윤상원과 광주에서 야학을 운영하다 사망한 고 박기순의 영혼 결혼식에 헌정된 노래이다. 1997년 ◯(가)◯ 기념일이 정부 기념일로 지정된 이후 기념식에서 제창되었다.

① 3·1 민주 구국 선언이 발표되었다.
② 4·13 호헌 조치 철폐를 요구하였다.
③ 장면 내각이 출범하는 계기가 되었다.
④ 시위 도중 대학생 이한열이 희생되었다.
⑤ 신군부의 비상계엄 확대와 무력 진압에 저항하였다.

37 다음 기사의 사건이 일어난 정부 시기의 통일 정책으로 옳은 것은? [2점]

> **□□신문**
>
> 제△△호　　　　　◯◯◯◯년 ◯◯월 ◯◯일
>
> **광주 대단지 주민 5만여 명, 대규모 시위**
>
>
>
> 지난 10일, 경기도 광주시 중부면 광주 대단지에서 5만여 명의 주민들이 차량을 탈취하여 대규모 시위를 벌였다. 이번 시위는 서울 도심을 정비하기 위하여 10만여 명의 주민들을 경기도 광주로 이주시키는 과정에서 발생하였다. 서울시가 처음 내건 이주 조건과 달리, 상하수도나 교통 등 기반 시설이 갖추어지지 않은 채 강제로 이주시켰기 때문이다. 시위 과정에서 관공서와 주유소 등이 불에 탔고, 주민과 경찰 다수가 부상을 입었으며, 일부 주민들이 구속되었다.

① 남북한이 유엔에 동시 가입하였다.
② 10·4 남북 공동 선언을 발표하였다.
③ 남북한이 한반도 비핵화 공동 선언에 서명하였다.
④ 남북 조절 위원회를 설치하여 통일 방안을 논의하였다.
⑤ 남북한의 교류 협력을 위한 개성 공업 지구 건설에 착수하였다.

39 다음 명령을 시행한 정부 시기에 있었던 사실로 옳은 것은? [2점]

> **금융실명거래 및 비밀보장에 관한 긴급재정경제명령**
>
> 제1조(목적) 이 명령은 실지명의에 의한 금융거래를 실시하고 그 비밀을 보장하여 금융거래의 정상화를 기함으로써 경제정의를 실현하고 국민경제의 건전한 발전을 도모함을 목적으로 한다.
>
> 제3조(금융실명거래) ① 금융기관은 거래자의 실지명의(이하 "실명"이라 한다)에 의하여 금융거래를 하여야 한다. ② 금융기관은 이 명령 시행 전에 금융거래계좌가 개설된 금융자산(이하 "기존금융자산"이라 한다)의 명의인에 대하여는 이 명령 시행 후 최초의 금융거래가 있는 때에 그 명의가 실명인지의 여부를 확인하여야 한다. ……
>
> 제5조(기존비실명자산의 실명전환의무) ① 실명에 의하지 아니하고 거래한 기존금융자산(이하 "기존비실명자산"이라 한다)의 거래자는 이 명령 시행일부터 2월(이하 "실명전환의무기간"이라 한다) 이내에 그 명의를 실명으로 전환하여야 한다. 이 경우 실명전환의무기간은 대통령령이 정하는 바에 의하여 1월의 범위 안에서 이를 연장할 수 있다. ……

① 경부 고속 도로를 준공하였다.
② 경제 협력 개발 기구(OECD)에 가입하였다.
③ 칠레와 자유 무역 협정(FTA)을 체결하였다.
④ 제1차 경제 개발 5개년 계획을 추진하였다.
⑤ 원조 물자를 가공하는 삼백 산업이 발달하였다.

45회

40 (가)~(마)에 대한 설명으로 옳은 것은? [2점]

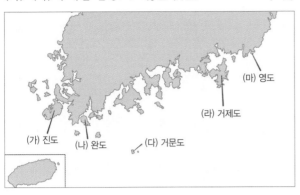

① (가) - 영국이 러시아의 남하를 구실로 불법 점령하였다.
② (나) - 통일 신라 때 장보고가 청해진을 설치하였다.
③ (다) - 6·25 전쟁 때 포로 수용소가 설치되었다.
④ (라) - 러시아가 저탄소 설치를 명분으로 조차를 요구
하였다.
⑤ (마) - 삼별초가 용장성을 쌓고 몽골에 대항하였다.

정답 및 해설

36 [현대] 박정희 정부
정답 ⑤

빠른 정답 찾기
국민 교육 헌장 → 박정희 정부

⑤ 박정희 정부 때 중학교 입시 제도를 폐지하고 무시험 추첨제를 실
시하였다.

오답 체크
① 국민학교라는 명칭을 초등학교로 변경하였다. → 김영삼 정부
② 과외 전면 금지와 대학 졸업 정원제를 시행하였다. → 신군부 집권기
③ 문맹국민 완전퇴치 5개년 계획을 수립하여 추진하였다. → 이승만 정부
④ 미국에서 시행되고 있던 6-3-3 학제를 처음 도입하였다. → 미 군정기

37 [현대] 박정희 정부의 통일 노력
정답 ④

빠른 정답 찾기
광주 대단지 + 대규모 시위 → 광주 대단지 사건 → **박정희 정부**

④ 박정희 정부는 7·4 남북 공동 성명의 합의 사항을 추진하기 위해
남북 조절 위원회를 설치하여 통일 방안을 논의하였다.

오답 체크
① 남북한이 유엔에 동시 가입하였다. → 노태우 정부
② 10·4 남북 공동 선언을 발표하였다. → 노무현 정부
③ 남북한이 한반도 비핵화 공동 선언에 서명하였다. → 노태우 정부
⑤ 남북한의 교류 협력을 위한 개성 공업 지구 건설에 착수하였다.
→ 노무현 정부

38 [현대] 5·18 민주화 운동
정답 ⑤

빠른 정답 찾기
계엄군 + 광주 → 5·18 민주화 운동

⑤ 5·18 민주화 운동은 신군부 세력이 쿠데타를 일으켜 권력을 장
악한 후 비상 계엄을 확대하고 시민들을 무력으로 진압하자, 이에
반발하여 광주에서 일어났다.

오답 체크
① 3·1 민주 구국 선언이 발표되었다. → 유신 체제에 대한 저항
② 4·13 호헌 조치 철폐를 요구하였다. → 6월 민주 항쟁
③ 장면 내각이 출범하는 계기가 되었다. → 4·19 혁명
④ 시위 도중 대학생 이한열이 희생되었다. → 6월 민주 항쟁

39 [현대] 김영삼 정부
정답 ②

빠른 정답 찾기
금융실명거래 + 긴급재정경제명령 → 금융 실명제 → 김영삼 정부

② 김영삼 정부는 시장 개방 정책을 추진하여 경제 협력 개발 기구
(OECD)에 가입하였다.

오답 체크
① 경부 고속 도로를 준공하였다. → 박정희 정부
③ 칠레와 자유 무역 협정(FTA)을 체결하였다. → 노무현 정부
④ 제1차 경제 개발 5개년 계획을 추진하였다. → 박정희 정부
⑤ 원조 물자를 가공하는 삼백 산업이 발달하였다. → 이승만 정부

40 [통합 주제] 주요 섬의 역사적 사실
정답 ②

빠른 정답 찾기
(가) 진도 / (나) 완도 / (다) 거문도 / (라) 거제도 / (마) 영도

② 완도는 통일 신라 때 장보고가 청해진을 설치해 해상 무역을 독
점한 곳이다.

오답 체크
① 영국이 러시아의 남하를 구실로 불법 점령하였다. → 거문도
③ 6·25 전쟁 때 포로 수용소가 설치되었다. → 거제도
④ 러시아가 저탄소 설치를 명분으로 조차를 요구하였다. → 영도(절영도)
⑤ 삼별초가 용장성을 쌓고 몽골에 대항하였다. → 진도

해커스 한국사

능력검정시험 | 심화 1·2·3급

기선제압 막판 3일 합격

초판 2쇄 발행 2023년 3월 6일
초판 1쇄 발행 2021년 3월 22일

지은이	해커스 한국사연구소
펴낸곳	㈜챔프스터디
펴낸이	챔프스터디 출판팀

주소	서울특별시 서초구 강남대로61길 23 ㈜챔프스터디
고객센터	02-566-0001
교재 관련 문의	publishing@hackers.com
	해커스한국사 사이트(history.Hackers.com) 교재 Q&A 게시판
동영상강의	history.Hackers.com

ISBN	978-89-6965-224-9 (13910)
Serial Number	01-02-01

한국사 단기합격의 모든 것,
해커스한국사 history.Hackers.com

해커스한국사

· 빈출 포인트 최종 마무리를 위한 **폰 안에 쏙! 막판 필수 암기 최빈출 선택지 100**(PDF)
· **한국사 무료강의, 한능검 기출문제, 데일리 한국사 퀴즈** 등 다양한 무료 학습 자료

한국사능력검정시험의 모든 것

1위 해커스한국사

D-3 막판정리 LIVE

* 제공 상품은 회차별로 상이할 수 있습니다.

시험 당일 가답안 공개 & 라이브 해설까지!

24회 연속
정확도 100%
답안 공개

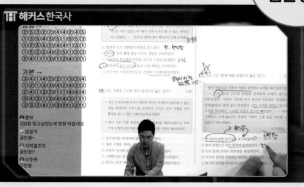